法律出版社
LAW PRESS · CHINA
北京

图书在版编目（CIP）数据

一看就懂：法官手把手教你打官司／安宁著．--
北京：法律出版社，2024
ISBN 978－7－5197－8009－8

Ⅰ．①一…　Ⅱ．①安…　Ⅲ．①诉讼－基本知识－中国
Ⅳ．①D925.04

中国国家版本馆CIP数据核字（2023）第107909号

一看就懂：法官手把手教你打官司
YI KAN JIU DONG：FAGUAN SHOUBASHOU JIAO NI DAGUANSI

安　宁　著

策划编辑　冯雨春　蒋　橙
责任编辑　蒋　橙
装帧设计　鲍龙卉

出版发行　法律出版社
编辑统筹　法律应用出版分社
责任校对　张翼羽　晁明慧　王　丰
责任印制　刘晓伟
经　　销　新华书店

开本　A5
印张　13.75　　字数　460千
版本　2024年10月第1版
印次　2024年10月第1次印刷
印刷　天津嘉恒印务有限公司

地址：北京市丰台区莲花池西里7号（100073）
网址：www.lawpress.com.cn
投稿邮箱：info@lawpress.com.cn
举报盗版邮箱：jbwq@lawpress.com.cn
销售电话：010－83938349
客服电话：010－83938350
咨询电话：010－63939796

书号：ISBN 978－7－5197－8009－8
定价：58.00元
凡购买本社图书，如有印装错误，我社负责退换。电话：010－83938349

Preface

前言

各位小伙伴大家好，很高兴你能翻开这本书，相信我，你做了一个无比睿智的决定，因为目前为止还没有任何一本普法类书籍能够做到这么“明晃晃”地通俗易懂了。

此刻有小伙伴表示，法律这玩意儿能好懂？你忽悠谁呢？法律书那么厚，一打开都是专业术语和法条，催眠效果比安眠药都好，根本看不下去，怎么可能好懂呢？我要真遇见事儿了，我找律师不就行了吗！

嗯，这么说吧，如果你的案子确实复杂或者专业性很强，那我真心建议你找一个律师，毕竟专业且负责的律师是制胜不可或缺的角色。但是在咱这本书里呢，针对的是案情比较简单，涉及钱款数额也相对较小，只要能够了解基础性的打官司的大概知识和流程，就能靠自己解决的一些小案子。

此时你肯定会疑惑，那小案子的话，简单啊，有啥不懂的我直接上网搜就行了，还专门买本书看，累不累啊。

这么说吧，虽说是小案子，但“麻雀虽小，五脏俱全”，再小的案子，到法院起诉的流程都是和大案子一样的，大案子需要的过程和步骤，小案子同样需要，而且哪怕你雇了律师，还是不能撒手不管，比如打离婚官司，哪怕已经雇了律师，你自己还是得去法院开庭，那么开庭该怎么说，在什么时候该说什么，这些都不是光靠自己去网上搜就够的，更何况网上的知识真假参半，耗费了很多精力学到的不一定都是对的，如果依据错的知识输了官司，多冤呐。

而且就算雇了律师，咱不懂法律基础知识，不小心成为“猪队友”，律师也会无力回天的呀！我举个例子，有个案子由于争议的金额很小，就几千元，所以法院在立案的时候就立为小额诉讼程序（小额诉讼程序的特点是“一审终审，不得上诉”，也就是一次定终身，输了就没法翻盘）。但法官发现被告对案子的意见很大，所以就多次劝说被告将小额诉讼程序转为简易程序（就是可以上诉的，输了还有一定机会翻盘的程序），要不然输了就是输了。律师也一直劝说，可惜这位“憨憨的”被告觉得是法官想偷懒，律师想赚两次的钱，肯定是律师和法官两个人合谋故意骗人，所以断然回绝了，没办法，法官只能按照原程序继续审理。

结果不出所料，被告败诉了。被告自然不干，表示不服，要上诉，同时一个劲儿地和律师闹：律师，你去和法官说通融一下，让我上诉，我这都花钱雇你了，你得给我办事啊，光收钱不干活不地道啊，我要是不能上诉，你这个律师费我也不付了，我要投诉你……

律师宝宝心里苦啊……

所以啊，要是真的遇到事儿了，咱们自己还是得懂一些基础的法律常识。

这时会有小伙伴说了，你说的有道理，可是你咋能保证你这本书是“丧心病狂”式的通俗易懂呢？

很简单呀，因为这本书并不是传统意义上的法律书籍，而是针对大家在打官司过程中最需要了解的基础法律知识而出版的一本书，重点在实操而非理论。正是因为我明白专业性法律书籍的晦涩难懂，所以才不会再让大家吃这份“学习的苦”。因此我在写这本书的时候，最注重的就是可读性，任何法条和法律知识，都给大家翻译成大白话，让大家在理解上没有任何障碍，而且为了保证大家在能看懂的同时有兴趣继续看下去，这本书从头到尾讲的是一位小伙伴去法院起诉要求对方还债的故事，增加了趣味性，并且我特意将每一个必要的知识点都融入对话之中，通过对话双方的一问一答，大家就能轻松掌握相关的法律知识。

妈妈再也不用担心
我看不懂法律了

因为本书是以对话的形式进行的，所以我得介绍一下对话的各方。对话的一方是我的好朋友当当，由于这位同志坚持不愿意透露姓名，表示以后还是要混社会的，让我“当”他不存在，所以，尊重他的选择，我决定在接下去的故事中，都以“当当”这个名字指代他，毕竟他是案件的“当”事人。

当当，我的好朋友，我们每周都会一起出去吃顿好的，直到当当的同事——王二麻子，到他那儿借了5万元不还之后，当当一蹶不振，再也不出门了，为了挽救我的周末美食日，我决定手把手指导当当怎么打官司，把钱给要回来。

再来介绍一下对话的另一方，也就是本书的作者我，我叫“你踩到我法袍了”，鉴于这个名字太长，我决定压缩一下，大家叫我“袍儿”就行。

基本人物都介绍完了，我来给大家说说这本书的基本架构吧，这本书一共17章，分为上、下篇两部分，上篇是理论储备阶段，共有6章，给大家介绍了打官司所必须知道的理论法律知识；下篇是实战阶段，共有11章，是教大家在实际打官司的过程中应该怎么做，大家可以系统性地从头看到尾，着急的小伙伴，也不用担心，因为每一章都有具体的知识对应点，大家可以像查阅字典一样，迅速找到自己最关心的那部分知识。怎么样，我是不是很贴心？那就跟我和当当一起，去“手刃”王二麻子，把钱要回来吧！

另外，本书图表太多，一一编号反而显得杂乱，我就挑了几个容易看不清的做了编号，其他地方的图表小伙伴们应该一看便知，很清晰的！

Contents

目录

上篇 理论储备阶段

下篇 实战阶段

上篇

理论储备阶段

第一章
我的纠纷，法院会管吗

袍儿啊，法院不就是给大家打官司的地方吗？还有管不管一说吗？

有啊，法院会不会管的问题，虽然听起来荒谬，但确实不是所有的事情法院都会管的，就像大家说有困难找警察，但是万一着火了就得找消防员一个道理，大部分解决不了的纠纷找法院没错，但是有些纠纷就得找政府或者仲裁机构之类的才能解决，所以了解清楚法院到底会不会管咱的事儿还是很有必要的。

01
法院管事儿的前提条件

《中华人民共和国民事诉讼法》第一百二十二条

起诉必须符合下列条件：（一）原告是与本案有直接利害关系的公民、法人和其他组织；（二）有明确的被告；（三）有具体的诉讼请求和事实、理由；（四）属于人民法院受理民事诉讼的范围和受诉人民法院管辖。

关于法院管事儿的前提条件，咱们来看个法条。这个法条中的“起诉”一词，就是通俗说的打官司，也就是说，咱的事情如果想要去法院打官司，就必须符合法条里列的（一）（二）（三）（四）这四个条件，只要同时满足这四个条件，法院就会管咱的事儿，我给你分别介绍一下这四个条件。

- (一)
- (二)
- (三)
- (四)

缺一不可

1

第一个前提条件——原告是与本案有直接利害关系的公民、法人和其他组织

第一个前提条件:“原告是与本案有直接利害关系的公民、法人和其他组织”,来,为了让你好理解一点,我把这句话重新断句一下,“原告,是与本案有直接利害关系的公民、法人和其他组织”,看到逗号了吗?这个逗号我想强调什么呢?就是这第一个条件是针对原告的,原告呢,就是主动去法院起诉的人,也就是说,要想成为原告,你就必须和你所要起诉的案子有直接利害关系。

接下来我来详细拆解一下这句话中的“直接”“利害关系”“公民、法人和其他组织”。首先,法律上的“直接”和咱生活中所说的直接有点不一样,打个比方,房东将房屋租给二房东,二房东又将房屋转租给当当你,结果到期你不付房租跑了,因为和你签合同的是二房东,所以如果要把房租要回来,能作为原告的是二房东,房东本人不可能拿着二房东和你签的租赁合同直接起诉要求你付租金,因为在你和二房东签订的合同里,房东并不是直接签合同的一方。

其次，是“利害关系”这个词，“利害”，拆开来看，“利”就是“好”，“害”就是“不好”，所以利害关系呢，你就这么理解：这个案件的结果，对案件的当事人会有或好或坏的影响。

哦，明白了，容我插个嘴啊，啥叫当事人？

当事人就是到法院打官司的人，比如当当你是主动起诉的，就叫“原告”，被你起诉的王二麻子，那就是“被告”，原告和被告就是最常见的当事人。

最后，要解释的是“公民、法人和其他组织”，这个可是很容易搞错的地方，我可得和你好好说说。“公民”这个词，咱们简单地理解为只要是有中国国籍，哪怕是犯罪分子，都是公民，就可以了。但是呢，在法律上要特别注意，公民可不仅仅指一个活生生的人，像个体工商户之类的（如街边早餐店），虽然是一个小店，但是咱们还是把它当作一个公民来看待的，也就是公民并不完全是人，也可能是一家店。

讲完了公民的定义，接下来我来解释一下什么是法人，关于法人，咱可以简单理解为公司，如小米、华为、阿里巴巴、腾讯等。我举这些大公司的例子并不代表只有像它们那么大规模的才能叫法人，只要一家公司有法定代表人的，那就是公司，这里要注意区分，**法人就是公司本身，法定代表人则是一个活生生的人**，如雷军，就是小米公司的法定代表人。

我们再来讲讲这个“其他组织”，其他组织“人如其名”就是“其他”，关于这个其他组织，咱不用管到底是哪些，只需要了解一些常见的就行，如分公司、分厂、分店、分行，或者一些个人独资企业和合伙企业，这些其他组织作为对外代表的，和公司的法定代表人类似的，叫作负责人，所以一般你看到对外的代表叫负责人的，基本上就是其他组织了。

讲完了公民、法人、其他组织的概念后，我用一个法条总结一下咱们刚刚讲的这些主体应该怎么告。

《中华人民共和国民事诉讼法》第五十一条

公民、法人和其他组织可以作为民事诉讼的当事人。法人由其法定代表人进行诉讼。其他组织由其主要负责人进行诉讼。

这个法条理解上没什么难度，就是关于谁去参与诉讼的问题，现实中打官司，如果是公民，那就自己上，但是法人呢，是要法定代表人去的，至于这个其他组织呢，那就是负责人去了。当然，如果委托了律师等代理人的，公民自己、法定代表人或者负责人就可以不去了。这个知识点在你写民事起诉状的时候非常重要（具体在起诉状那一章会细说）。

那我要是和法人或者其他组织的员工有争议了怎么办，比如我们家从家政公司请的保洁阿姨把我家的碗打碎了。

那这个时候，咱告的还是法人或者其他组织，而不是员工，很好理解，谁容易要到钱，咱就找谁要，也就是员工犯错，老板埋单。

员工犯错，老板埋单

2 第二个前提条件——有明确的被告

接下来我来说说法院管事儿的第二个前提条件——“有明确的被告”。很明显这是关于被告的条件，也就是对被告的限制，当当，你注意这个“明确”，它不是“准确”，什么意思呢？就是法律规定“原告提供被告的姓名或者名称、住所等信息具体明确，足以使被告与他人相区别的，可以认定为有明确的被告”，也就是说，只要你提供的被告的信息能保证法院能确定被告是谁就行，在现实中，能够保证“足以使被告与他人相区别的”，就是有被告的身份证号码或者更进一步的身份证复印件、公安机关出具的户籍证明等。

那像王二麻子这种的，我虽然有他身份证复印件，但是他现在电话号码换了，人也不知道去哪儿了，我还能起诉吗？

这个怎么说呢，按道理咱们是应该尽可能提供准确的王二麻子的电话号码和现住址的，但是咱一个小老百姓哪里能知道那么多，能有个身份证复印件已经是法律意识很强的了，所以，这个时候，如果你真的用尽所有办法都无法知道对方的联系方式和现住址的，可以写之前知道的联系方式和住址，剩下的，法院可以通过公告的方式帮你解决。

3

第三个前提条件——有具体的诉讼请求和事实、理由

接下来要说说法院管事儿的第三个前提条件——“有具体的诉讼请求和事实、理由”了。这第三个前提条件前面虽然没有主语，但是咱要自己给补上，那就是“原告，要有具体的诉讼请求和事实、理由”。

下面我来具体拆分解释“具体的诉讼请求”“事实、理由”。首先，诉讼请求，就是你写在民事起诉状中，希望法院帮你达成的要求，而“具体”的诉讼请求得有多具体呢？以当当你为例，你想让王二麻子还钱，具体的诉讼请求就得写成：要求被告归还借款 5 万元并支付自借款之日起至还款之日止按月利率1% 计算的利息（有些地方的法院还会要求你把截至起诉前的利息金额也算出来，那咱就得进一步明确利息多少，注明截至几月几日的利息是多少），而不能笼统地写：要求被告归还借款本金及利息。总结一下，就是如果涉及钱，金额一定要清楚，利息的计算标准也要明确。

至于其他没有涉及钱的案件，则一定要说清楚到底需要对方做什么，比如有人在你门口堆放垃圾，你起诉他的时候就要写清楚要求对方把垃圾清理掉，恢复到原来的卫生状况，并且保证之后不再有类似行为等。

其次，什么是“事实、理由”呢，很简单，事实就是事情的大致来龙去脉，理由就是你为什么要起诉对方，这个在讲起诉状的时候我会详细说。

4

第四个前提条件——属于人民法院受理民事诉讼的范围和受诉人民法院管辖

接下来讲最后一个法院管事儿的前提条件——“属于人民法院受理民事诉讼的范围和受诉人民法院管辖”。这第四个前提条件没有主语，我给补上，全句应该是：“原告所起诉的案件属于人民法院受理民事诉讼的范围和受诉人民法院管辖。”也就是说，第四个前提条件是对案件本身的要求，因为法院不仅可以处理民事案件，还可以处理刑事案件、行政案件，不过因为一般人去法院起诉的基本上都是民事案件，所以关于这点咱可以忽略不计。至于“受诉人民法院管辖”，这句话重点在管辖，这是个法律上的术语，通俗地说，管辖就是你的案子该找哪个法院管，哪个法院有权管你的案子，这是个非常重要的知识点，我会在第四章里给大家解答，下面我继续深化一下。

02

就算满足了四个前提条件法院也不管事儿的特例

还有就算满足了四个前提条件法院也不管事儿的特例？你不是说只要我的事儿同时满足四个条件法院就会管吗，怎么又来这么一出？

凡事总有例外，任何事情都不是绝对的，先看法条我再和你解释。

《中华人民共和国民事诉讼法》第一百二十七条

人民法院对下列起诉，分别情形，予以处理：（一）依照行政诉讼法的规定，属于行政诉讼受案范围的，告知原告提起行政诉讼；（二）依照法律规定，双方当事人达成书面仲裁协议申请仲裁、不得向人民法院起诉的，告知原告向仲裁机构申请仲裁；（三）依照法律规定，应当由其他机关处理的争议，告知原告向有关机关申请解决；（四）对不属于本院管辖的案件，告知原告向有管辖权的人民法院起诉；（五）对判决、裁定、调解书已经发生法律效力的案件，当事人又起诉的，告知原告申请再审，但人民法院准许撤诉的裁定除外；（六）依照法律规定，在一定期限内不得起诉的案件，在不得起诉的期限内起诉的，不予受理；（七）判决不准离婚和调解和好的离婚案件，判决、调解维持收养关系的案件，没有新情况、新理由，原告在六个月内又起诉的，不予受理。

这个法条讲了啥呢，我按照顺序解释，首先来讲第一项：“（一）依照行政诉讼法的规定，属于行政诉讼受案范围的，告知原告提起行政诉讼。”这句话就是说如果你的案子属于行政诉讼范围，那么你就要去提起行政诉讼，由于并不是所有人都能分辨行政诉讼与民事诉讼的区别，免不了有些案子明明应该是行政诉讼，可是原告却当作民事诉讼给起诉到法院去，所以当法院发现应该是属于行政诉讼时，那就会告诉原告应该去提起行政诉讼。

可是今天咱们讲的是民事诉讼啊，你把民事诉讼讲明白了，我用排除法不就能判断了嘛。

那不一定，当你告的是政府行为的时候（如拆迁补偿），这时你确实应该去提起行政诉讼，因为此时的被告是政府，代表的是公权力。但是如果是你替政府盖房子，结果政府拖欠了工程款，那么此时你和政府的纠纷，本质上就是一个欠付工程款的民事纠纷，因此政府此刻的身份不再是代表公权力的政府，而只是代表欠钱的一方，双方是平等的，这种情况就是属于民事诉讼范围。所以，不要因为对方是政府，你就在思维定式下觉得就应该是一个行政诉讼的案件。

我们接下来讲第二项："（二）依照法律规定，双方当事人达成书面仲裁协议申请仲裁、不得向人民法院起诉的，告知原告向仲裁机构申请仲裁。"这句话的意思就是如果双方之前书面说好了，万一遇到事情要去仲裁，不去法院，那么这双方里的任何一方来法院起诉了，法院就会告诉你，要遵守你们之前的约定，先去仲裁机构仲裁。至于什么是仲裁，你只要知道仲裁也是一种纠纷解决方式就好了，和法院一样，都是帮大家解决问题的"兄弟"，具体的不用了解太多，反正你记牢，只要一开始约定了有效的仲裁条款的，就不能直接去法院，只有等仲裁之后还是不满意的，才能去法院。

我们接下来讲第三项："（三）依照法律规定，应当由其他机关处理的争议，告知原告向有关机关申请解决。"这句话的意思就是按照法律的规定，不应该由法院处理的事情，那原告得去找该找的部门解决。我举个和大家生活中比较息息相关的例子来进一步解释第三项。

《中华人民共和国土地管理法》第十四条

土地所有权和使用权争议，由当事人协商解决；协商不成的，由人民政府处理。单位之间的争议，由县级以上人民政府处理；个人之间、个人与单位之间的争议，由乡级人民政府或者县级以上人民政府处理。当事人对有关人民政府的处理决定不服的，可以自接到处理决定通知之日起三十日内，向人民法院起诉。在土地所有权和使用权争议解决前，任何一方不得改变土地利用现状。

这个法条，总结起来就是万一你老家的土地产生纠纷了，你首先是要找政府解决，对政府的解决不满意，才能找法院，你要是一上来就找法院，可不要怪法院不理你。

我们接下来讲第四项：“（四）对不属于本院管辖的案件，告知原告向有管辖权的人民法院起诉。”这句话就是说如果你到A法院去起诉，结果A法院审查了发现它没有管辖权，就会告诉你另找出路，找一个能管你案件的B法院去。

那我如果就是不想换法院审理呢？毕竟原来的法院离我家近，方便啊。

首先法院会先告诉你去找有管辖权的法院，你要是坚持不去找该找的法院，那么不好意思，法院还会给你书面文书告知你：我真的不爱你（不会管你的案子的），你就死了这条心吧，不要在我身上浪费时间了。而且就算一开始被你蒙混过关案子被法院收下了，后面法院一合计，自己没有管辖权呀，那不好意思，法院干脆就直接把你的案子移送给有管辖权的其他法院，到头来你还是得乖乖去有管辖权的法院打官司。

我们接下来讲第五项:“(五)对判决、裁定、调解书已经发生法律效力的案件,当事人又起诉的,告知原告申请再审,但人民法院准许撤诉的裁定除外。”这句话是说已经发生法律效力的案子不能再起诉了,只能申请再审,除非当时法院给了你准许撤诉的裁定书,那还是可以重新起诉的,毕竟当时你是主动撤诉的并且法院也同意了。关于这三种文书的具体知识咱们后面会说。

我们接下来讲第六项:“(六)依照法律规定,在一定期限内不得起诉的案件,在不得起诉的期限内起诉的,不予受理。”这句话的意思就是按照法律规定,在一个时间段内不准起诉的案子,如果你硬是要在这个时间段内“搞事情”,那么法院就会对你说:对不起,恕不奉陪。比如,**女方在怀孕期间和分娩后的一年内或者终止妊娠(流产)后六个月内,男方不得提出离婚**(当然如果这个孩子不是男方的,你当我没说)。

我们接下来讲第七项:“(七)判决不准离婚和调解和好的离婚案件,判决、调解维持收养关系的案件,没有新情况、新理由,原告在六个月内又起诉的,不予受理。”第七项在时间上精确到六个月,在事项上精确到离婚和收养关系。不过这里你可要注意了,首先,前提是没有新情况和新理由,要是有新情况和新理由了,那是不受约束的,比如突然发现孩子不是自己的,这就是新理由,又或者因为家庭暴力起诉离婚的,到了法院对方一阵诚心悔过调解和好,结果晚上回去又家暴的,那第二天马上就可以再次起诉离婚,因为再次家暴就是新情况。其次,注意**是只有原告不可以,对被告是没有时间限制的**。比如一开始是原告起诉离婚,结果调解和好了,结果被告不干了,坚持要离婚,那法院还是会受理的。

明白,就是同一个人不能在六个月内再次提离婚,除非有特殊情况。

嗯,明白了这一点,我还要再加深你关于同一个人不能在六个月内再次提离婚的理解。假设你起诉离婚,过程中突然不想离,撤诉了,那么下次你还想离的时候,不好意思,六个月以后再说吧,也就是你起诉离婚可得想好了,万一这回不想离了,撤回离婚请求了,你再想去离婚的话,不好意思,六个月以后再来,除非有新情况、新理由(你就记牢娃不是自己的情况吧,虽然造孽,但是好记啊)。

当然了，如果是讨要赡养费、扶养费、抚养费的，如果发生了新情况（如老人生病了要多花钱买药、小孩开始上学要有额外支出等），那可是不用等六个月的，毕竟事关重大。

其实我想说这赡养费、扶养费、抚养费分别是啥我不是很清楚，这些都是啥费啊，长得那么像？

抚养，是指爷爷奶奶、外公外婆（姥姥姥爷）、爸爸妈妈对孙子女、外孙子女、子女的养育。扶养，一般来说你知道是**夫妻之间**的那种相互扶持就行，不过扶养相对来说概念最为宽泛，不属于赡养、抚养的，都可以归入扶养范围，不一定局限于夫妻之间，比如**兄弟姐妹**之间年龄大的扶养年龄小的。至于赡养，是指**子女对父母**的照顾。

好了，到此为止，法院管不管你事情的判断标准我都给你讲完了，咱们下一章见。

上篇

理论储备阶段

第二章
我的纠纷找法院处理，超时了吗

第二章 我的纠纷找法院处理，超时了吗

当当，你的事法院会不会管固然很重要，但即便你的事符合所有法院管事的前提条件，却超时的话，那还是很有可能一场空的哦。

什么？打官司还会超时？

对呀，一个纠纷产生了，你总得积极地去解决吧，不能说“君子报仇，十年不晚”，随着时间的延长，证据等灭失的可能性就会越来越大，到时候纠纷就更难解决了，法院可不喜欢有“拖延症”的孩子，我得好好和你说说打官司超时的事儿。

01 什么是案子的“超时”

首先我要解释一下案子的超时到底是什么意思，在讲这个问题之前，我得先说下讨论案子超时的前提。就像在一线城市买房你得有购房资格才能买一样，我们在讨论一个案子超不超时的时候，前提是这个案子可以被讨论超时不超时，对于一些从来不会超时，根本没有超时概念的案子而言，咱就没有讨论的必要了。

这样啊，那我怎么判断我的案子属不属于要讨论超时问题的范围呢？

在我们的生活中，规范人与人之间关系的法律叫作民法，这个民法规定了很多的权利，但在这很多的权利中，只有很小一部分权利才存在超时不超时的概念，而在这一小部分权利中，最为典型的，咱最需要了解的，就是“**债权请求权**”，通俗来说，就是“讨债的权利”。不过这里债的范围不单单是别人欠你的钱，所有能最终转化为**用钱支付**的事情，也算是债，比如别人把你打伤了，赔你的医药费、营养费，教授司法考试的老师和教育机构签署独家协议，万一违约了就要赔钱等。所以呢，关于债权请求权，你可以笼统地理解为要求对方**还钱、赔钱、给钱**。

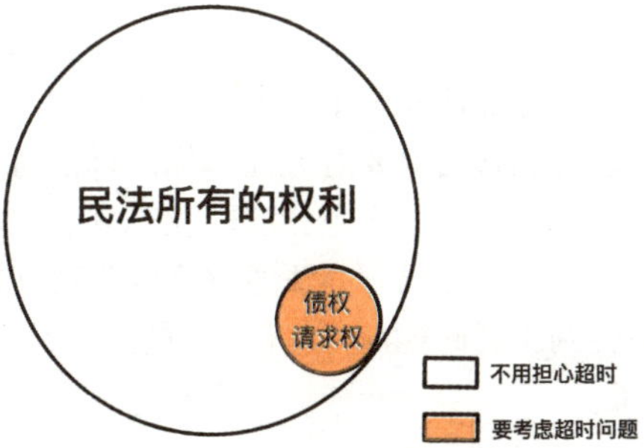

明白了前提，我们来说说所谓案子的“超时”是什么意思，超时就是超过规定的时间，一般来说会伴随不好的后果，比如上班迟到就得扣工资。类似地，**案子的超时，就是你超过了法律规定的维权时间，那么对方就能以超时为由拒绝履行相应的义务**。这个制度，就是诉讼时效制度，这段维权的时间段，就是诉讼时效期间，这个时间段过完，就意味着案子超时了，而案子的超时，用专业的话说，就是“**诉讼时效期间届满**”，或者说“**诉讼时效期间经过**”。

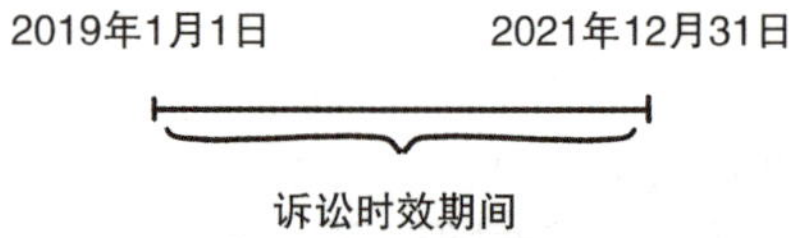

对方能以超时为由拒绝履行义务？那我找法院啊，这欠债还钱，天经地义的，还能耍赖不成。

准确来说，就是法律规定了对方有拒绝的权利。当你去法院起诉的时候，只要对方提出你的诉讼时效期间已经届满了，法院经过审查，发现确实如此，那么法院就会告诉你，你已经没有办法通过法院来帮你要到钱了，法院会判决**驳回你的诉讼请求**，直白的说法，就是你败诉了。

那要是像我这样的，王二麻子明明欠我钱，难道就真的因为这个诉讼时效期间的届满，王二麻子就不用还钱了吗？

是的，只要诉讼时效期间届满，而且王二麻子又向法官提了这回事，法官一看确实如此，那王二麻子真的就不用还你钱了。“没有规矩，不成方圆”，法律可是会惩罚躺在权利上睡觉，特别是睡懒觉的人哦。还记得历史上的赵王如意吗？就是因为他睡懒觉，没有和哥哥一起去打猎，结果就被吕后干掉了，这就是睡懒觉的代价。所以当你准备起诉的时候，一定要看看自己的纠纷还在不在诉讼时效的期间内，要不然真的是“赔了夫人（诉讼费，打官司要交给法院的钱）又折兵（输了官司）”，或者说，更早一点，一旦你有纠纷产生的时候，一定脑子里要时刻绷着诉讼时效期间这根弦啊。

可这对我这种债权人来说，也太不公平了吧，这不是“助纣为虐”吗？

哈哈，别急，偷偷告诉你一个小惊喜，如果你的纠纷真的诉讼时效期间届满了，你还是有一线生机的，**只要对方（被告）不提诉讼时效期间已经届满的事儿，法院是肯定不会主动提的**，那么你案子“超时”的问题就是“天知地知，你（原告）知我（法院）知”了，这个时候法院就会“装糊涂”，忽视你原本应该输的情况，像正常审理其他案子一样来审理你的案子。

那万一打官司的时候被告没提，等还钱的时候反应过来了反悔了怎么办？

那可不行，别担心，给都给了，就不能反悔了，看法条。

《中华人民共和国民法典》第一百九十二条

诉讼时效期间届满的，义务人可以提出不履行义务的抗辩。诉讼时效期间届满后，义务人同意履行的，不得以诉讼时效期间届满为由抗辩；义务人已自愿履行的，不得请求返还。

看到了吧，诉讼时效期间届满，那么还款的义务人，也就是债务人，是可以以诉讼时效期间已经届满为由不还钱的。但是如果债务人自己在诉讼时效期间届满之后又同意还钱，就再也不能用这个理由来拒绝还钱了，就更别说已经还了钱还想反悔，毕竟这是真的欠钱了呀。

哎呀，说是这么说，这不还是有合法不还的可能性吗？你还是快点告诉我，这个诉讼时效期间到底是多长的一段时间吧，我也好提前准备准备，既然法律都这么规定了，那我何必非得沦落到诉讼时效期间届满那么被动的局面呢，那肯定得尽早去讨债呀。

02

诉讼时效期间是多长的一段时间

《中华人民共和国民法典》第一百八十八条

向人民法院请求保护民事权利的诉讼时效期间为三年。法律另有规定的，依照其规定。诉讼时效期间自权利人知道或者应当知道权利受到损害以及义务人之日起计算。法律另有规定的，依照其规定。但是自权利受到损害之日起超过二十年的，人民法院不予保护，有特殊情况的，人民法院可以根据权利人的申请决定延长。

关于诉讼时效期间的长度，咱们来看个法条，这个法条说的是除了法律另有规定的，第一层面，一般来说法律会给咱3年的时间用来维权，这个3年的时间是从“知道或者应当知道权利受到损害以及义务人之日”的时候开始计算，这就是3年的诉讼时效期间；第二层面，要是由于一些客观原因一直没有办法维权，那么法律还有个兜底的条款，会把诉讼时效的长度延长至20年，但这20年的诉讼时效期间开始的时间点是损害发生之日，所以自损害发生之日起超过20年的，只要对方提诉讼时效期间届满，哪怕你3年的诉讼时效期间还没开始算，那法院也只能判你输。

3年诉讼时效期间开始计算时间点 → 知道或者应当知道权利受到损害以及知道义务人之日

20年诉讼时效期间开始计算时间点 → 权利受到损害之日

这里有个比较难理解的点，就是“诉讼时效期间自权利人知道或者应当知道权利受到损害以及义务人之日起计算”。这个是针对 3 年的诉讼时效期间来说的，这句话的意思是，3 年的诉讼时效期间要开始计算，进入倒计时，需要满足两个条件：**一方面你知道自己的权利被侵害，包括侵害的程度和损失的数额；另一方面你也知道谁是侵害自己权利的人**。就比如说 2020 年的一天晚上，你走着走着，被人从后面打了一棍子，醒来已经在医院了，你花了 10 万元才治愈出院，这时第一个条件，知道自己权利被侵害，就符合了，但一直到 2030 年，你才知道是王二麻子打的你，那直到 2030 年的时候这 3 年的诉讼时效期间才正式开始算，因为你直到 2030 年才知道是谁打的你，3 年诉讼时效期间开始计算的另一个条件，知道谁是侵害自己权利的人，才符合，只有两个条件都满足了，3 年诉讼时效期间才会正式开始计算。

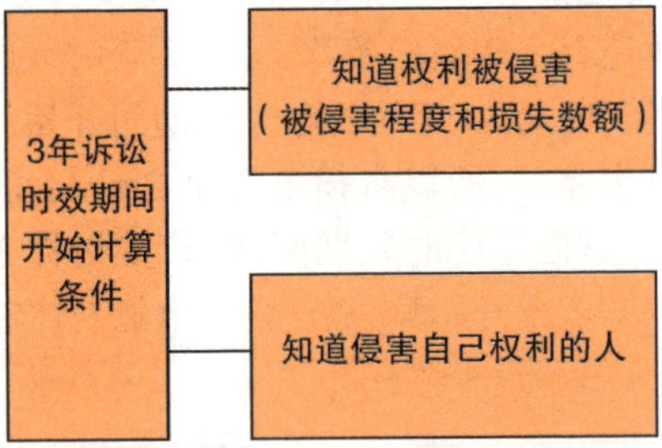

那要是直到 2050 年我才知道我是被王二麻子打的，那这个诉讼时效期间怎么算呢，按道理已经超过 20 年了，可我这个 3 年的诉讼时效期间才刚开始算啊。

那你就会因为 20 年诉讼时效期间届满而输官司了呀，因为 20 年诉讼时效期间都已经届满了，就不用管 3 年诉讼时效期间还没有开始算的问题了，毕竟诉讼时效是有**双重时间限制的，任何一个诉讼时效期间届满都算届满。**

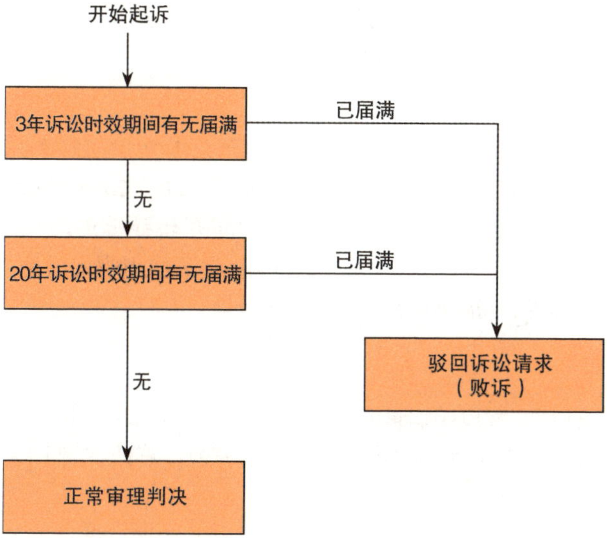

也就是不管 3 年诉讼时效期间从什么时候开始算，总之极限就是 20 年，哪怕 3 年诉讼时效期间从第 19 年才开始算，也是到第 20 年就结束，哪怕只经过了 1 年？

是的，20 年诉讼时效期间就像“如来佛”，3 年诉讼时效期间就像“孙悟空”，3 年诉讼时效期间再蹦跶，也逃不出 20 年诉讼时效期间的范围，你可以理解成诉讼时效期间的寿命最长只有 20 年。

原来是这样啊，那这样看来20年诉讼时效期间简单，我只需要记住从事情发生的那天开始计算20年整就好，反而是这个3年诉讼时效期间开始计算的时间点，需要特别注意，那这个时间点，除了你刚刚说的两个标准，你能不能再讲具体一点呢？

可以啊，我以咱们最常见的借钱的诉讼时效为例给你讲明白3年诉讼时效期间到底是怎么计算的，咱们来看个法条。

《中华人民共和国民法典》第一百八十九条

当事人约定同一债务分期履行的，诉讼时效期间自最后一期履行期限届满之日起计算。

这个法条说的是如果是分期还债，那么当约定还钱最后一期的最后一天，咱们的诉讼时效期间就开始计算啦。举个例子，王二麻子到你这里借了5万元，约定从2020年1月开始，每个月的15日还你1万元，到5月15日还清。那么这个所谓的“最后一期履行期限届满之日”就是5月15日，从那天开始你找王二麻子要钱的诉讼时效期间就开始计算了。我们再来看个法条。

《最高人民法院关于审理民事案件适用诉讼时效制度若干问题的规定》第四条

未约定履行期限的合同，依照民法典第五百一十条、第五百一十一条的规定，可以确定履行期限的，诉讼时效期间从履行期限届满之日起计算；不能确定履行期限的，诉讼时效期间从债权人要求债务人履行义务的宽限期届满之日起计算，但债务人在债权人第一次向其主张权利之时明确表示不履行义务的，诉讼时效期间从债务人明确表示不履行义务之日起计算。

这个法条有点长，我一句一句给你解释。第一句：“未约定履行期限的合同，依照民法典第五百一十条、第五百一十一条的规定，可以确定履行期限的，诉讼时效期间从履行期限届满之日起计算”。就是王二麻子到你这里借钱，如果说好3月30日还，结果到了3月30日王二麻子一点动静都没有，这个时候诉讼时效期间就开始计算了。第二句：“不能确定履行期限的，诉讼时效期间从债权人要求债务人履行义务的宽限期届满之日起计算”。就是王二麻子到你这里借钱，没说啥时候还，你通知他3月30日必须还，王二麻子说宽限一个月，4月30日再还，这个时候如果到4月30日王二麻子还没有还，那诉讼时效期间就开始计算了。最后一句：“但债务人在债权人第一次向其主张权

利之时明确表示不履行义务的，诉讼时效期间从债务人明确表示不履行义务之日起计算”。这又是啥意思呢？就是王二麻子到你这里借钱，碍于同事的面子你一直没有催，但是王二麻子一直没有要还钱的意思，所以你只好去催王二麻子还钱，结果他蛮不讲理说就是不还，你能拿我怎样，那这个时候诉讼时效期间就开始计算啦。

好了，差不多生活中常见的 3 年诉讼时效期间开始计算的具体时间点我都给你讲明白了，我再强调一下啊，只有 3 年的诉讼时效期间才会考虑开始计算的具体时间点，至于 20 年的诉讼时效期间，那就是“傻瓜式”的从事情发生的第一天起，到第 20 年结束。

嗯，记住啦，可是袍儿，我有个疑问，比如我诉讼时效期间是从 2018 年开始到 2020 年为止，可是 2020 年发生了新冠疫情，我没有办法去法院起诉，这样诉讼时效期间届满了，我不是很冤吗？

哈哈，放心，你这种担心法律早就给你想好对策了，因为 3 年的诉讼时效期间相对来说确实比较短，很容易因为一些客观原因没有办法去起诉，所以法律规定了中止和中断两种办法来帮你变相“延长”诉讼时效期间。但是 20 年的诉讼时效期间由于是诉讼时效的极限，所以法律就没有给 20 年诉讼时效期间中止和中断的权利了，要不然就没完没了，所以你一定要记住，接下来我们讲的都是关于 3 年诉讼时效期间的变通，20 年诉讼时效期间一点都没法变通哦。

03

3 年诉讼时效期间的延长

我们来说说第一种延长的办法，那就是中断，通过一些事由，触发 3 年诉讼时效期间的中断，咱们就可以让 3 年的诉讼时效期间重新计算，也就是不管之前 3 年时间过了多久，只要中断过，那咱们的诉讼时效期间就又变成 3 年整开始从头计算了。

1

中断——重新计算

来，先来看个法条，看看法条怎么规定，哪些事由才能触发中断。

《中华人民共和国民法典》第一百九十五条

有下列情形之一的，诉讼时效中断，从中断、有关程序终结时起，诉讼时效期间重新计算：(一)权利人向义务人提出履行请求；(二)义务人同意履行义务；(三)权利人提起诉讼或者申请仲裁；(四)与提起诉讼或者申请仲裁具有同等效力的其他情形。

法条规定了,如果出现了法条里所列的情况,这四种情况就是所谓的中断事由,3 年诉讼时效期间就中断了,这样之前已经经过的诉讼时效期间就作废了,3 年的诉讼时效期间就重新开始计算,哪怕 3 年的诉讼时效期间明天就到期了也没事,一视同仁,都重新来过,而且特别仗义,一次性给你充值充到满,就相当于你手机快没电了,找到了充电器[法条里的(一)(二)(三)(四)],一会儿就 100% 电量了。

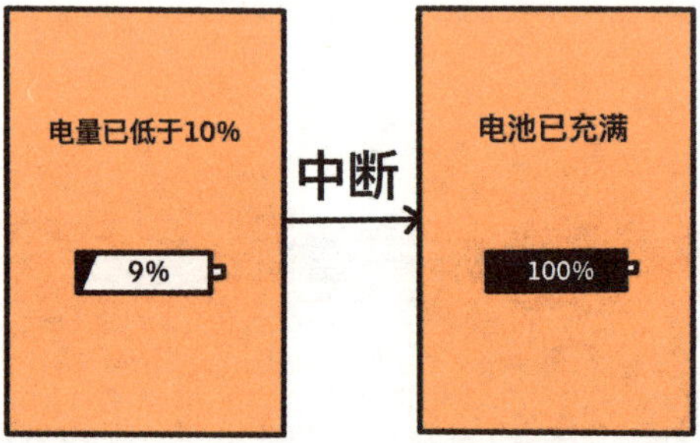

而且要注意,发生中断的事由之后,我们是要从中断的情况消除之后,才开始重新计算 3 年的诉讼时效期间的,而不是从中断那天就开始重新计算,要不然中断的情况一直不消除,咱也无法行使权利,重新计算的诉讼时效期间搞不好都过了,咱还没办法行使权利,这多不公平啊。

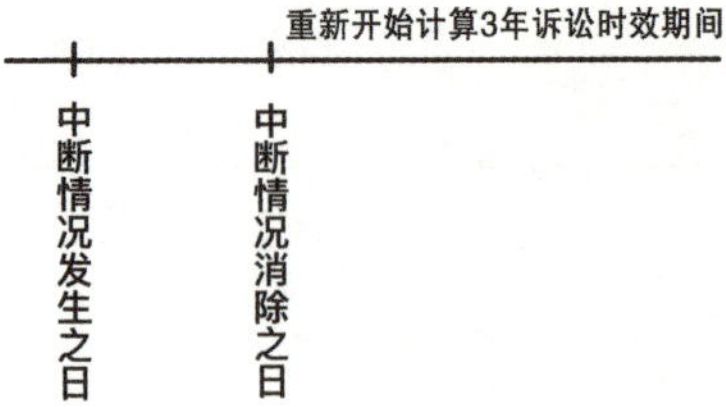

那接下来我给你讲讲法条中的四个中断事由分别是些什么情况吧，首先是第一项“（一）权利人向义务人提出履行请求”，这个本来有很复杂的法条规定，但是对于咱来说，只需要知道向对方发送**律师函、催款通知书、催款函**进行催款，或者通过发送**电子邮件**催款的，都算当事人一方提出履行请求。

其次是法条中的第二项“（二）义务人同意履行义务”，这点你就理解为欠钱的人向你承诺**分期归还、先还一部分钱、希望宽限一段时间**等情形，比如你发微信给王二麻子，问他什么时候还钱，他说明年这个时候一定还，那诉讼时效就中断了。

再次是法条中的第三项“（三）权利人提起诉讼或者申请仲裁”是什么意思呢，你就理解为去法院起诉或者去仲裁机构申请仲裁就行。
最后是第四项“（四）与提起诉讼或者申请仲裁具有同等效力的其他情形”。你就理解为向欠钱的人催要欠款，各种形式都行，打电话要钱，发短信要钱，微信里要钱，支付宝里要钱，甚至上门找人要钱等都属于催要的情形。只要有前述任何一种行为，恭喜你，你的 3 年诉讼时效期间就充值成功了，不管前面过去多久的时间，这个行为之后，咱们统一又按 3 年整开始计算诉讼时效期间。

明白啦，那我没事就打个电话，发个微信问候一下王二麻子，这样我就不用担心我的诉讼时效期间超时啦。

说到这儿，我提一嘴，关于20年的诉讼时效期间的不可变通，你也可以这么理解，在20年的诉讼时效期间内，3年诉讼时效期间可以通过中断不限次数地重新计算，但是每次重新计算加起来，总的时间长度是不会超过20年的，就像你的手机，多次充电之后，手机电池总要报废的，充电的总次数是有限制的。

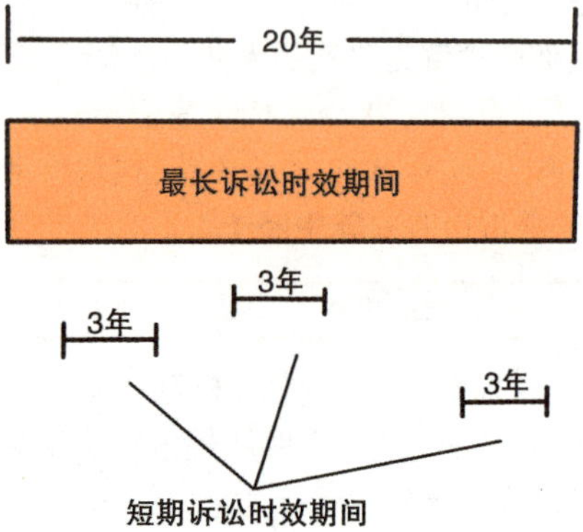

懂了，你不是说诉讼时效受双重时间限制吗，3年再延长也逃不出20年的手掌心。

嗯，看来理解得很透彻嘛，那到这里，关于3年诉讼时效期间由于中断而重新计算的内容我就讲完了，接下来我来讲讲3年诉讼时效期间的另外一种延长方式——中止。

2

中止——暂停

诉讼时效的中止就是通过一些事由，触发中止，诉讼时效期间相当于摁下了暂停键，一直到中止的事由消除，咱们的3年诉讼时效期间才会继续计算，至于中止之后的暂停是怎么个暂停法呢，咱们先来看个法条帮助理解。

《中华人民共和国民法典》第一百九十四条

在诉讼时效期间的最后六个月内，因下列障碍，不能行使请求权的，诉讼时效中止：（一）不可抗力；（二）无民事行为能力人或者限制民事行为能力人没有法定代理人，或者法定代理人死亡、丧失民事行为能力、丧失代理权；（三）继承开始后未确定继承人或者遗产管理人；（四）权利人被义务人或者其他人控制；（五）其他导致权利人不能行使请求权的障碍。自中止时效的原因消除之日起满六个月，诉讼时效期间届满。

这个法条的意思是，当出现了法条中所列的（一）（二）（三）（四）（五）这五种情况之一的时候，就出现了中止事由，**与此同时你3年的诉讼时效期间已经进入最后6个月**，你就可以暂停诉讼时效期间的计算，等这五种情况之一消失后，法律会给你**6个月**的时间拿来冲刺一下，也就是说，等中止的情况消失后，你的诉讼时效期间一律补足为6个月。

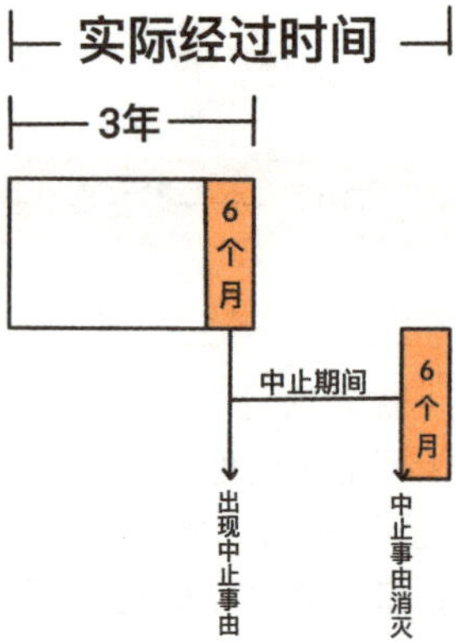

我举个例子，比如你借钱给王二麻子，按道理还有5个月就超过诉讼时效期间了，你想着朋友一场，就到最后一天再起诉他。没曾想，你出去旅游被困在了岛上，这一困就是一年，得，超时了吧！没事儿，从你被从岛上救下来的第二天起，法院重新给你6个月时间去起诉王二麻子，这就是刚刚法条所表达的意思。

也就是必须得3年诉讼时效期间倒计时不足6个月的时候，发生了中止事由才可以启动中止这个程序，剩余时间多于6个月的时候哪怕发生了中止的事由也是不能暂停的是吧？

是的，没错。

那要是我刚开始计算诉讼时效期间，这些所谓的中止事由就出现了怎么办？谁能保证只在最后6个月内出事啊！

好办啊，拖到不足6个月的时候再中止，多大的事儿。行啦，别纠结这个了啊，还是来好好看看哪些属于中止的事由对你来说更重要。

首先是法条中的第一项：（一）不可抗力。这个好理解，如洪水、海啸、地震、山体滑坡，还有这次的新冠疫情，总之就是由于一些客观情况导致你实在没有办法去起诉。其次是第二项：（二）无民事行为能力人或者限制民事行为能力人没有法定代理人，或者法定代理人死亡、丧失民事行为能力、丧失代理权。无民事行为能力人就是8周岁以下的小孩子和完全没有办法辨认这个世界的精神病人，限制民事行为能力人是8周岁以上的小孩子和间歇性犯病的精神病人，法定代理人其实就是监护人，比如小孩子的父母和精神病人的配偶和父母。所以当小孩子的父母或者精神病人的配偶或者父母也出问题，小孩子和精神病人没有人管的时候，那就得暂停一下，直到找到新的可以照顾小孩子和精神病人的人才行。再次是第三项：（三）继承开始后未确定继承人或者遗产管理人。这个理解起来不难，一个人死了，结果他的遗产应该由哪些人来继承还没确定，或者说这个死了的人是个富豪，钱超多，需要遗产管理人来处理遗产，那么当继承人还没确定或者遗产管理人还没确定的时候，那就只能暂停一下。最后是第四项：（四）权利人被义务人或者其他人控制。比如王二麻子欠你钱，结果王二麻子为了防止你去法院起诉他还钱，他就把你给关起来了。

关于诉讼时效期间的知识我就给你讲完啦，至此法院管事儿的所有前提就讲完啦，咱们下一章见。

上篇

理论储备阶段

第三章

打官司要花多少钱

01 打官司要花哪些钱

02 诉讼费用由谁“埋单”

03 诉讼费用的收费标准

第三章 打官司要花多少钱

今天我们来学习一下打官司需要花多少钱，毕竟是钱的事儿，可得重视，毕竟很多时候大家起诉与否第一考虑的就是钱的问题，所以今天，我会详细和大家说下我们去法院打官司要花哪些钱，这些钱分别是什么类型的钱以及这些钱最终由谁“埋单”等问题，咱把有关打官司花费的疑问都给“一锅端”了。

01 打官司要花哪些钱

首先咱们需要了解一下，打官司需要花哪些类型的钱，先看法条。

《诉讼费用交纳办法》第六条

当事人应当向人民法院交纳的诉讼费用包括：(一)案件受理费；(二)申请费；(三)证人、鉴定人、翻译人员、理算人员在人民法院指定日期出庭发生的交通费、住宿费、生活费和误工补贴。

法条中的这(一)(二)(三)项就是你在打官司的过程中可能需要交给法院的费用，统称为诉讼费用，简称诉讼费，下面我逐项和大家解释这些费用。

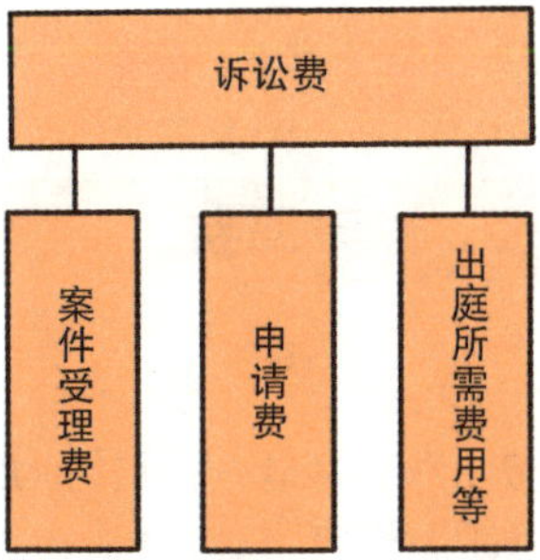

1

案件受理费

第一项是案件受理费，这个费用就是法院帮你处理案件的费用，你可以大致理解为去医院看病的挂号费，只要咱去医院看病，就得提前交个挂号费。案件受理费也一样，在法官正式处理你这个案子之前，你就得先交案件受理费。当然了，由于咱们国家实行二审终审制，也就是判决结果不是一锤子买卖，咱对一审结果不满还可以上诉引发二审，所以二审的时候也要交案件受理费，拿看病举例，比如你觉得不舒服，去你们当地的县医院挂了个号，看了第一次医生（这就相当于一审），但是治疗效果你不满意，所以呢，你又去了市里的医院，再挂了一次号看病（这就相当于二审）。

2

申请费

第二项是申请费，关于申请费，具体的规定法条里有很多，但是咱们日常使用，只需要知道当咱们**申请保全**和**申请执行**的时候，是要交申请费的，就可以了。那什么叫申请保全和申请执行呢？申请保全就是我们向法院申请，让法院把证据或者银行存款、房子等财产给扣下来，以免对方转移财产导致咱赢了官司也要不到钱，或者说让对方必须做一定行为或者禁止做一定行为。**申请保全的保全费呢，申请的人一开始是需要垫付的，最终，谁输了官司，谁来承担申请保全费**；申请执行就是当你的案子生效以后你找法院帮你要回钱的一个环节，如你赢了官司结果对方还是不给钱，那么咱就可以去法院的执行局，申请执行，正好对方有辆车的，那么咱就可以申请拍卖他的车，用拍卖的钱来还钱，**注意，申请执行的时候，出申请费的可是被执行的人，而不是申请的人，因为申请人是赢了官司的人，赢了官司的人怎么能再付钱呢**，申请执行的费用就从拍卖车子的钱里扣，保全和执行咱们后面会细说，这里先了解个大概就行。

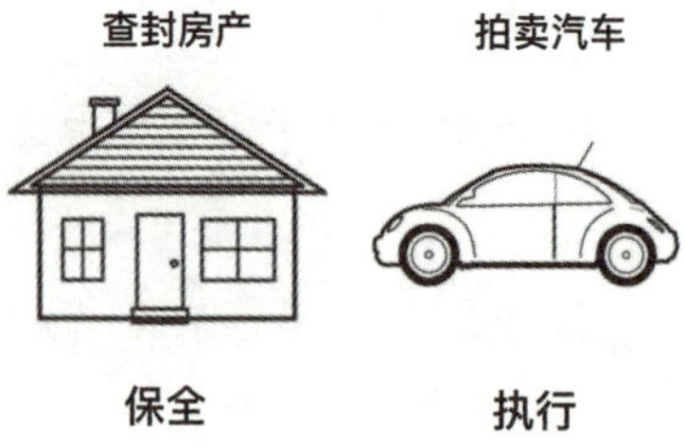

3

证人、鉴定人、翻译人员、理算人员在人民法院指定日期出庭发生的交通费、住宿费、生活费和误工补贴

接下来咱们要讲讲这个超长的“证人、鉴定人、翻译人员、理算人员在人民法院指定日期出庭发生的交通费、住宿费、生活费和误工补贴”了，证人、鉴定人、翻译人员、理算人员这些人是啥人呢，就是案件审理过程中因为一些情况会额外出现的人，因此这部分费用不是必然发生的费用，是针对案件的特殊情况而相应支出的费用，比如案件需要证人作证时才会产生证人，案件的某些事实需要鉴定机构进行相应鉴定时才会产生鉴定人，案件一方当事人是少数民族或者外国人时才会需要翻译，等等。

02

诉讼费用由谁“埋单”

怎么打个官司还打出请客的味道了，我去起诉难道不是我交诉讼费吗？

你去交诉讼费不假，可是我说的是“埋单”啊，比如之前上大学的时候，每次出去吃饭不都是我请客，你“埋单”的吗？来，看法条。

《诉讼费用交纳办法》第二十九条

诉讼费用由败诉方负担，胜诉方自愿承担的除外。部分胜诉、部分败诉的，人民法院根据案件的具体情况决定当事人各自负担的诉讼费用数额。共同诉讼当事人败诉的，人民法院根据其对诉讼标的的利害关系，决定当事人各自负担的诉讼费用数额。

看到了吗，法条里明明白白地写着**诉讼费最终是由败诉方承担**的，也就是说，诉讼费是由打输官司的人来“埋单”的，如果是部分胜诉、部分败诉的，法院才会根据案件的具体情况决定当事人各自负担的诉讼费用的比例和数额。

我就赖着败诉方了

这样啊，那超棒，相当于从起诉开始到执行结束只要我是胜诉方，我一毛钱都不用花呀。

是的，记性不错，这个法条里用的词是诉讼费用，而诉讼费用可是包含了案件受理费，保全费和执行申请费，以及证人、鉴定人、翻译人员、理算人员在人民法院指定日期出庭发生的交通费、住宿费、生活费和误工补贴等所有费用的。

不对，法条里说了由败诉方承担诉讼费，申请执行费由败诉方承担我能理解，毕竟那个时候案件已经出结果了，可是交案件受理费和保全费的时候，案子还没有出结果吧？这个时候怎么办？

是的，所以在实践中，一审的时候，由于原告是启动诉讼的人，所以我们规定**案件受理费和保全费就先由原告方预缴（垫付）**，等最终结果出来，如果是原告胜诉的，那么法院会把原告之前所预缴的费用退还给原告，再到被告那里去收取，如果是原告败诉的，那么之前原告所预缴的费用就不退还啦。

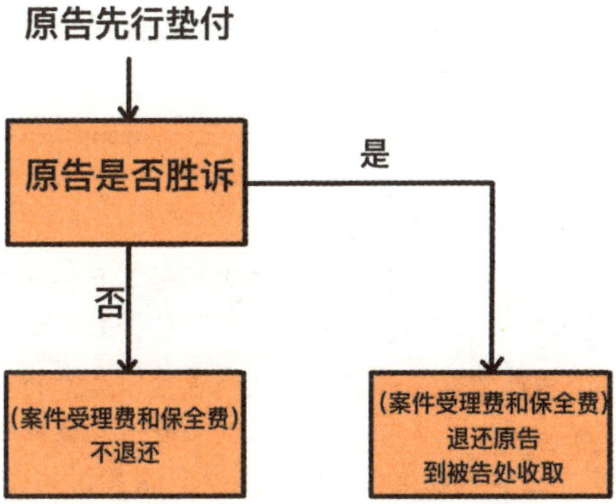

相应地，到了二审，谁启动了二审，谁就先预缴二审的案件受理费（也就是上诉费）和保全费（如果有的话），最终费用怎么承担，还是看判决的结果，只不过这个时候败诉方要承担的可是**两次**的案件受理费以及相应的保全费了。当然了，当二审的结果出来时，也就代表了终审结果，接下去申请执行的时候，自然就是败诉方承担胜诉方申请执行的费用了。

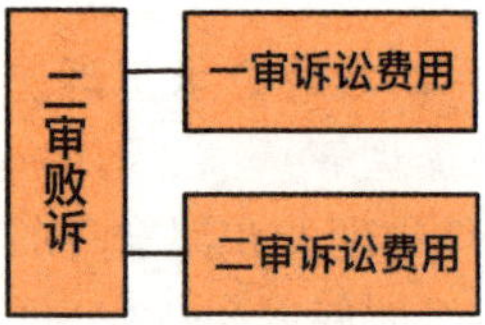

03 诉讼费用的收费标准

讲完诉讼费由谁“埋单”的问题之后，我们再来说说诉讼费用的收费标准，诉讼费用前面讲了分为三部分，但我们只需要了解案件受理费和申请费的收费标准就行，至于第三项费用，出现的可能性太低，咱没必要了解，不过在讲诉讼费的收费标准之前我先强调一下及时交诉讼费的重要性，看法条。

《诉讼费用交纳办法》第二十二条

原告自接到人民法院交纳诉讼费用通知次日起7日内交纳案件受理费；反诉案件由提起反诉的当事人自提起反诉次日起7日内交纳案件受理费。上诉案件的案件受理费由上诉人向人民法院提交上诉状时预交。双方当事人都提起上诉的，分别预交。上诉人在上诉期内未预交诉讼费用的，人民法院应当通知其在7日内预交。申请费由申请人在提出申请时或者在人民法院指定的期限内预交。当事人逾期不交纳诉讼费用又未提出司法救助申请，或者申请司法救助未获批准，在人民法院指定期限内仍未交纳诉讼费用的，由人民法院依照有关规定处理。

这法条其实表达了同样一个意思，就是要及时交诉讼费，申请费也好，案件受理费也罢，都要及时交，特别是案件受理费，如果你没有按照规定，在规定的时间（一般是**7天**）内交的话，法院在通知过你之后你还不交的，可就按你撤诉或者不上诉处理了。不过大家也不用一看只有7天感觉压力大，其实现在很多法院一般来说在收案的时候并不会让你马上交案件受理费，会先调解，调解不成再交案件受理费，但部分法院还是一开始就要交的，大家在起诉的时候可以多问问，一旦法院告知你要交案件受理费了，你就赶紧交，总没错了。

好了，讲完及时交诉讼费的重要性，接下来我正式开始讲诉讼费的收费标准，首先是案件受理费的收费标准。

我们去法院起诉的民事案子，以钱为标准，大体上分为两类：一类是**只涉及钱**的，比如你借钱给王二麻子的民间借贷；另一类是**不止涉及钱**的，比如离婚，因为不仅要离婚，还要分割夫妻共同财产，这两类案子诉讼费用的收费标准是不一样的，只涉及钱的是分段累进计算诉讼费用的，不只涉及钱的会比较复杂，会在“一口价”的基础上具体问题具体分析。

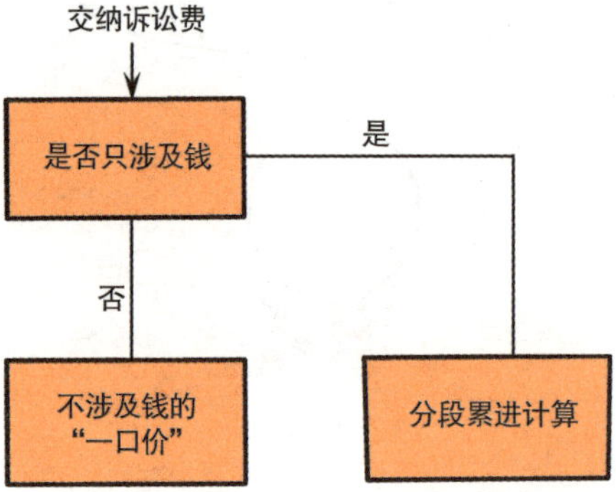

1

只涉及钱的案件受理费收费标准

我们先来说说只涉及钱的案子的案件受理费收费标准，先看法条。

《诉讼费用交纳办法》第十三条第一款第一项

(一)财产案件根据诉讼请求的金额或者价额,按照下列比例分段累计交纳:1. 不超过 1 万元的,每件交纳 50 元;2. 超过 1 万元至 10 万元的部分,按照 2.5% 交纳;3. 超过 10 万元至 20 万元的部分,按照 2% 交纳;4. 超过 20 万元至 50 万元的部分,按照 1.5% 交纳;5. 超过 50 万元至 100 万元的部分,按照 1% 交纳;6. 超过 100 万元至 200 万元的部分,按照 0.9% 交纳;7. 超过 200 万元至 500 万元的部分,按照 0.8% 交纳;8. 超过 500 万元至 1000 万元的部分,按照 0.7% 交纳;9. 超过 1000 万元至 2000 万元的部分,按照 0.6% 交纳;10. 超过 2000 万元的部分,按照 0.5% 交纳。

为了方便你理解,看表 1。

表 1　诉讼费用交纳办法

诉讼请求金额	案件受理费
不超过 1 万元	50 元
超过 1 万元至 10 万元的部分	2.5%
超过 10 万元至 20 万元的部分	2%
超过 20 万元至 50 万元的部分	1.5%
超过 50 万元至 100 万元的部分	1%
超过 100 万元至 200 万元的部分	0.9%
超过 200 万元至 500 万元的部分	0.8%
超过 500 万元至 1000 万元的部分	0.7%
超过 1000 万元至 2000 万元的部分	0.6%
超过 2000 万元的部分	0.5%

这个分段累进交纳的方式,和咱个人所得税的征收方式有点像,我给你举个“栗子”你就明白该怎么交了。

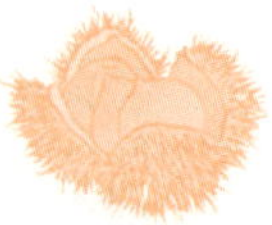

王二麻子到你这里借了2万元，诉讼费该如何计算：
首先，把2万元分成2个1万元，第一部分的1万元属于“不超过1万元的”，诉讼费是50元；然后是第二部分的1万元，属于“超过1万元至10万元的部分”，因此，这部分的诉讼费为10000元×2.5%=250元，加上第一部分的50元，所以最终的诉讼费是300元。
但是注意，300元这是按照默认的一审普通程序来计算的诉讼费。在实际生活中，咱们的案件大多是简易程序的，或者很多案件会在法官的主持下调解结案，那么这个时候，咱们的诉讼费就会变成150元了。

以上就是法院计算诉讼费的过程，数学不好的小伙伴不用担心，到底要交多少案件受理费，法院会帮咱算出来的，咱只需要按照法院计算出来的数额进行缴费就行了。

那就好，那你举的例子里面的普通程序和简易程序是什么呀，怎么诉讼费用一下子就打五折了呢？

这个是咱们一审打官司的时候用的两种不同的程序，最重要的差别就是时间长短，这个后面会详细说，而且诉讼费用打五折的可不止简易程序，看法条。

《诉讼费用交纳办法》第十五条
以调解方式结案或者当事人申请撤诉的，减半交纳案件受理费。
《诉讼费用交纳办法》第十六条
适用简易程序审理的案件减半交纳案件受理费。

调解我懂，问题是怎么还有打官司要撤回的人啊？

当然有啦，有些时候是因为证据不足，再打下去要输，那干脆先撤回，等证据找齐全了，再去起诉，反正一审阶段撤诉了还能再次去起诉，又或者说，你这边起诉了王二麻子，结果还没开庭，王二麻子就主动把钱还给你了，那这个时候你的官司就没有打的必要了，就要向法院申请撤诉了。

这里顺便提一下，如果是针对财产案件上诉二审的，二审诉讼费用的收取也是很讲道理的，看法条。

法条出没

《诉讼费用交纳办法》第十七条

对财产案件提起上诉的，按照不服一审判决部分的上诉请求数额交纳案件受理费。

按照不服部分收费，实在吧

这个法条明确规定，如果你要上诉进入二审，二审法院是按照你**不服部分的金额为基数**来收二审案件受理费的，注意，**前提是财产案件**，就是有具体金额的案子。是不是感觉有点抽象？我举个具体的例子，比如当当你起诉让王二麻子还钱，结果由于借条上没有写利息，所以法官并没有把相应的利息部分判给你，只是判决让王二麻子还你 5 万元，这时你不服，觉得法官应该把利息也一并给你，假设此时王二麻子欠你的利息是 2400 元，那么二审法院就会以这 2400 元为基数来计算上诉的费用，至于 2400 元对应的案件受理费到底是多少，和一审的计算标准是一样的，咱们只需要参照下面会出现的一审案件受理费收费标准就能计算出来了。

2

不只涉及钱的案件受理费收费标准

下面要来说说不只涉及钱的案件受理费的收费标准，我选几个出现频率比较高的案件类型给大家看看，首先，还是先来看法条。

《诉讼费用交纳办法》第十三条第二款第一项

1. 离婚案件每件交纳 50 元至 300 元。涉及财产分割，财产总额不超过 20 万元的，不另行交纳；超过 20 万元的部分，按照 0.5% 交纳。

这个法条说的是如果起诉离婚，要是单纯只是离婚，就是"一口价"，童叟无欺收 50 元到 300 元不等，但是，如果涉及夫妻共同财产的分割之类，这可就涉及钱了，那就得按照一定的标准收费，具体的计算标准，还是和上面的案件受理费一样，是分段累进的计算方式，**不过如果财产分割的数额是低于 20 万元的，那么法官就会当作没看见财产分割的请求，就只按每件 50 元到 300 元交就行了，需要分割的共同财产超过 20 万元的，那也只是从超过 20 万元的部分中按照 0.5% 收取**。

当然了，不只涉及钱的案件除了离婚案件，还有下面几种，先看法条。

《诉讼费用交纳办法》第十三条第二款第二项

2. 侵害姓名权、名称权、肖像权、名誉权、荣誉权以及其他人格权的案件，每件交纳100元至500元。涉及损害赔偿，赔偿金额不超过5万元的，不另行交纳；超过5万元至10万元的部分，按照1%交纳；超过10万元的部分，按照0.5%交纳。

这个法条中的情况和离婚很像，不涉及钱的，都是“一口价”，涉及钱的，就按照统一的分段累进的标准收费，当然，没有超过5万元的，就不另外收费了，超过之后，再按照分段累进的标准计算。

《诉讼费用交纳办法》第十三条第四项

（四）劳动争议案件每件交纳10元。

除此之外还有一些不只涉及钱的案子，根据法条，针对劳动争议案件，比如用人单位克扣工资，无故换岗或者辞退等案件统统只收10元，而且很多时候如果按照简易程序减半收取的话，只收5元。

3 申请费的收费标准

案件受理费的收费标准讲完，我们继续来看看申请费的收费标准。申请费，前面说过，咱们需要掌握的只有两种，一种是申请执行，另一种是申请保全。下面我先讲讲申请执行的收费标准。

(1)申请执行的收费标准

关于申请执行的收费标准，老规矩，先看法条。

《诉讼费用交纳办法》第十四条第一款第一项

(一)依法向人民法院申请执行人民法院发生法律效力的判决、裁定、调解书，仲裁机构依法作出的裁决和调解书，公证机关依法赋予强制执行效力的债权文书，申请承认和执行外国法院判决、裁定以及国外仲裁机构裁决的，按照下列标准交纳：1. 没有执行金额或者价额的，每件交纳50元至500元。2. 执行金额或者价额不超过1万元的，每件交纳50元；超过1万元至50万元的部分，按照1.5%交纳；超过50万元至500万元的部分，按照1%交纳；超过500万元至1000万元的部分，按照0.5%交纳；超过1000万元的部分，按照0.1%交纳。3. 符合民事诉讼法第五十五条第四款规定，未参加登记的权利人向人民法院提起诉讼的，按照本项规定的标准交纳申请费，不再交纳案件受理费。

我用表2来解释一下法条的内容。

表2　申请执行收费标准

申请执行金额	收费标准
没有执行金额或者价额的	50～500元
不超过1万元	50元

续表

申请执行金额	收费标准
超过1万元至50万元的部分	1.5%
超过50万元至500万元的部分	1%
超过500万元至1000万元的部分	0.5%
超过1000万元的部分	0.1%

看表2,我来总结一下这么一大段法条说了什么。申请执行费的收费标准是没涉及钱的“一口价”,涉及钱的得按照分段累进的方式计算,而且再强调一下,虽然申请执行的时候是胜诉方去申请执行的,但是由于此刻咱们已经胜诉了,诉讼费用按照法律规定应该是由败诉方承担的,所以如果咱想去申请执行的,放心大胆地去吧,申请执行费咱不用交。

(2)申请保全的收费标准

讲完了申请执行的费用,接下来要讲的是保全费的收费标准了,还是先看法条。

《诉讼费用交纳办法》第十四条第一款第二项

(二)申请保全措施的,根据实际保全的财产数额按照下列标准交纳:财产数额不超过1000元或者不涉及财产数额的,每件交纳30元;超过1000元至10万元的部分,按照1%交纳;超过10万元的部分,按照0.5%交纳。但是,当事人申请保全措施交纳的费用最多不超过5000元。

我还是用表3把法条内容归纳一下。

表 3　申请保全收费标准

财产消费	保全费用
不超过 1000 元或者不涉及财产数额的	30 元
超过 1000 元至 10 万元的部分	1%
超过 10 万元的部分	0.5%

表格看完了吧，这些法条其实都大同小异的，也就是说，如果你要申请保全的话，没有涉及钱的，也是“一口价”，涉及钱的，也是分段累进的方式进行收取，但是，保全有个特别的地方在于：**你交保全费**，**最多 5000 元封顶**，再多没有了。同样地，保全费和案件受理费一样，申请保全的时候是要预缴的，等到案件结果出来，再由败诉方承担。

嗯，记住了，案件受理费和保全费因为案子还没有出结果，所以是原告方先垫付的，申请执行的费用因为已经出结果了，所以咱作为胜诉方去申请执行时是不用交申请执行费的，那个是败诉方交的。

是的，那诉讼费用的知识我讲这些咱们基本上就够用了，如果还有想进一步了解的小伙伴，大家可以去自行查看国家针对诉讼费用出台的详细规定《诉讼费用交纳办法》，咱们下一章见。

上篇

理论储备阶段

第四章

打官司应该去哪个法院

01 什么是管辖

02 怎样才能找到对的法院

03 遇见“错的”法院怎么办

第四章 打官司应该去哪个法院

袍儿，经过前面几章的学习，我确定我和王二麻子的事儿可以去法院解决了，可是我应该去哪个法院告他呢，平时我都没注意到法院在哪儿。

这就涉及我前面说过的管辖了，管辖详细规定了在各种纠纷情况下该找的法院，可以说，懂了管辖，你就能准确找到对的法院去告王二麻子。

01 什么是管辖

我先给你解释一下管辖的意思。管辖是指各级法院之间和同级法院之间受理第一审民事案件的分工和权限，它是法院内部确定具体的某一民事案件应该由哪个法院行使民事审判权的一项制度，翻译成大白话就是：管辖，是规定你在**一审**打官司的时候，**你的案子应该由哪个法院管**的制度。

这么说，二审是没有管辖这一说的？

是的，二审应该由哪个法院管，判决书的最后会写得很清楚(第15章是专门讲解判决书的，对咱普通人来说一般就是去中级人民法院二审)，你按照判决书上写的法院去上诉就行，你就记住，凡是谈管辖，那都是在一审阶段。

02

怎样才能找到对的法院

怎样才能找到对的法院，对咱来说，明白什么是级别管辖和地域管辖就足够了。级别管辖，就是按照级别来确定管辖的法院，通俗地说就是多大的胃口吃多大碗的饭，你案子影响越大，审理你案子的法院的等级就越高。地域管辖，就是按照地区来确定管辖的法院，通俗来说就是你的案子到底应该由哪里的法院来管。

可是按照两套标准来不会冲突吗？

不会，因为这两套标准是有先后顺序的，那就是**先确定级别管辖，再确定地域管辖**。

具体我们就下图来看，级别管辖，确定的是由哪一级法院来管你的案子，级别由高到低，所以级别管辖代表了纵向的坐标。而地域管辖则代表了在同级别法院中具体应该由哪个法院来管，代表了横向的选择，这一横一纵，就有了精确的交汇点，就能定位到某个具体的法院了，下面我来教大家具体怎么操作。

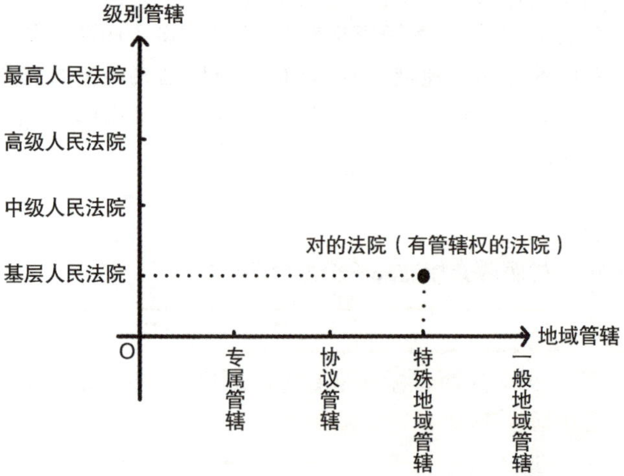

1

级别管辖是什么，我们普通人的纠纷一般由哪个级别的法院管

按照判断的先后顺序，我们先学会什么是级别管辖。“级别”这个词大家都不陌生，就是层级，在我们国家的法院体系内，从低到高有四个层级，分别是：基层人民法院（派出法庭）—中级人民法院—高级人民法院—最高人民法院，而由这个四个级别中的哪个法院来管我们的案子，就是我们所谓的级别管辖了。

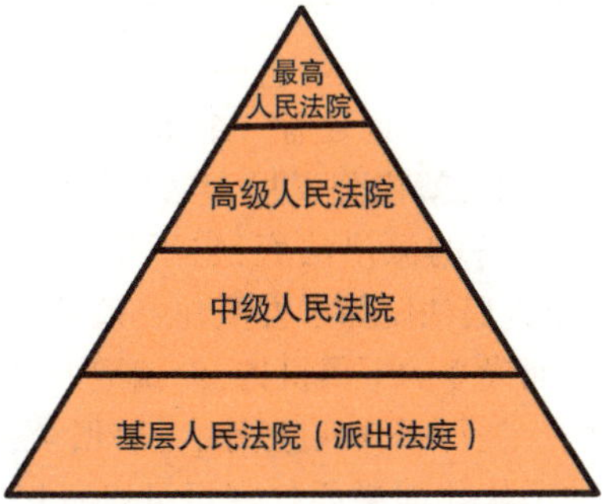

关于级别管辖，虽然说我们国家有四个级别的法院，但是其实咱们只需要掌握基层人民法院管什么就行，看法条。

《中华人民共和国民事诉讼法》第十八条

基层人民法院管辖第一审民事案件，但本法另有规定的除外。

从法条内容可以看出，除了法律另有规定的，其余的案子一律都由基层人民法院审理，至于“本法另有规定”，其实就是法律规定的应该由中级人民法院、高级人民法院、最高人民法院审理的案子，除此之外，没有规定的都是基层法院管，因此，基层人民法院管了我们国家绝大多数的案子，**我们寻常人打个官司，99.99%都是在基层人民法院**，所以大家在决定打官司的时候，几乎不用考虑级别管辖中的其他法院，正因如此，基层人民法院的数量也是最多的，每个区、县都有，这样方便咱老百姓起诉。

那广大的乡镇以及农村地区呢，不是更多吗？

所以基层人民法院下面还有一个派出法庭啊，派出法庭又叫人民法庭，就像公安局和派出所的关系一样，是基层人民法院的派出法庭，它不是一个单独的层级，只是基层人民法院为了方便在乡镇乃至村一级的小伙伴起诉而设立的下属机构，你就把人民法庭理解为**迷你版法院**就行了，法庭虽小，五脏俱全，在乡镇以及村一级的小伙伴如果要打官司可以直接找人民法庭，不用大老远跑到城里的法院。

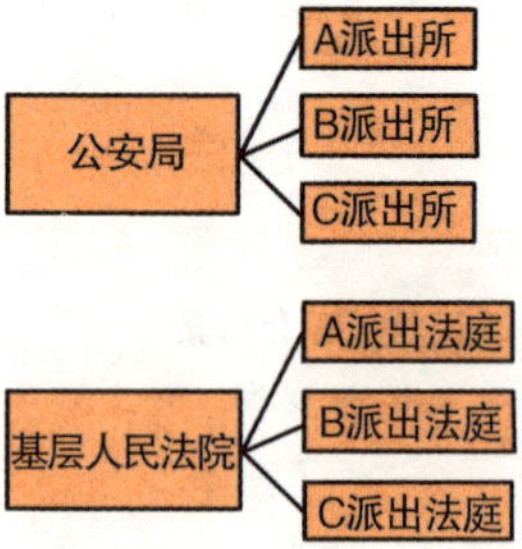

这么一说，还真的是全面覆盖了呢。

是啊，我们国家那可是真正地为人民服务，国家电网不计成本地让全国人民都能用上电，中国邮政让信件能够送往国家的任意一个地点，自然我们的国家也会把法律保障覆盖到每一寸国土。

那基层人民法院在现实中长什么样呢，我总得知道模样才能去找吧。有没有规律啥的我好分辨一点呢？

有啊，一般全称“**××市××区人民法院**”，“**××县人民法院**”“**××市（县级市）人民法院**”的，如杭州市西湖区人民法院就是基层人民法院。

行吧，可是我觉得你这规律不全面啊，比如“内蒙古自治区高级人民法院”不也是“××区人民法院”啊，但是这个一听就很高级啊，一点也不像基层人民法院。

这都内蒙古自治区高级人民法院了，一点都不基层了好吗。你注意看我归纳的基层人民法院的判断规律是“××市××区”，不是只有“××区”哦，而且基层人民法院的组成也是地区名直接加人民法院，中间是不会出现类似“高级”之类的修饰语的，只有中级人民法院以上才会有。

另外，关于基层法院的判断还有个特例，我刚刚在判断规律里也有归纳到，那就是在**北京、上海、杭州**这三个城市，各自有一家互联网法院来专门审理涉互联网的案件，虽说互联网法院看起来很酷，但实际上互联网法院还是个基层人民法院哦，只不过是专门审理涉互联网纠纷的基层人民法院。

互联网纠纷，感觉很高大上啊，我能接触得到？

能啊，别把互联网想得太“高大上”，你在网上买东西产生了纠纷，那就是互联网纠纷，具体的等会儿我会跟你细说，这里你记住互联网法院是基层人民法院就好。

好的，基层人民法院的判断规律我算掌握全了，派出法庭的判断规律你还没说呢。

派出法庭，一般都是设置在差不多相当于镇一级别的地区，但在名字上体现不出来，比如上海市闵行区人民法院新虹桥法庭、北京市朝阳区法院奥运村法庭，所以分辨法庭的办法不是看前面，而是看后缀，无论前面多么长的地名，你只要看见最后写着“**法庭**”两个字，那就是法庭没错了，这就是辨别法庭的规律，这简单多了。

考虑到咱们几乎不会去其他三个级别的法院一审，所以我就不说其他三个级别的法院分别管什么类型的案子了。

那你最起码告诉我另外三个级别的法院到底长什么样吧，特别是中级人民法院，虽然我不会去那儿一审，但你不是说了我二审就是去中级人民法院吗？

好的，那给你介绍一下其他三个级别的法院分别长什么样吧。首先，中级人民法院，中级人民法院一般分布在**地级市**以上的地方，比如金华市中级人民法院，关于中级人民法院，其实特别容易辨别，有“**中级**”两个字的，就是中级人民法院。其次，高级人民法院一般是**省**一级的，一个省只有一个，比如浙江省高级人民法院，高级人民法院也特别好辨别，那就是有“**高级**”两个字的，就是高级人民法院，至于最高人民法院，那最简单了，全国就一家，在北京，是全国所有法院的老大。

2 什么是地域管辖，选择顺序是什么

由于对咱来说，级别管辖几乎不用判断，几乎都是去基层人民法院起诉，所以判断好了级别管辖，接下来我们的重点就是根据地域管辖来确定最终由哪里的基层法院来管咱的案子了。这个说难也难，说简单也简单，如果大家实在懒得判断，我教大家一个简单粗暴的判断方法，那就是**去你想告的那个人所在的基层法院**，几乎是没错的。因此，懒得细看的小伙伴们可以跳过下面这一整个部分。

也就是我闭着眼睛去王二麻子所在地方的基层法院起诉准没错啦？

是的，像咱寻常人之间的民间借贷、离婚之类的纠纷，这个方法几乎是不会出错的。

那既然这样，你干吗还要费那么大篇幅讲这个地域管辖呢？

因为很多时候咱们去对方所在地的法院起诉不方便啊，你和王二麻子都是一个地方的人，所以你去他所在地方的法院起诉很方便，但是你想，万一你在杭州，可是王二麻子家在西藏，你跑到西藏去起诉，先别说你钱包吃不吃得消，你身体吃不吃得消高原反应都是个问题呢。另外，如果你为了避免跑那么远，一开始就和王二麻子说好万一产生纠纷了，在杭州起诉就行，那法律要不要同意呢？除此之外，有些纠纷，并不是那么简单的，法律必须有特别规定才能比较好地解决，所以地域管辖才变得复杂。

原来是这样，我明白了，那我还是全方位了解一下比较稳妥。

嗯，那咱就来详细了解一下地域管辖的具体内容吧。地域管辖，说白了其实也就是四个判断标准的选择，而这四个判断标准是有明确的优先顺序的，那就是：**专属管辖 > 协议管辖 > 特殊地域管辖 > 一般地域管辖**，所以其实地域管辖一点都不难，就和字典一样，咱需要哪一部分，直接到里面找就是了，根本不用记。

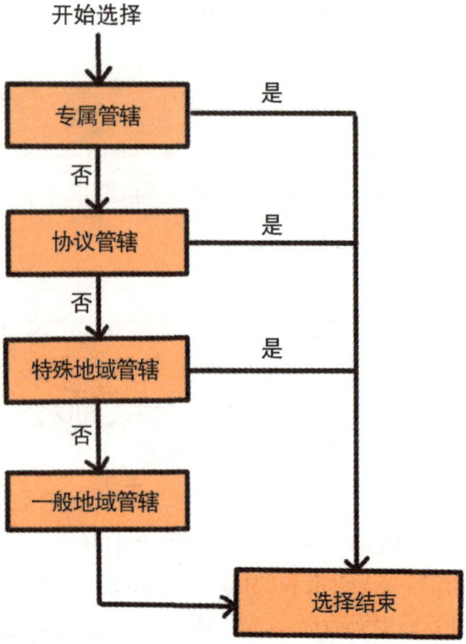

上图很好地解释了地域管辖的判断顺位，就是当你要判断去哪个法院起诉时，最先要考虑的是你的案子是否属于专属管辖的范围，如果是，那么法律就会明确规定你的案子在哪儿管，你就不用往下看了，如果不属于专属管辖，那么我们继续看看是否符合协议管辖的范围，如果是，那么也不用再往下看了，法律也规定好了你的案子在哪儿管，如果不属于协议管辖，那么我们继续往下看是否符合特殊地域管辖，如果是，那法律也规定好了你的案子在哪儿管，只有当前面的专属管辖、协议管辖、特殊地域管辖都不符合的时候，什么也别说了，只能是一般地域管辖了。接下来，照着这个判断顺位图，我们按照优先顺序来讲讲这四个管辖，第一顺位的是专属管辖。

第一顺位
专属管辖

什么是专属管辖呢，简单来说就是**法律规定某些特定案件只能专门由某些法院来管**。具体来说，这些特定的案件我们生活中需要掌握的就是**不动产纠纷案件、遗产继承纠纷案件、互联网纠纷案件、知识产权纠纷案件**（这个咱们一般人用不上，所以后面就不展开讲了）这四种，他们各自应该由哪里的法院管，法律是有明确规定的，我们一类一类来看。

1

不动产纠纷应该由哪里的法院专门管

首先是不动产纠纷的案子应该由哪里的法院专门管，咱们先看法条。

法条出没

《中华人民共和国民事诉讼法》第三十四条第一款第一项

（一）因不动产纠纷提起的诉讼，由不动产所在地人民法院管辖。

法律规定，不动产纠纷，就只能由**不动产所在地的法院**来专门管，其他的法院都不行。

什么是不动产，房子吗？不动产纠纷又是什么？

不动产就是不能移动位置的财产，或者说移动了就会改变价值的财产。至于不动产纠纷，咱就记牢，**适用专属管辖的不动产纠纷，只有不动产的权利确认、不动产的分割、不动产的相邻关系等引起的物权纠纷、农村土地承包经营合同纠纷、房屋租赁合同纠纷、建设工程施工合同纠纷、政策性房屋买卖合同纠纷这七种纠纷，其余的涉及不动产的纠纷，不能算不动产纠纷，也不能用专属管辖来确定法院**。

原来不动产纠纷专属管辖的范围那么小啊，就只有这七种，那这七种纠纷具体是什么样的呢？

来，举些“栗子”给你解释说明，你马上就懂了。

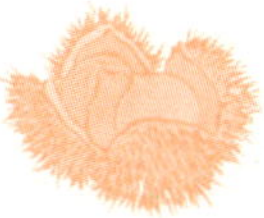

1. 不动产的权利确认——典型的就是农村宅基地的边界确认，比如你老家的房屋要修缮甚至重建，但是因为年代久远，与邻居的边界界址已经很不明确了，所以需要确认一下边界。
2. 不动产的权利分割——典型的就是农村兄弟分割去世父母留下的房产和宅基地时产生了矛盾。
3. 相邻关系纠纷——典型的就是房子与房子之间的通风/排水/采光/通行/光照/噪声等问题引起的纠纷，比如你隔壁邻居造了一个很大的遮阳棚，把你家的阳光都给挡没了。
4. 农村土地承包经营合同纠纷——典型的就是农民在承包土地时发生的纠纷。
5. 房屋租赁合同纠纷——这个就是咱们通俗说的租房子。
6. 建设工程施工合同纠纷——这个比较冷门，搞建设工程的小伙伴们可能会比较熟悉，但是这里要提醒一下，建设工程合同包含了建设工程勘察合同、建设工程设计合同、建设工程施工合同三种合同，这三种合同中只有建设工程施工合同才是适用专属管辖的。
7. 政策性房屋买卖合同纠纷——典型的就比如涉及廉租房、拆迁房等产生的纠纷，或者人才引进计划中高学历人才购房享受折扣等，这些房子最大的特色就是其价格不是市场价，所以咱们平时的商品房买卖不属于这个范畴，只属于买卖合同纠纷。

那这个专属管辖的不动产所在地法院的不动产所在地又是怎么确定的呢？

法律是按照登记与否分情况规定的，如果你的不动产登记过了，就比如咱们领了房产证，这个时候不动产所在地就是房产证上登记的地方，如果不动产没有登记的，那么就更简单了，这个不动产实际所在的地方，就是不动产所在地了。

2

遗产继承纠纷应该由哪里的法院专门管

关于遗产继承的纠纷案件应该由哪里的法院专门管，还是先看法条。

《中华人民共和国民事诉讼法》第三十四条第三项

(三)因继承遗产纠纷提起的诉讼，由被继承人死亡时住所地或者主要遗产所在地人民法院管辖。

法条规定了，关于继承遗产的纠纷，只能在**被继承人死亡时住所地**或者**主要遗产所在地**两个法院之中**二选一**，也就是只要发生继承纠纷，要打官司就必须在两个法院当中选一个，除此之外任何法院都不行。

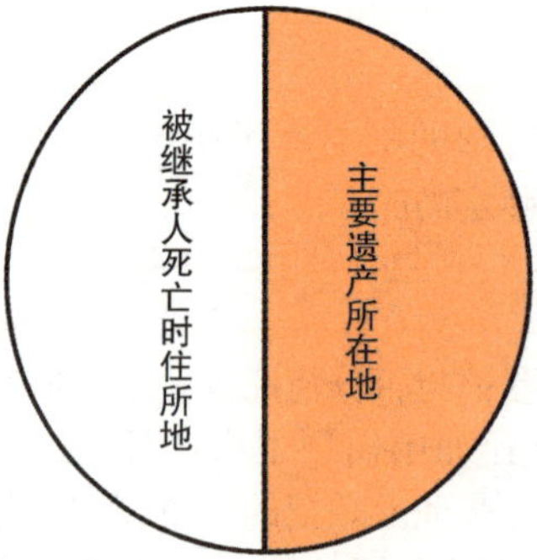

二选一

这里要注意，被继承人的住所地是指**户籍所在地**，至于主要遗产所在地，一般来说咱们寻常老百姓家里的主要遗产就是房产了，但如果你家里有比房子还值钱的古董什么的，那古董所在的地方，就是主要遗产所在地了。另外，提醒一下，被继承人是那个去世的人，活着的人叫继承人，其他的没有什么理解难度了。

3

互联网法院具体管哪些互联网纠纷

接下来是互联网纠纷案件的专属管辖，因为我们国家目前就三个互联网法院，分别设立在**北京、广州**和**杭州**，所以地点的确定大家肯定没有问题，关键在于大家要记住，只要是发生在这三个地方的互联网纠纷案件，那可是必须得去各自的互联网法院审理的，你可没得挑哦。

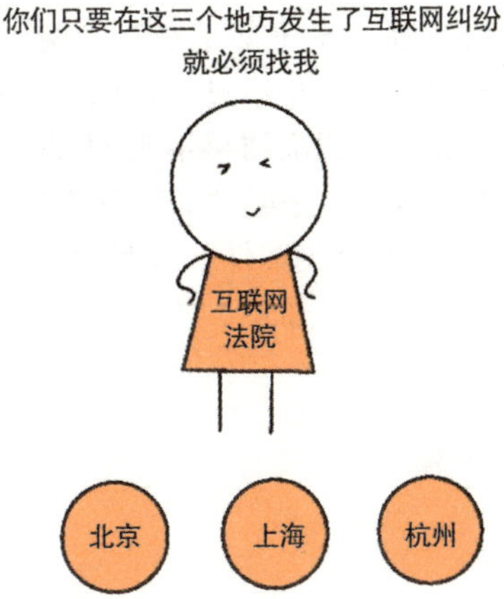

好的，我知道啦，专属管辖就三个地方我记得住，问题是哪些纠纷属于互联网纠纷你还没说呢。

这个比较复杂，但是对于我们来说，我们只需要掌握以下几个常用的：**(1)通过电子商务平台签订或者履行网络购物合同而产生的纠纷；(2)签订、履行行为均在互联网上完成的网络服务合同纠纷；(3)签订、履行行为均在互联网上完成的金融借款合同纠纷、小额借款合同纠纷**。发生这三种情况，并且又是发生在北京、上海、杭州的，就得去互联网法院起诉，当然了，这三个地方以外的地方，哪怕是互联网纠纷，因为没有互联网法院，所以大家还是去各自的基层人民法院起诉。

好的，记住了，那这个互联网法院和一般的法院有什么不一样的地方吗？

当然了，互联网法院，院如其名，处处都彰显了互联网的特色，不仅审理的案子都是在互联网上发生的纠纷，而且审理的方式也是通过互联网进行线上审理，更酷的是，你对一审判决结果不服，上诉进入二审的时候，原则上二审法院还是要采取线上审理的方式，总之足不出户就能解决案件就是互联网法院的最大特色。

好了，到此为止，地域管辖的第一顺位的专属管辖我就介绍完了，大家一定要记住，我们选地域管辖的时候，首先就是要看看是否属于专属管辖的四种情形，只有不符合的，我们才能看下一顺位的协议管辖。

那什么是协议管辖呢？就是指**在发生纠纷前就说好了万一发生纠纷应该由哪个法院管**的管辖。

还能提前说好的啊，厉害了。

是的，但是这个协议管辖要有效啊，条条框框的限制还是很多的，要同时受三个限制的制约才行，先来看法条。

《中华人民共和国民事诉讼法》第三十五条

合同或者其他财产权益纠纷的当事人可以书面协议选择被告住所地、合同履行地、合同签订地、原告住所地、标的物所在地等与争议有实际联系的地点的人民法院管辖，但不得违反本法对级别管辖和专属管辖的规定。

1

限制一：协议管辖的地点只能在法律规定的五个范围之内，且不得违反级别管辖和专属管辖

这个法条是对协议管辖的第一个限制，就是你可以提前约定产生纠纷后由哪个法院管，但范围只能是**被告住所地（户籍所在地）、合同履行地、合同签订地、原告住所地（户籍所在地）、标的物所在地（争议东西所在的地方）这五个地点之内**，除此之外，**就算提前约定了也不算数**；另外，哪怕你约定的管辖法院在这五个地点之内，但如果**违反了级别管辖和专属管辖的规定，那也是无效的**，很好理解，咱们就是按优先级顺序讲下来的，级别管辖和专属管辖在协议管辖之前，那肯定得遵循。

2

限制二：前提是合同或者其他财产权益纠纷

下面是协议管辖的第二个限制，就是你想提前约定由哪里的法院管，前提得是**合同纠纷**或者**财产权益纠纷**，说白了就是**和钱有关**的案子才有协议管辖的可能性，如果不是和钱有关的，而是单纯的离婚这种人身关系的案子，那你约定了也白搭。

3

限制三：协议管辖必须书面约定

现在是协议管辖的最后一个限制，双方对于协议管辖的约定必须是**书面**的，口头约定可是无效的。

好了，前面两个顺位都讲完了，只有既不符合专属管辖又不符合协议管辖的，才能接着往下看咱们要说的第三顺位的特殊地域管辖。

这个特殊地域管辖呢，是法律特殊照顾，到底哪种情况下应该去找哪个法院，法律条文是有明确规定的，所以导致法律条文很多，我找了两类生活中最常见的纠纷，合同纠纷和侵权纠纷，大家掌握这两大类纠纷的特殊地域管辖就足够啦。

第一类就是咱们生活中随处可见的合同纠纷，不要觉得只有像房地产买卖合同那种有很多字，跟一本书一样厚的合同产生的纠纷才叫作合同纠纷，你借钱给王二麻子，那也是一个合同，王二麻子不还你钱而产生的纠纷，也就是一个合同纠纷，只不过细分为民间借贷纠纷而已，咱们先来看法条。

法条出没

《中华人民共和国民事诉讼法》第二十四条

因合同纠纷提起的诉讼，由被告住所地或者合同履行地人民法院管辖。

这个法条说的是，如果是合同纠纷的话，那么**被告住所地**和**合同履行地**的法院都可以管，原告二选一就行了。

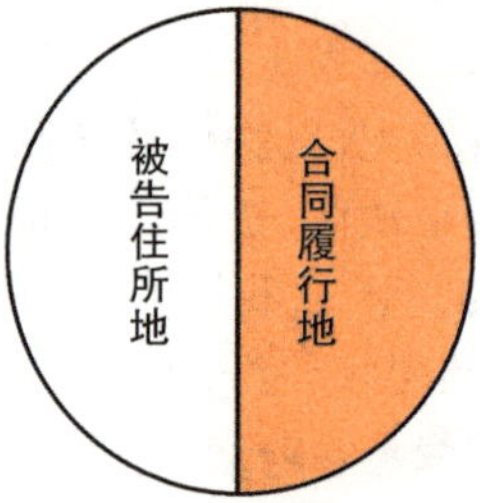

二选一

咦，不对呀，前面你讲协议管辖的时候，好像也有合同纠纷案件啊，那里不是有五个地方吗，怎么到这里就剩两个了？

这就是你审题不仔细了，前面的协议管辖，双方是提前约好万一出现纠纷是由哪个法院来管，但是这里，双方并没有提前约定好，是法律让你选可以由哪里的法院来管，也就是当你们发生纠纷，又没有提前约好由哪里的法院管的时候，法律给你两个选择，一个是去被告住所地起诉，另一个是去合同履行地起诉。

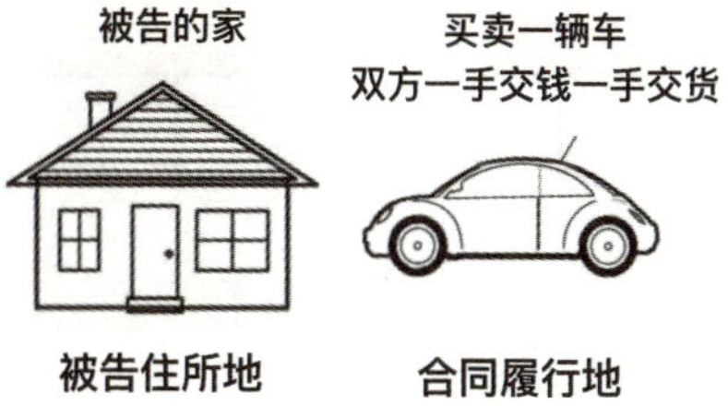

那什么是被告住所地，什么又是合同履行地，这两个地点我怎么确定呢？

1 被告住所地的确定

被告住所地，你可以理解为**被告的户籍地**，**但如果被告有经常居住地的，那么就要以经常居住地为先**了，也就是说如果一个被告既有户籍地，又有经常居住地的，要去告这个被告，就要去经常居住地告。比如你要起诉一个大学生，虽然他户口在老家，但是此刻他在北京上大三了，这个时候你就要去北京起诉这个大学生，具体的被告住所地的确定我们在一般地域管辖里会展开讲，这里咱们有个印象就行。

2 合同履行地的确定

除了被告住所地的法院可以选，我们还可以选合同履行地的法院，由于合同履行地的确定是个比较复杂的问题，我决定教大家一个判断顺序，大家按照这个判断顺序一步步来，一般就不会搞错了。

第一步，先判断合同里有没有约定合同的履行地点。如果约定了，那简单，按照约定的来就行，就比如双方签订买卖合同，约定在北京一手交钱一手交货，那北京就是合同履行地，这个时候咱就可以在北京起诉了。注意，这里只是约定了履行地，可不是约定了管辖地，要是约定了管辖的地点，那就是第二顺位的协议管辖了。

第二步，如果合同里没有约定合同履行地的，那么咱们就要看看有没有相关的法律来规定我们产生纠纷的合同的履行地是哪里，这里我们要分不同类型的合同来看。

(1)财产租赁合同履行地确认

财产租赁合同是什么意思呢？很简单，比如你去婚纱店租一件婚纱，这就是财产租赁，这种合同的合同履行地，如果合同有约定的，按照约定来(就是刚才的第一步)，约定在哪里履行，哪里就是合同履行地。要是没有约定的，那么租赁物的使用地就是合同履行地，比如你在一个教堂里穿着婚纱办了婚礼，那么教堂就是你婚纱的使用地，那么教堂所在的地方，就是合同履行地，此时教堂所在地的法院就可以管你的纠纷。

(2)以信息网络方式订立的买卖合同的合同履行地确认

什么叫以信息网络方式订立的买卖合同呢，说白了最直观的就是咱在拼多多、淘宝等 App 买东西。而以信息网络方式订立的买卖合同的合同履行地的确认很简单，分为两种：如果能够在网上完成货物交付，比如你在网上充值电话话费，那么这个时候，合同的履行地就是作为买方的你所在的地方，如果是通过快递等方式来完成货物交付的，那么你收货的地址，就是合同的履行地，这些地方的法院都可以管你的纠纷。

(3)民间借贷的合同履行地确认

接下来来说个最常用的，就是借钱不还发生纠纷的时候，法律术语叫民间借贷纠纷，咱们怎么确定合同履行地。我们先来看法律的规定，“合同对履行地点没有约定或者约定不明确，争议标的为给付货币的，接收货币一方所在地为合同履行地”，这句话是什么意思呢，就比如当当你借钱给王二麻子，后来起诉要求对方还钱（由于平常生活中借钱不会专门约定个履行地点，所以一般都是没有约定履行地点或者约定不明确的），那么你作为接收货币的一方（接收对方还的钱），你所在的地方就是合同履行地，你就可以在自己所在地的法院起诉。

(4)交付不动产的合同履行地确认

我给这句话一个通俗的解释，就是咱在买商品房的时候，和开发商发生了纠纷，那么这个时候法律规定“交付不动产的，不动产所在地为合同履行地”，也就是如果咱和开发商因为交付房子的事儿发生了纠纷，那么房子所在的地方就是合同履行地，也就是说咱可以在房子所在的地方起诉开发商。

(5)即时结清合同的合同履行地确认

即时结清的合同，就比如你去外面吃碗面，买个水果，支付宝、微信扫一扫付款，就是即时结清的买卖合同了，即时结清的合同，交易行为地就是合同履行地，也就是说你买东西的地方就是合同履行地。

看你这架势，你是要把所有合同的履行地都给我说一遍啊？

没有啊，我只是把典型的几个列出来，后面的我就不一一说了，给个兜底的判断标准就行，那就是但凡是合同纠纷，但是不属于我们前面所列的(1)~(5)五种情况的，统一将履行义务一方所在的地方认定为合同履行地。

什么叫履行义务一方所在地呢？这就要具体问题具体分析了，比如一个买卖合同，我是买方，你是卖方，那么我有把钱付给你的义务，你有把货物交给我的义务，但我已经把钱打给你了，你迟迟不把货物发出，这时我如果要告你的话，除了之前说的被告住所地以外，还有一个合同履行地就是我们这里所说的履行义务一方所在地。那么这个时候谁是履行义务的一方呢？我已经履行完毕我的付款义务了，但是你没有履行你如期交付货物的义务，所以这个时候，履行义务一方所在地就是你所在的地方，而你是被告，所以此时被告住所地就是履行义务一方所在地，也就是合同履行地了，那我就只能去你所在地方的法院告你了。

哦，明白了，就是谁没有完成约定的义务，谁所在的地方就是合同履行地了。

是的，那到此，关于合同纠纷的合同履行地的确定步骤我可是给你讲完了哦，同时，关于合同案件的特殊地域管辖也就讲完了。别忘了我们还在特殊地域管辖里面，接下来讲讲第二类我们可能会碰到的侵权案件的特殊地域管辖。

侵权案件就是比如我打伤你,就是侵害了你的身体权和健康权,侵权案件特殊地域管辖不难,来,直接看法条。

《中华人民共和国民事诉讼法》第二十九条

因侵权行为提起的诉讼,由侵权行为地或者被告住所地人民法院管辖。

这个法条说的是如果发生侵权的案子,咱可以选择去**侵权行为地**或者**被告住所地**这两个地方的法院,二选一,来起诉。

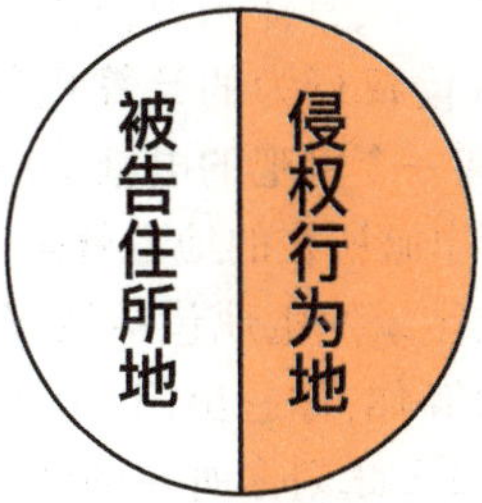

二选一

被告住所地你前面讲过我明白，这个侵权行为地就是你揍我的地方对吧？

是的，但是还需要再细化理解一下，侵权行为地包括侵权行为实施地、侵权结果发生地这两个地方。

这两个地方有区别吗？

有啊，比如我们在路上开车追尾了，我下车看见自己的车受损严重，一气之下把你打得半死，这个就是侵权行为实施地，然后你被路人打"120"送到医院抢救，结果第二天还是一命呜呼了，这个医院就是侵权结果发生地了。

当然了，现在的侵权形式多样，并不只有面对面才能侵权，随着网络越来越发达，网络侵权的问题也越来越严重，所以关于网络侵权的管辖咱也需要了解一下。一般来说，如果发生网络侵权了，**网络侵权行为实施地**和**侵权结果发生地**都算侵权行为地，也就是对应的法院都可以管我们的案子，具体来说，网络侵权行为实施地包括了实施被诉侵权行为的计算机等信息设备所在地，比如说你是在一个网吧的电脑上用网络造谣的，那么这个时候这台电脑所在的地方就是信息网络侵权行为实施地。侵权结果发生地包括被侵权人住所地，比如别人在网上侮辱你，你一出门，街坊邻居都嘲笑你，你受到了伤害，那么此刻你所在的地方就是侵权结果发生地。此刻，这两个地方的法院，都是有资格管你案子的法院啦。

最后我还要讲一个生活中常见的产品侵权，比如之前的三星手机爆炸炸伤机主的这类案件，法律明确规定，因产品、服务质量不合格造成他人财产、人身损害提起的诉讼，产品制造地、产品销售地、服务提供地、侵权行为地和被告住所地人民法院都有管辖权。

哇，这个产品侵权能够起诉的法院好多啊，有**产品制造地、产品销售地、服务提供地、侵权行为地和被告住所地**整整五个地方呢。

是的，法律规定的地方越多，越有利于消费者维权。那关于第三顺位的特殊地域管辖，咱们知道这些足够了，下面有请压轴人员——一般地域管辖出场。

终于到了我们“兜底”的第四顺位的一般地域管辖了，在前面三个管辖中都找不到归属感的案子，一般地域管辖敞开胸怀来迎接大家啦。虽然这个管辖叫“一般地域管辖”，但是，它可一点都不一般啊，要知道，符合前面三种管辖范围的案子毕竟是少数，因为都是特殊情况，可是现实中还是一般情况的多一点，就像我们的社会里大部分是普通人，所以一般地域管辖可以说是和我们生活联系最密切的管辖，大家可一定要看明白。

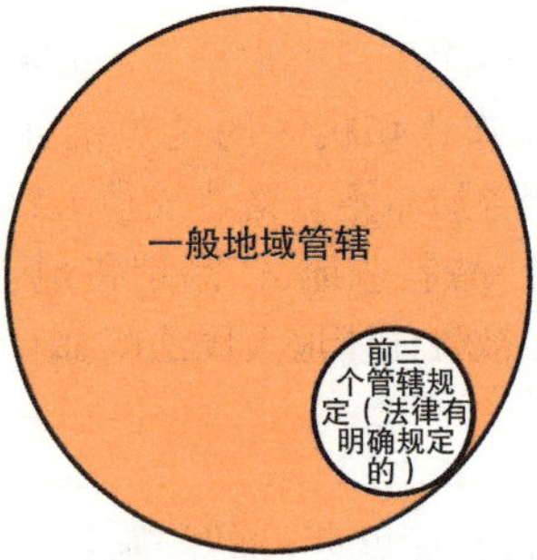

咱们前面刚说过，特殊地域管辖，是因为法律明确规定了某个案子应该去哪个法院起诉，而一般地域管辖因为需要接收不符合前面三类管辖的所有案子，所以没有任何明确的法律规定，就只有一个原则——**原告就被告。**这个原则的意思就是原告迁就被告，在一般地域管辖的情况下，**被告所在地在哪儿原告就去哪儿起诉**，所以这也是为什么一开始我说如果有小懒虫不想看这么一大串知识的，可以直接到被告所在地的基层法院起诉的原因。

嗯，但是我现在糊涂了，你前面还说别人欠我钱我可以在自己家起诉，怎么到了一般规定里面反而照顾被告了呢？

注意，欠钱不还的起诉那是特殊地域管辖的范畴，优先级是高于一般地域管辖的，所以不会用到这个原则。

哦，那这不就完事儿了吗，反正都是原告就被告，被告所在地在哪儿我去哪儿起诉不就好了，你怎么还没有要结束的意思呢？

1 被告为公民时被告住所地的确定

那是因为被告所在地的确定不是一件简单的事儿啊，被起诉的对象不止公民，咱前面不是说过还有法人和其他组织吗，这都是要分开讨论的，我们先来看看被告是公民的时候，咱们怎么确定被告住所地吧，来看法条。

《中华人民共和国民事诉讼法》第二十二条第一款

对公民提起的民事诉讼，由被告住所地人民法院管辖；被告住所地与经常居住地不一致的，由经常居住地人民法院管辖。

这个法条就是说，如果你起诉的对象是一个公民，那么这时你的案子应该由被告住所地的法院来管，**如果被告的住所地和经常居住地不一致，那么你的案子就应该由被告经常居住地的法院来管**。

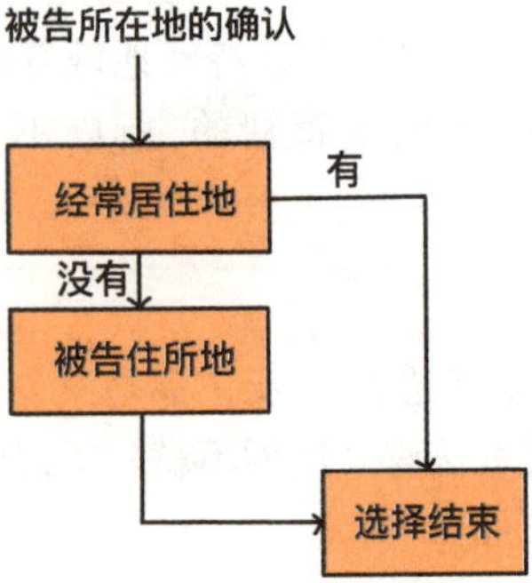

我记得你前面说过被告住所地是户籍所在地，什么是经常居住地？

经常居住地，指的是**公民离开户口所在地，到起诉的时候，已经持续住了一年以上的地方**，但是你在医院住院住了一年以上的不算。

这个概念怎么那么绕呢，不能直接一点吗？

你还别嫌弃，这个经常居住地是个很微妙的地方，我给你举个例子，保证你会弄错。提问：当当你的户籍地是A，所以当当你的住所地就是A，但是当当你自2015年参加工作以后都在B地工作，在2021年12月你被调到C地工作，那么在2022年5月，如果当当你成为被告的话，咱要去哪里告你呢？

小意思，B地！

错，答案是——A 地。

这是为什么啊？

那是因为你被起诉的时候不在 B 地在 C 地啊，连续居住的意思是到起诉的时候还住着才行，你被我起诉的时候已经不住在 B 地了，就不连续了呀。

那我不是住 C 地去了吗，再不济也是去 C 地告我啊。

因为你在 C 地还没有住满一年啊，我们说的连续居住得满一年才算是经常居住地啊，所以你现在已经没有经常居住地了，那么我就只能去你的住所地起诉你了，你的住所地就是你的户籍地 A 了。

2 被告是法人或者其他组织时被告住所地的确定

说完了被告是公民的情况后，来看看被告是法人或者其他组织的时候该怎么确定被告住所地。法律规定了，法人或者其他组织的住所地是指法人或者其他组织的主要办事机构所在地。法人或者其他组织的主要办事机构所在地不能确定的，法人或者其他组织的注册地或者登记地为住所地。什么意思呢？主要办事

机构所在地可以通俗地理解为**总部**。也就是说，如果你要起诉的是一个法人或其他组织，就去法人或者其他组织的**总部**告他，如果没有总部，你就去他的**注册地**或者**登记地**告他。

好了，到此为止所有我们需要了解的管辖知识我都讲完了，你还有什么问题吗？

有啊，你前面讲的是我作为原告应该怎么去找对的法院，可是万一哪天我被别人告了，结果对方使坏，故意在离我很远的错的法院起诉我，我怎么办？

哈哈，想得还挺深远，那我就好好解决一下你的这个担忧。

03

遇见“错的”法院怎么办

这么和你说吧，你的担忧是没必要的，因为关于审理你案子的法院到底是不是对的法院，我们的制度设计上有双重保险。第一道保险，如果法院收了案子后发现管辖错了，自己就会纠错，然后移送到其他有管辖权的法院，看法条。

《中华人民共和国民事诉讼法》第三十七条

人民法院发现受理的案件不属于本院管辖的，应当移送有管辖权的人民法院，受移送的人民法院应当受理。受移送的人民法院认为受移送的案件依照规定不属于本院管辖的，应当报请上级人民法院指定管辖，不得再自行移送。

看到了吧，法条里说得很明白，法院自己发现不对劲的时候，是会把案子移交给真正可以管这个案子的法院的。

那要是法院没发现自己没有管辖权怎么办，法院那么忙。

那就会有第二道保险，如果你真的觉得法院管得不对，你是有权提管辖权异议的，先看法条我再和你解释。

《中华人民共和国民事诉讼法》第一百三十条

人民法院受理案件后，当事人对管辖权有异议的，应当在提交答辩状期间提出。人民法院对当事人提出的异议，应当审查。异议成立的，裁定将案件移送有管辖权的人民法院；异议不成立的，裁定驳回。当事人未提出管辖异议，并应诉答辩或者提出反诉的，视为受诉人民法院有管辖权，但违反级别管辖和专属管辖规定的除外。

1

管辖权异议是什么

管辖权异议一般来说就是被告对法院的管辖有异议，说白了就是被告认为这个法院管错了，应该由其他法院管。要注意的是，咱能够提管辖权异议的时间只限于一审，二审和再审就没有管辖权一说。

2

如何提管辖权异议

如果要提管辖权异议，是要以书面的形式写管辖权异议书给法院的，就像下面这样：

管辖权异议书

异议人(被告)：王二麻子，男，1992年11月11日出生，汉族，身份证号码××××××××××××××××××，住浙江省杭州市××区××小区22幢2单元202室，电话号码×××××××××××。

请求事项：

将杭州市西湖区人民法院(2022)浙0106民初2022号原告当当诉被告王二麻子民间借贷合同纠纷一案移送浙江省杭州市余杭区人民法院管辖。

事实和理由：

(填写说明：写清楚移送的原因和法律依据。)

此致

杭州市西湖区人民法院

异议人：王二麻子

2022年2月2日

这里要提醒一下，这个提管辖权异议是有时间限制的，因为在实际打官司的过程中，原告向法院起诉后，法院会给被告寄一些材料，其中就包括原告写的民事起诉状(后面我们会详细说)，收到民事起诉状后，法院会给被告一段时间用于答辩(就是向法官解释和澄清自己以及反驳原告)，这段时间就是所谓的答辩期，一般为 15 天，如果你觉得此刻这个法院不是能够管你案子的真正的法院，你就要在这个时间段内提出异议，要是超过这个时间，提异议的机会可就没了。

那要是被告在答辩期内把管辖权异议书交给法院，法院会怎么答复呢？

法院会出具一份裁定书给被告，告诉他法院是同意移送还是不同意移送，不管法院是否同意移送，都会在最后写明被告有上诉的权利，当然了，一般来说只有法院不同意移送的时候被告才会上诉，毕竟被告所求的就是换个法院审理，法院都同意了，被告自然没有异议了，就像下面这样。

浙江省杭州市西湖区人民法院

民事裁定书

(2020)浙 0106 民初 2020 号

原告：当当，男，1992 年 11 月 11 日出生，汉族，身份证号码××××××××××××××××××，住浙江省杭州市西湖区玫瑰小区 22 幢 2 单元 202 室。

被告：王二麻子，男，1992 年 11 月 11 日出生，汉族，身份证号码××××××××××××××××××，住浙江省杭州市西湖区麻子小区 22 幢 2 单元 202 室。

原告当当与被告王二麻子买卖合同纠纷一案,本院于2019年12月12日立案。

原告诉称,2019年3月1日,被告王二麻子到原告当当处购买模具10万个,约定货到验收后一次性付清货款,被告收货后迟迟未支付货款。

被告王二麻子在提交答辩状期间,对管辖权提出异议,认为原、被告签订的《买卖合同》第6条明确约定发生争议由需方(被告)当地法院解决,被告住所地在杭州市余杭区,况且被告已就双方买卖纠纷向杭州市余杭区人民法院起诉,2019年11月5日杭州市余杭区人民法院已受理,杭州市西湖区人民法院没有管辖权,故本案应移送杭州市余杭区人民法院审理。

本院经审查认为,因合同纠纷提起的诉讼,由被告住所地或者合同履行地人民法院管辖。合同或者其他财产权益纠纷的当事人可以书面协议选择被告住所地、合同履行地、合同签订地、原告住所地、标的物所在地等与争议有实际联系的地点的人民法院管辖,但不得违反本法对级别管辖和专属管辖的规定。被告提供的《买卖合同》可反映双方有书面协议选择被告住所地人民法院管辖,且被告住所地杭州市余杭区人民法院已于2019年11月5日受理双方买卖合同纠纷,本院对本案并无管辖权,应移送有管辖权的杭州市余杭区人民法院审理。

依照《中华人民共和国民事诉讼法》第×条、第×条、第×条、第×条第一款第二项,最高人民法院《关于适用〈中华人民共和国民事诉讼法〉的解释》第×条规定,裁定如下:

被告王二麻子对管辖权提出的异议成立,本案移送杭州市余杭区人民法院处理。

如不服本裁定,可以在裁定书送达之日起十日内,向本院递交上诉状,并按对方当事人或者代表人的人数提出副本,上诉至浙江省杭州市中级人民法院。

审判员　张　良

二〇二〇年一月十日

书记员　刘　邦

裁定书最后真的写明可以上诉!而且确实写明了是去哪个中级人民法院上诉呢。

3

不服管辖权异议裁定怎么上诉

那如果我提了管辖权异议，法院不同意，我真的要上诉，该怎么上诉呢？

上诉当然要写个上诉状了，你就这么写。

管辖权异议上诉状

上诉人（被告）：王二麻子，男，1992 年 11 月 11 日出生，汉族，身份证号码××××××××××××××××××，住浙江省杭州市西湖区麻子小区 22 幢 2 单元 202 室，电话号码×××××××××××。

被上诉人（原告）：当当，男，1992 年 11 月 11 日出生，汉族，身份证号码××××××××××××××××××，住浙江省杭州市余杭区玫瑰小区 22 幢 2 单元 202 室，电话号码×××××××××××。

上诉人王二麻子因与被上诉人当当（2022）浙 0106 民初 2022 号原告当当诉被告王二麻子民间借贷合同纠纷一案，不服杭州市西湖区人民法院于 2022 年 2 月 2 日作出的（2022）浙 0106 民初 2022 号驳回管辖权异议裁定，现提起上诉。

上诉请求：

1. 撤销（2022）浙 0106 民初 2022 号驳回管辖权异议民事裁定书；
2. 本案移送浙江省杭州市余杭区人民法院处理。

上诉理由：

（填写说明：写明不服裁定的事实原因和法律依据。）

此致，杭州市西湖区人民法院

附：本上诉状副本 3 份

上诉人：王二麻子

2022 年 2 月 22 日

好了，那关于管辖的知识就全讲完啦，我们下一章见。

上篇

理论储备阶段

第五章
打官司要先下手为强

01 什么是保全
02 诉中财产保全
03 行为保全
04 证据保全

第五章 打官司要先下手为强

袍儿，我有点担心，王二麻子这个人很狡猾的，你说他会不会知道被我起诉之后，就把自己名下的财产都转移走，让我扑个空啊。

有这个可能，所以我们可不能坐以待毙，可以选择向法院申请保全，上一道“保险”，俗话说得好，先下手为强，后下手遭殃。保全，就是先下手为强。

01 什么是保全

保全就是**从起诉前到执行前**，预见对方可能会转移财产、毁灭证据或者对方有可能给自己造成伤害，在此之前预先采取措施，让对方没有机会转移财产、毁灭证据或者伤害我方，说白了，保全是一种**防止对方转移财产**，**防止对方毁灭证据**、**防止证据灭失**或者**防止对方的行为给我方造成损害这三种情形**的保障措施，我一种一种情形给你详细解释。

第一种，防止对方转移财产的保全，我们有个专业名词叫财产保全，是指在对方转移财产之前先向法院申请，让法院把对方的财产给按住不让动，以免对方知道被起诉后转移财产。

财产保全

第二种，有关证据的保全，专业名词叫证据保全，这种保全是对证据的固定，包含两种情况，一种是保全对方手上的证据，另一种是保全我方自己手中的证据。

证据保全

具体来说，第一种情况，当证据在对方手中，而且这些证据对对方不利时，如果不申请让法院去先把证据“抢”来，很有可能证据会被对方毁掉，就比如发生车祸时肇事车辆的行车记录仪里的视频录像，若不及时把证据“抢”来，对方趁机把录像删了，或者干脆把行车记录仪毁掉，那对于案情的查清会非常不利。

嗯，这种情况我能理解，可是另外一种申请保全自己手中的证据是为什么呢，难道我还能自己坑自己吗？

是这样的，如果是保全自己所掌握的证据，那一般来说是对咱有利但是容易灭失的证据，比如你去超市购物的小票、坐出租车的小票，这些热敏纸形成的证据，时间久了上面的字是会消失的，要是不及时向法院申请证据保全，到时候就只剩一张白纸了。

哦，原来是这样，难怪之前我问你我小姨被家暴的事儿，你让她报完警赶紧去医院，这样我小姨的伤情就能第一时间得到确认，要不然到时候伤好了就没证据说她丈夫家暴了。

第三种，防止对方的行为会给我方造成损害的保全的专业名词是行为保全，这种保全是对行为的限制，就是法院可以让一方不得做哪些行为或者必须做哪些行为，违法就会有相应惩罚措施，典型的如家暴案件中的人身安全保护令。

行为保全

原来保全这么强大，各种情形都考虑到了，那我什么时候可以申请保全啊，这也太好用了。

嗯，申请保全的时间这一点法律考虑得还是很贴心的，那就是你起诉之前到申请执行之前，都可以申请保全，按照你打官司的各个阶段分，总共有三种，我们来看看。

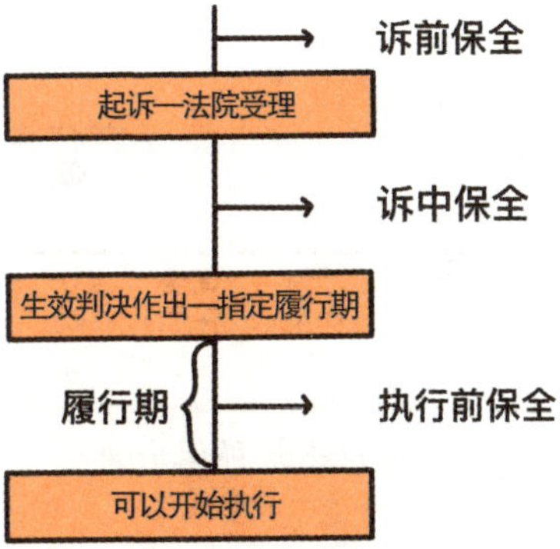

首先是**诉前保全**，顾名思义就是在到法院起诉之前就向法院申请的保全，因为发生在起诉之前，所以叫作诉前保全。其次是**诉中保全**，是指在法院打官司的过程中向法院申请的保全，也就是从法院立案受理你的案子开始，到案件最终出结果之前，这期间所产生的保全，都叫作诉中保全，因为这段时间最长，所以现实中大部分保全都发生在这个阶段。最后是**执行前保全**，是指在判决生效后，在判决确定的履行期内向法院申请的保全，此期间虽然判决已经生效，但是因为还没有进入执行阶段，法院暂时还不能对败诉方做什么，所以法律就设置了这最后一道保全的保险。

那诉前、诉中、执行前保全都可以保全财产、证据和行为吗？

是呀，各个阶段的保全和各个种类的保全都是可以随机组合的，除了执行前阶段，因为已经赢了，就没必要再保全证据了，见下图。

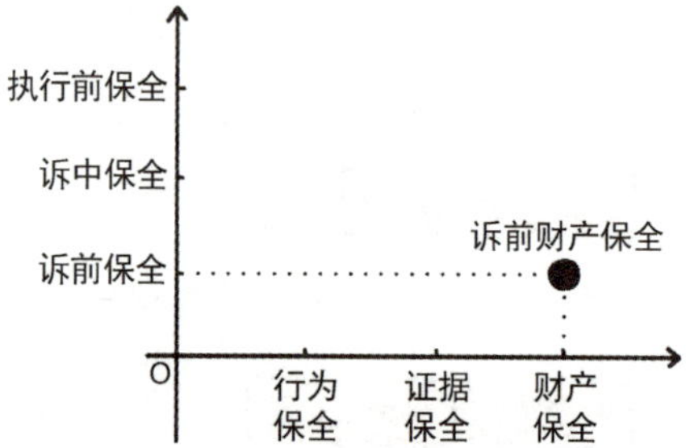

那我该不会需要掌握这么多种保全吧？

不会，其实保全都是差不多的，学会一种其他的也八九不离十，而且咱们普通人打官司，99.99%的官司都是诉中保全和财产保全的结合——诉中财产保全，所以我们只需要重点学习一下诉中财产保全就行。虽说是诉中保全，但是保险起见，咱们在一开始去法院立案的时候，就可以同步申请保全。因为这个时候虽说已经在法院立案，是在诉讼中了，但是由于你在立案时就申请了保全，所以法院在一般情况下都会先把保全给实施完毕，才会通知被告他被人起诉并且财产还被保全，这样能够最大限度地保证对方不知情并且不会转移财产。

02

诉中财产保全

来，先看法条，这个就是咱们学会诉中财产保全最重要的法条。

《中华人民共和国民事诉讼法》第一百零三条

人民法院对于可能因当事人一方的行为或者其他原因，使判决难以执行或者造成当事人其他损害的案件，根据对方当事人的申请，可以裁定对其财产进行保全、责令其作出一定行为或者禁止其作出一定行为；当事人没有提出申请的，人民法院在必要时也可以裁定采取保全措施。人民法院采取保全措施，可以责令申请人提供担保，申请人不提供担保的，裁定驳回申请。人民法院接受申请后，对情况紧急的，必须在四十八小时内作出裁定；裁定采取保全措施的，应当立即开始执行。

这个法条我其他的都懂，就不明白什么是担保。

保全中的担保，你就理解为用财产来保证保全行为的正当性，因为保全很多时候做的是冻结对方的银行账户、股权以及查封一些房产和车子等行为，是能够对人的正常生活产生一定影响的，因为冻结了账户就没办法交易了，查封了房产就没办法买卖了。因此，法院让你提供一定比例的财产，这些财产同样由法院冻结或者查封，这样万一真的是错误保全，好歹有你提供的这些担保财产能赔偿给对方。

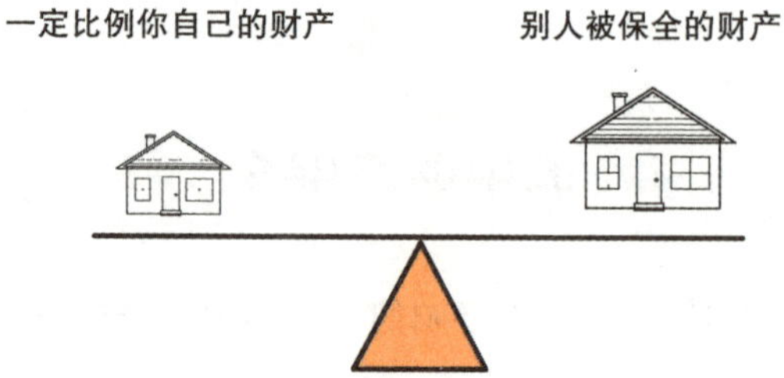

什么？我还要用我的财产赔偿？我怎么起个诉还要把自己的财产搭进去呢？

我说的是错误保全的前提下啦，别急，看清楚法条再激动。

《中华人民共和国民事诉讼法》第一百零八条

申请有错误的，申请人应当赔偿被申请人因保全所遭受的损失。

看到了吧，法条里明说了，申请错误才需要赔偿。

哦，吓死我了，就是只有当我申请保全的时候不认真，搞错了，我才得为我的错误保全付出代价，你早说啊，吓死我了，那我该拿多少钱来担保呢？是别人欠我多少，我也得拿同等价值的东西出来担保吗？

不是的，除非是诉前保全，一般情况下都不需要等价，诉中保全咱只需要提供保全数额不超过 30% 的等价财物作为担保就行，比如你申请保全对方 100 万元的房产，那你只需要提供 30 万元的财产用于担保。

而且如果你不想用自己的财产来担保，你还可以让别人替你担保，甚至让保险公司给你担保，比如让法院去查封给你担保的人的房子，或者保险公司出具一个保函给法院，保证你保全行为的正当性，如果真的保全错误了，那保险公司会负责赔偿。

PICC
中国人民保险

出具保函

如果要让朋友帮你担保，还需要他向法院出具担保书，至于保险公司，一定要找那种能以独立保函形式为财产保全提供担保的才行，当然，朋友帮忙不用钱，保险公司帮忙可是要钱的。另外，我还要再强调一下，咱们诉中保全还是要尽快，当咱去法院立案的时候，就可以同时申请保全了，这样法院可以在对方不知情的情况下把相关财产给保全好，这样才能最大限度地发挥财产保全的作用。

好了，下面我们来正式了解如何申请保全吧，第一步——准备相关材料，与保全申请书一并提交法院。

我们先来看看保全申请书该怎么写，法条规定得很仔细。

《最高人民法院关于人民法院办理财产保全案件若干问题的规定》第一条

当事人、利害关系人申请财产保全，应当向人民法院提交申请书，并提供相关证据材料。申请书应当载明下列事项：(一)申请保全人与被保全人的身份、送达地址、联系方式；(二)请求事项和所根据的事实与理由；(三)请求保全数额或者争议标的；(四)明确的被保全财产信息或者具体的被保全财产线索；(五)为财产保全提供担保的财产信息

或资信证明，或者不需要提供担保的理由；（六）其他需要载明的事项。法律文书生效后，进入执行程序前，债权人申请财产保全的，应当写明生效法律文书的制作机关、文号和主要内容，并附生效法律文书副本。

其他的我都能明白，除了第四项：“明确的被保全财产信息或者具体的被保全财产线索。”问题是我不知道王二麻子明确的财产信息和财产线索怎么办？

别担心，我用法条回答你。

《最高人民法院关于人民法院办理财产保全案件若干问题的规定》第十条

当事人、利害关系人申请财产保全，应当向人民法院提供明确的被保全财产信息。当事人在诉讼中申请财产保全，确因客观原因不能提供明确的被保全财产信息，但提供了具体财产线索的，人民法院可以依法裁定采取财产保全措施。

法条里虽然说了我们申请保全应该向法院提供明确的被保全财产信息，但是保全的时候，确实因为客观原因（比如你没有委托律师，查不到相关信息）不能明确被保全财产的信息的，你可以提供线索，让法院帮你查，比如你大概知道对方在哪个地方有房子，或者在哪几个银行有存款，这样法院就能有针对性地对相关财产线索进行查询和确认，不会让你由于不知道对方准确财产而无法申请保全。

哦，那我就放心了，可是我现在只知道王二麻子在老家有套房子，他才欠我5万元，法院会把那么大一套房子给查封了吗？

没有什么特殊情况是可以的，我还是用法条回答你。

《最高人民法院关于人民法院办理财产保全案件若干问题的规定》第十五条

人民法院应当依据财产保全裁定采取相应的查封、扣押、冻结措施。可供保全的土地、房屋等不动产的整体价值明显高于保全裁定载明金额的，人民法院应当对该不动产的相应价值部分采取查封、扣押、冻结措施，但该不动产在使用上不可分或者分割会严重减损其价值的除外。对银行账户内资金采取冻结措施的，人民法院应当明确具体的冻结数额。

看到了吧，法条明确规定了，“可供保全的土地、房屋等不动产的整体价值明显高于保全裁定载明金额的，人民法院应当对该不动产的相应价值部分采取查封、扣押、冻结措施”，什么意思呢？就是虽然王二麻子只欠你5万元，他的房子价值300万元，但是你还是可以申请保全他的房子，只不过是房子很小的一部分，也就是价值5万元的一部分，你别小看了这5万元，要知道房子可是不可分割物，虽说你只保全了很小一部分，但是由于房子没法切开，所以你实际上和保全了对方整套房子没啥区别，对方都暂时不能买卖了。

房屋价值300万元，保全其中5万元

好了，关于怎么写保全申请书的理论知识我给你讲得差不多了，该来点实在的了，我们来看看保全申请书具体该怎么写。

保全申请书

申请人：当当，男，1992年11月11日出生，汉族，身份证号码××××××××××××××××××，住浙江省绍兴市柯桥区玫瑰园小区22幢2单元202室，电话号码×××××××××××。

被申请人：王二麻子，男，1992年11月11日出生，汉族，身份证号码××××××××××××××××××，住浙江省绍兴市柯桥区麻子小区22幢2单元202室，电话号码×××××××××××。

请求事项：查封/扣押/冻结被申请人王二麻子所有的坐落于浙江省绍兴市柯桥区麻子小区22幢2单元202室房屋一套（房产证号×××）/银行账户等。

（填写说明：需要写明请求保全的财产名称、数量、所在处所及要求保全的方式等。应写明要求人民法院查封或扣押或冻结等，或者采取其他适当措施，同时表示自己是否提供担保以及提供何种担保。）

事实和理由：

（写明申请保全的原因和事实。）

申请人当当提供坐落于浙江省绍兴市柯桥区玫瑰园小区22幢2单元202室房屋（房屋产权证号×××）作为担保。

此致

浙江省绍兴市柯桥区人民法院

申请人：当当

2022年12月2日

嗯，我知道保全申请书该怎么写了，但是你一开始不是说还有什么相关材料要和保全申请书一起交给法院吗，什么相关材料呢？

就是咱自己这边用于担保的材料。如果是让保险公司出具保函，那咱得提前和保险公司联系好让保险公司把**保函**出具好；如果是用自己的房子来担保，那**房产证**就得给法院，毕竟法院也要把咱的房产给查封了，以保证万一真的申请保全错误有财产赔给对方；如果你是让好朋友帮忙，那你也得提供你好朋友的相关财产和担保书给法院，这就是相关资料。有些要求高的法院还会让咱去**不动产登记中心查一下房产的信息，看看咱用于担保的房产是否有抵押之类的情况**，这些到时候各位小伙伴要遵循各自法院的要求。

好了，保全材料都准备好交给法院之后，我们进入保全的第二步——交纳保全费。

第二步
交纳保全费

关于保全费，我记得你在第三章诉讼费中有说过类似情况，应该是像下面这样收取的，没错吧？

申请保全收费标准	
不超过1000元或者不涉及财产数额的	30元
超过1000元至10万元的部分	1%
超过10万元的部分	0.5%

是的，没错，而且现在网络上有诉讼费计算器，大家可以直接输入得出具体数额，而且咱前面也学习过，**保全费是原告垫付的，最终是由败诉方承担**，当然你在起诉的时候最好记得在诉讼请求中写明保全费由对方承担。

好了，保全费也交了，接下去是保全的第三步——收到裁定，等待保全完成。

第三步
收到裁定，等待保全完成

法院在收到咱的保全申请书后，经过审核同意了，会以一份保全裁定书的形式告知。我给大家“高仿”两份，这样大家能直观一些，顺便帮你复习一下前面讲的担保知识，也就是你既可以自己提供担保，又可以让别人帮你担保或者由保险公司出具保函帮你担保。

A 保函替代担保

浙江省丽水市莲都区人民法院

民事裁定书

（2022）浙1102民初2022号

申请人：当当，男，1992年11月11日出生，汉族，身份证号码××××××××××××××××××，住浙江省江山市玫瑰园小区22幢2单元202室。

被申请人：王二麻子，男，1992年11月11日出生，汉族，身份证号码××××××××××××××××××，住浙江省江山市麻子小区22幢2单元202室。

当当与王二麻子民间借贷纠纷一案，申请人当当于2022年12月1日向本院申请财产保全，请求对被申请人王二麻子所有的中国工商银行某某支行账户（账号：2020 0316 0311 ×××× ×××）在价值550,000元范围内予以保全。中华联合财产保险股份有限公司浙江分公司出具保函为本案的财产保全提供担保。

本院经审查认为，申请人当当的申请符合法律的规定。依照《中华人民共和国民事诉讼法》第一百零三条、第一百零五条、第一百零六条第一款规定，裁定如下：

冻结被申请人王二麻子所有的中国工商银行某某支行账户（账号：2020 0316 0311 ×××× ×××），冻结金额550,000元，期限一年。

案件申请费3270元，由申请人当当负担。

本裁定立即开始执行。

如不服本裁定，可以自收到裁定书之日起五日内向本院申请复议一次。复议期间不停止裁定的执行。

审判员　张　飞

二〇二二年十二月二日

书记员　蔡文姬

B　自己提供担保

浙江省丽水市莲都区人民法院
民事裁定书

(2022)浙0881民初2022号

申请人:当当……

被申请人:王二麻子……

当当与王二麻子民间借贷纠纷一案,申请人当当于2022年12月1日向本院申请财产保全,要求对被申请人王二麻子所有的中国工商银行某某支行账户(账号:2020 0316 0311 ×××× ×××)在价值900,000元范围内予以保全。申请人当当以其所有的坐落于杭州市西湖区玫瑰园小区22幢2单元202室房产[房屋所有权证号:杭房权证须私02字第2222号、杭房须私共字第00020022号、杭房须私共字第00020002号,土地使用权证号:杭州市西湖区国用(2000)字第2－2222号]为本案的财产保全提供担保。

本院经审查认为,申请人当当的申请符合法律的规定。依照《中华人民共和国民事诉讼法》第一百零三条、第一百零五条、第一百零六条第一款规定,裁定如下:

一、冻结被申请人王二麻子所有的中国工商银行某某支行账户(账号:2020 0316 0311 ×××× ×××),冻结金额900,000元,期限一年。

二、查封申请人当当所有的坐落于杭州市西湖区玫瑰园小区22幢2单元202室房产[房屋所有权证号:杭房权证须私02字第2222号、杭房须私共字第00020022号、杭房须私共字第00020002号,土地使用权证号:杭州市西湖区国用(2000)字第2－2222号],查封金额270,000元,期限三年。

案件申请费5000元,由申请人当当负担。

本裁定立即开始执行。

如不服本裁定,可以自收到裁定书之日起五日内向本院申请复议一次。复议期间不停止裁定的执行。

审判员　张　飞

二〇二二年十二月二日

书记员　蔡文姬

哇，原来保全裁定长这个样子啊。等等，这个保全还有期限的啊？

是的，如果是冻结银行账户，一般是1年，如果是汽车，一般是2年，如果是房产，一般是3年，而且如果时间不够，是可以找法院续期的，完全不用担心。

可以免费续期的啊，不慌

是不错，可是袍儿，裁定的最后申请费怎么还是我出啊，不是说了最终是败诉方承担的吗？

这个只是裁定书，是一个过程，最终所有费用的负担你要看判决书的，判决书里会写清楚保全费由谁负担的，不用担心。

哦，那我就放心了，那收到裁定了，法院都同意了，我怎么还要等呢？

因为保全是要去做的呀，法官只是下达裁定而已。打个比方，你要去冻结王二麻子的银行账户，那钱在银行里，法院必须得和银行联系，要求把相关账户冻结，银行才能冻结呀，所以当你收到保全裁定的时候，别着急，等保全好之后，法官是会通知你的。

03

行为保全

好了，重点的诉中财产保全给大家讲明白之后，我们来大概了解一下其他两种保全。第一种是行为保全，你看这个名字就知道，肯定是和动作有关的，就是法律会责令一方必须做什么事情或者不得做什么事情。**《反家庭暴力法》中人身安全保护令**一章就是行为保全的典型代表，大家可以去看看。

这法我用不上啊，我是男孩子啊，而且还是个大小伙子啊。

男孩子就不用被保护了吗？再说了，谁说《反家庭暴力法》只是保护夫妻一方的，大人打小孩子，大人打老人，都是可以用的呀。

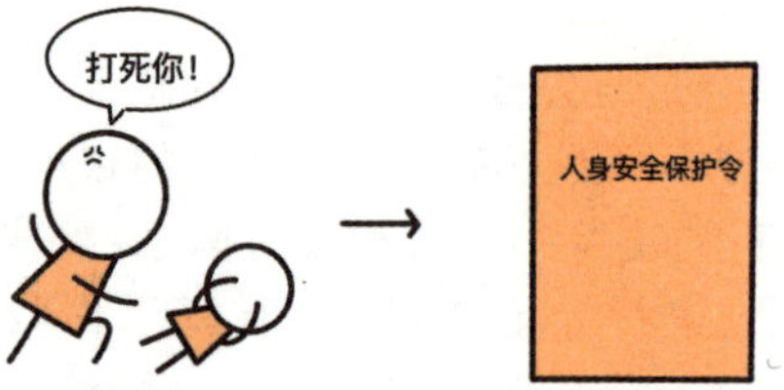

不仅限于夫妻，打小孩、打老人
都包括在内

哦，那范围很广啊，能够尽可能地将需要保护的人保护到位。

是的，所以如果需要法院人身保护，我们就要向法院提交申请书，就像下面这样：

人身安全保护令申请书

申请人：当当，男，1992年11月11日出生，汉族，身份证号码××××××××××××××××××，住浙江省金华市婺城区玫瑰园小区22幢2单元202室，电话号码×××××××××××。

被申请人：王二麻子，男，1992年11月11日出生，汉族，身份证号码××××××××××××××××××，住浙江省金华市婺城区麻子小区22幢2单元202室，电话号码×××××××××××。

请求事项：

（填写说明：写明需要什么保护措施。）

事实和理由：

（填写说明：写明有遭受家庭暴力或者面临家庭暴力现实危险的情形以及其他事实和理由。）

此致

浙江省金华市婺城区人民法院

申请人：当当

××××年××月××日

这个申请书写好了交给法院，法院就能开始保护你了。这里要提醒一下，行为保全的范围，可不仅有人身安全保护令，还有许多事情只要是涉及行为的，都是可以申请的。比如你有一个超级有钱的邻居，她每天换新衣服，而且只穿一次就扔，关键每次都直接丢在她家门口，你看看自己身上穿了5年都已经严重变形的T恤，你幼小的心灵遭受了巨大的伤害，让你觉得人间不值得，所以你毅然决定去法院，申请法院让邻居不要再把衣服扔在你看得见的地方，这也是可以的。

扎心了，我深刻体会到什么叫行为保全了。

哈哈，只有你想不到的，没有行为保全做不到的。以后大家如果真的需要申请行为保全，具体的步骤和咱们前面用大篇幅讲的财产保全几乎是一样的，大家参考前面的内容就能很好地进行行为保全了。

04 证据保全

我们要讲的第二种是证据保全，老规矩，咱们先看法条。

《中华人民共和国民事诉讼法》第八十四条

在证据可能灭失或者以后难以取得的情况下，当事人可以在诉讼过程中向人民法院申请保全证据，人民法院也可以主动采取保全措施。因情况紧急，在证据可能灭失或者以后难以取得的情况下，利害关系人可以在提起诉讼或者申请仲裁前向证据所在地、被申请人住所地或者对案件有管辖权的人民法院申请保全证据。证据保全的其他程序，参照适用本法第九章保全的有关规定。

看完了吧，法条里说了，只要证据可能灭失或者以后难以取得，咱们就可以向法院申请证据保全，或者法院自己主动保全，如果情况紧急，诉前就可以申请证据保全。不过证据保全的担保相较财产保全的担保没那么严格，有些时候法官经过判断觉得你申请证据保全不会对对方造成损失，**你可能就不用提供担保**，至于细节，大家参考财产保全的相关规定就好，至于什么是证据，咱们下一章证据部分见。

上篇

理论储备阶段

第六章
打官司该怎么准备证据

01 什么是证据
02 证据的种类——以民间借贷为例
03 交证据有时间限制
04 收集证据时你需要知道的省力窍门

第六章 打官司该怎么准备证据

大家注意，证据这章是本书最重要的部分。打官司就是打证据，所以大家可一定要好好学。

01 什么是证据

我们先来说说什么是证据。证据，是能够作为认定案件事实依据的材料，但并不是所有的材料都能被称为证据，想要成为真正的、法官会认可的证据，前提是必须**同时**具备**真实性、合法性、关联性**这三个要件，**缺一不可**，没有满足这三个要件，你就是找再多的所谓的“证据”，法官都是不会认可的。

- ☑ 真实性
- ☑ 合法性
- ☑ 关联性

缺一不可

第一个要件，证据的真实性，是指证据必须是真实的，不能是伪造的。如果伪造情节恶劣，那就有可能属于**虚假诉讼罪**的范畴，一旦查实，轻则罚款训诫，情节严重的，那可是真的要坐牢的。

第二个要件，证据的合法性，是指证据的**取得方式**必须符合法律的规定，如果取得方式违法，即便你采集到了，而且这个证据确实存在，法官也是不会采纳的。

就算这个证据确实存在也不要吗？这不合适吧，好歹是真实存在的证据呀，又不是假的。

因为法律还有更重要的东西需要保护呀，法律明确规定对以严重侵害他人合法权益、违反法律禁止性规定或者严重违背公序良俗的方法形成或者获取的证据，不得作为认定案件事实的根据，意思就是如果你以严重侵害他人合法权益、违反法律禁止性规定或者严重违背公序良俗这三种方法来取得证据，就算这个证据是**真**的，也要**作废**，法官会当从来不知道有这个证据。

我来给你具体解释啊，首先，“严重侵害他人合法权益”是什么意思呢？就比如在家里偷拍伴侣的出轨视频，在宾馆“抓奸”拍视频等，这种严重侵害他人隐私的做法，就是“严重侵害他人合法权益”的一种方式。

所以你的意思是，只要不涉及第三人，就我和王二麻子面对面，我偷录证据就可以了？

正常的就你和王二麻子对话时你录音是可以的，但是如果你采用**胁迫**的方式，如你把刀架在王二麻子的脖子上，逼着他写一份欠条，哪怕数额正好是你借他的5万元，也不行，这个就是法条中的第二个方式“违反法律禁止性规定”。类似地，你以**精神虐待**（语言暴力等）和**肉体折磨**（不还钱不让睡觉等）的方式，都是不行的。

其次，“严重违背公序良俗”是什么意思呢？公序良俗是一个很宽泛很难具体解释的概念，你就大概理解为社会基本道德就行，那么什么叫违背公序良俗呢？之前有过一个很有名的案子，一个人因老婆长期在外，家里找了个保姆照顾他，时间久了，他很感动，所以在去世前写下遗嘱，要把自己名下的所有财产都送给保姆，结果法官一看，这哪儿行呢，这样的遗嘱要是有效的话，以后会助长社会的不正之风，所以就判这个遗嘱无效，遗产还是得给法定的老婆，这份遗嘱就是“严重违背公序良俗”。至于以严重违背公序良俗的方式取得的证据，我打个比方，有个男的想和老婆离婚，但是又找不到理由，毕竟老婆把他照顾得很好，于是他就想了一个损招，找了一个小帅哥去勾引他老婆，然后将小帅哥拍到的和他老婆亲密的照片作为老婆出轨的证据交给法院，这种证据，法官肯定是不会采纳的。

那就我和王二麻子的事，我怎样取得证据才是合法的呢？

只要不违反刚刚咱们说的三种情形，一般来说都是可以的，像你和王二麻子这种民间借贷案子，比较常见的就是你打电话给王二麻子让他还钱，王二麻子回你：“钱是欠你5万元没错，但是要钱没有，要命一条，老子就是不还钱。”那么这个通话的过程你用手机录下来，这个证据就是合法的，又或者你约王二麻子面谈还钱的事情，用手机录音或者录视频。

第三个要件，证据的关联性，关联性的意思就是**证据本身**要与案件**有逻辑上**的联系，不能提交一些八竿子打不着的证据，也不能提交一些你所谓的有联系其实没联系的证据，比如有个人有盗窃的前科，在发生盗窃案件时，你不能依据这个人的前科就说这次的盗窃案件一定是这个人干的。

02

证据的种类——以民间借贷为例

介绍完什么是证据，接下来我要教大家怎么准备证据了，要准备证据，肯定要先知道证据有哪些种类，因此，当当，我就以你的案子为例，通过介绍证据的种类，来教大家在民间借贷案子中怎么准备证据，先看法条。

《中华人民共和国民事诉讼法》第六十六条

证据包括：（一）当事人的陈述；（二）书证；（三）物证；（四）视听资料；（五）电子数据；（六）证人证言；（七）鉴定意见；（八）勘验笔录。证据必须查证属实，才能作为认定事实的根据。

这个法条里列举的就是我们国家法律规定的证据的八种形式，为了好理解我打乱顺序逐项跟你解释。

1

勘验笔录

先是勘验笔录，是指人民法院的审判人员（法官、书记员或者法警）在诉讼过程中对与案件有关的物品或者现场进行查验、测量、拍照后制作的笔录。常见的是现场勘验笔录、物证勘验笔录和人身检查笔录，这种证据是法院形成的，一般适用于需要现场勘察的案子，如宅基地纠纷，咱们民间借贷的案子很少有这种类型的证据，了解一下即可。

2

鉴定意见

接下来我们来讲讲什么是鉴定意见，鉴定意见就是有专业资质的人运用专门知识，根据案件材料，对案件所涉及的专业事实问题进行鉴定后出具的一份书面材料，如法医作出的尸检报告。出具鉴定意见的人，就是鉴定人，主要是法医和一些物证鉴定专家（如华人神探李昌钰）。我们先来看看鉴定是怎么启动的，先看法条。

《最高人民法院关于民事诉讼证据的若干规定》第三十一条

当事人申请鉴定,应当在人民法院指定期间内提出,并预交鉴定费用。逾期不提出申请或者不预交鉴定费用的,视为放弃申请。对需要鉴定的待证事实负有举证责任的当事人,在人民法院指定期间内无正当理由不提出鉴定申请或者不预交鉴定费用,或者拒不提供相关材料,致使待证事实无法查明的,应当承担举证不能的法律后果。

《最高人民法院关于民事诉讼证据的若干规定》第三十二条

人民法院准许鉴定申请的,应当组织双方当事人协商确定具备相应资格的鉴定人。当事人协商不成的,由人民法院指定。人民法院依职权委托鉴定的,可以在询问当事人的意见后,指定具备相应资格的鉴定人。人民法院在确定鉴定人后应当出具委托书,委托书中应当载明鉴定事项、鉴定范围、鉴定目的和鉴定期限。

总结一下这两条法条:第一,提出鉴定的人可以是一方或者双方当事人,甚至法院自己也可以决定鉴定,也就是说,无论是原告还是被告,甚至法院自己,觉得需要鉴定的话,都是可以启动这个鉴定程序的,只不过当事人提出鉴定申请的时候,是**需要法院同意**的。第二,无论是原告还是被告,要申请鉴定的话都要提交一个**书面的鉴定申请书**,就像下面这样。

鉴定申请书

申请人:当当,男,1992 年 11 月 11 日出生,汉族,身份证号码××××××××××××××××××,住浙江省舟山市普陀区玫瑰园小区 22 幢 2 单元 202 室,电话号码×××××××××××。

请求事项:因(2022)浙 0903 民初 2022 号原告当当诉被告王二麻子民间借贷合同纠纷一案,申请对借条中的借款人签字进行鉴定,鉴定是否为被告王二麻子本人所签。

事实和理由：

（填写说明：写明要申请鉴定的理由。）

此致

浙江省舟山市普陀区人民法院

申请人：当当

2022年12月2日

第三，要注意，提出鉴定是有时间限制的，大家要听法官安排，并且之后如果你的鉴定申请被法院同意，要尽早交纳鉴定费用，超过时间再交的话法院很有可能就当你不申请了。至于鉴定费用的支付问题，**谁申请谁先垫付**，如果是一方当事人申请鉴定的，那么鉴定费就先由这方垫付，如果是双方申请鉴定的，那么双方对于申请鉴定的项目按照**比例**来垫付，最终鉴定费是等判决结果出来后由败诉方承担的。第四，在确定鉴定机构时，可以是双方商量好选哪家，不过，现实中如果是一方当事人提出要鉴定的，一般都谈不拢选哪家鉴定机构，所以一般来说都是到法院**抽签**来确定鉴定机构的。

能商量好最好，商量不好就抽签决定嘛，这样既公平又兼顾效率，没毛病。

是的，但是关于鉴定，我还是要提醒一下，因为鉴定是由鉴定机构进行的，而鉴定机构是要赚钱的，所以鉴定费用一般来说都不便宜，咱们民间借贷纠纷一般涉及的都是借条、转账记录、微信聊天记录等，大部分需要鉴定的就是借条上的签字是不是本人签的，如果借款金额不大，我不是很建议大家去走鉴定的途径。

3 证人证言

证人证言是什么呢？简单来说，就是证人就其所感知的情况在打官司的过程中对法官所说的话。在民间借贷中，由于很多人碍于人情，没有开借条，这个时候如果有证人证言，也是可以向法院提供的。

那我就理解为一个知道案件情况的人作证说的话，可是说的话怎么变成一种证据了呢？

是这样的，一般来说，在经过当事人申请或者法院觉得有必要由证人作证时，证人会被要求在开庭时等候在门外，到某个阶段被允许进入法庭，在签署保证书之后，就自己所知道的事，向法官叙述，之后再接受当事人和法官的询问，而书记员会把这个过程给记下来形成一份书面笔录，由证人本人签字确认，这份书面笔录就叫作证人证言。

(1) 证人作证的要求

当当，我问你，你觉得一个案子，特别是你和王二麻子的这种案子，证人是多还是少啊？

当然少了，就王二麻子他妈妈知道他到我这里借钱的事儿。

正是因为证人很少，很难得，所以一个案子如果有证人，不管这个证人是不是和双方相识，都算证人。而且法律还规定得特别严格，就是**证人作证必须出庭**，也就是到法庭上去作证，否则证人所说的话就作废，没有任何意义，看法条。

《最高人民法院关于民事诉讼证据的若干规定》第六十八条

人民法院应当要求证人出庭作证，接受审判人员和当事人的询问。证人在审理前的准备阶段或者人民法院调查、询问等双方当事人在场时陈述证言的，视为出庭作证。双方当事人同意证人以其他方式作证并经人民法院准许的，证人可以不出庭作证。无正当理由未出庭的证人以书面等方式提供的证言，不得作为认定案件事实的根据。

看到了吧，法条说了，作为一个证人，**必须到法庭上去作证**，这样证人所说的话才算有效，如果证人**没有正当理由不去法庭作证，那么证人的证言可就作废**了，就不能作为认定案件的依据了。

可是我明明看见法条里说如果双方同意且法院准许，是可以不用去法庭上作证的呀。

拜托，这可超级难实现，你得双方都同意啊。两个掐架的人，咋能那么容易都同意，特别是被指证的一方，巴不得证人不存在，还同意，开什么玩笑。

可是你刚刚也有说如果有正当理由，就可以不去出庭作证了。

你是不知道满足正当理由有多难，看法条。

《中华人民共和国民事诉讼法》第七十六条

经人民法院通知，证人应当出庭作证。有下列情形之一的，经人民法院许可，可以通过书面证言、视听传输技术或者视听资料等方式作证：（一）因健康原因不能出庭的；（二）因路途遥远，交通不便不能出庭的；（三）因自然灾害等不可抗力不能出庭的；（四）其他有正当理由不能出庭的。

看到了吧，这些就是正当理由，条件苛刻着呢，第一点健康原因，可不能是你感冒了之类的，必须严重到一定程度才行，比如人在 ICU 那种。至于第二点，路途遥远还不够，还得是交通不便才行，你家要是就在乌鲁木齐机场隔壁，就算是浙江省的案子，你也得来，交通方便着呢。第三点自然灾害等不可抗力，如台风、海啸、地震等，你就说你长这么大经历过没有。至于第四点是什么情况，法官会给你定夺的，咱就不用操心了，反正这几个正当理由发生的概率真的太低了，所以一般情况下，你还是老老实实去法院吧，要不然证言作废就尴尬了。

可是袍儿，我和王二麻子的事情，只有他妈知道，然后你又说证人必须出庭作证，可是他妈肯定“护犊子”，这对我多不利啊。

放心，我刚刚也说了，法院也知道这种**有利害关系**的证人证言的可信度低，所以规定这种证人证言**不能单独作为定案的依据**，就是如果单独有一份王二麻子妈妈的证人证言，不能认定王二麻子妈妈陈述的事实是真的，必须**要有其他的证据予以佐证**才行。

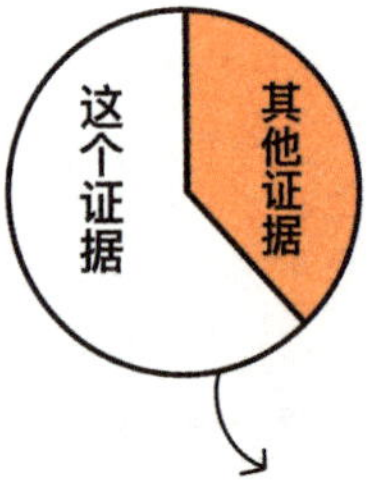

这个证据和其他证据一起才能证明某个事实

对了，既然讲到“不能单独作为定案的依据”，我就多嘴解释一下还有哪些情况不能单独作为定案的依据，这样方便你有个整体印象，先看法条。

《最高人民法院关于民事诉讼证据的若干规定》第九十条

下列证据不能单独作为认定案件事实的根据：(一)当事人的陈述；(二)无民事行为能力人或者限制民事行为能力人所作的与其年龄、智力状况或者精神健康状况不相当的证言；(三)与一方当事人或者其代理人有利害关系的证人陈述的证言；(四)存有疑点的视听资料、电子数据；(五)无法与原件、原物核对的复制件、复制品。

法条中的内容，我一项一项和你说。第一项“当事人的陈述”，这个好理解，就是当事人自己说的话，你让王二麻子自己来讲，他肯定说他没有欠你钱，这种话肯定不能单独作为认定他有没有欠你钱的根据。第二项“无民事行为能力人或者限制民事行为能力人所作的与其年龄、智力状况或者精神健康状况不相当的证言”是指什么呢？无民事行为能力人你就理解为没有满 **8 周岁**的小孩，限制民事行为能力人你就理解为**精神病人**，这个好理解，但是我这里要提醒一下，这些人只有做与其年龄、智力状况或者精神健康状况不相当的证言的时候，证言才不能被单独作为定案的依据，如果是相当的，那还是可以的。

什么叫与其年龄、智力状况或者精神健康状况相当的证言？

比如一个 7 岁的小孩和法官说：“我看见我爸爸打我妈妈了。”这就是一个与其年龄、智力状况或者精神健康状况相当的证言，因为正常来说一个 7 岁的小孩是可以表达并且理解他看到的事情的，此时就算没有其他的证据，一般来说是可以认定小孩爸爸打妈妈的事实的。但是如果一个小孩和法官说：“我当时为了保留证据，在我爸爸打我妈妈的时候我偷偷录了视频。”正常来说，一个 7 岁的小孩是不可能做到那么理智的，因此这个时候这个小孩的证言就不能单独作为定案的依据了。精神病人的证言也遵循同样的道理。不过这里我要提一句，有些过于小的孩子，或者完全丧失意志、不能分辨自己行为的精神病人这种不能正确表达自己意思的人，是不能做证人的。

第三项“与一方当事人或者其代理人有利害关系的证人陈述的证言”，这个就很好理解，你刚刚说的王二麻子妈妈“护犊子”的证言就属于这一项所规定的情况。第四项“存有疑点的视听资料、电子数据”，什么是视听资料、电子数据我们后面马上就会详细解释，这里你只用了解手机通话录音、手机拍照、微信聊天记录等都属于电子数据，存有疑点的视听资料、电子数据就是有问题，可能被篡改、剪辑过。第五项“无法与原件、原物核对的复制件、复制品”，这一点我想有复印东西经历的人都知道，复制品要造假是很简单的，只需要在复制原件的时候做一些手脚就可以了，如果不与原件进行核对，真实性是很难保证的。因此，如果是无法与原件、原物核对的复制件、复制品，那么就不可以单独作为定案的依据。

(2) 如何申请证人出庭作证

讲完了证人作证的要求，我们接下来说说如何申请证人出庭作证。首先，如果当事人要申请证人出庭作证，就必须在举证期限内（就是提交证据的时间限制，后面会详细说），最迟在**举证期限届满前**，向法院提交一份申请证人出庭作证的申请书。其次，申请证人出庭作证的申请书要写的内容包括证人的姓名、职业、住所、联系方式、作证的主要内容、作证内容与待证事实的关联性以及证人出庭作证的必要性，然后提交给法院，由法院来定夺是否需要该证人出庭作证，当然，如果是法院自己觉得有必要，法院自己就可以直接通知证人出庭作证。

不对呀，袍儿，你不是说证人出庭作证是一种义务吗，怎么要不要出庭还得法院同意呢？

是这样的，证人必须出庭作证是不错，前提是这得是个真正的“证人”啊，就是真正能够证明案件关键事实的人。咱们作为一个普通法律“小白”，判断一个人到底属不属于证人的时候，肯定没有法官专业啊，你得让法官帮你看下这个人到底是不是证人，有没有证明的必要。而且证人证言其实是一种非常不稳定的证据，因为证人证言的本质是人的记忆，而人的记忆随着时间的推移，是会逐渐模糊和被编辑的，会随着外界因素的刺激而出现偏差，甚至会无意识地形成完全不同于当时真相的说辞。因此法官必须综合考量很多因素才能确定是否让当事人申请的证人出庭作证，所以还是写个申请书给法官让他判断吧。

申请证人出庭申请书

申请人：当当，男，1992 年 11 月 11 日出生，汉族，身份证号码××××××××××××××××××，住浙江省舟山市普陀区玫瑰园小区 22 幢 2 单元 202 室，电话号码×××××××××××。

请求事项：

因(2022)浙 0903 民初 2022 号原告当当诉被告王二麻子民间借贷合同纠纷一案，申请你院通知×××(姓名、职业、住所、联系方式)出庭作证，以证明××事实(说明作证的主要内容、作证内容与待证事实的关联性)。

事实和理由：

(填写说明：为什么要请证人的原因，即证人出庭作证的必要性。)

此致

浙江省舟山市普陀区人民法院

申请人：当当

2022 年 12 月 2 日

刚刚法条里也提到，法院在一些情况下可以依职权调取相关证据，也就是如果法官觉得不太对劲，**是可以依职权让证人出庭作证的**，当法官自己去叫证人出庭作证的时候，就是法官觉得他需要进一步了解这个案子的时候，只要咱不是使坏的一方，对咱来说，都是好事，毕竟不用你申请，法院自己来叫证人作证，省了咱多少事儿啊。

(3)出庭作证时证人需要做什么

袍儿啊，我有点担心，你说王二麻子这个人这么没有道德，万一他找一个无赖来帮他作伪证，我怎么办？

你以为证人出庭就是说完话就走吗？不是的，首先证人出庭作证是要**签署保证书**的，要签字画押，乱来的话可是要负法律责任的，来看法条。

《最高人民法院关于民事诉讼证据的若干规定》第七十一条

人民法院应当要求证人在作证之前签署保证书，并在法庭上宣读保证书的内容。但无民事行为能力人和限制民事行为能力人作为证人的除外。证人确有正当理由不能宣读保证书的，由书记员代为宣读并进行说明。证人拒绝签署或者宣读保证书的，不得作证，并自行承担相关费用。证人保证书的内容适用当事人保证书的规定。

法条里说了，除非是小孩子或者精神病人，一般的人都是要签保证书的，还要宣读保证书的内容。不签的话，不仅证人证言作废，大老远跑过来的花费可就得自理了，这里有个大概的保证书模板。

保　证　书

(2022)浙0603民初2022号

姓名		性别		民族		联系方式	
证件类型		证件号码			与本案当事人关系		
职业和工作单位							

我作为本案证人，保证向法庭据实陈述证言。如有虚假陈述，愿意接受罚款、拘留乃至刑事处罚。

特此保证。

保证人：×××

2022年12月2日

就这？能有什么用？

看到表格后的那段话了吗，“**我作为本案证人，保证向法庭据实陈述证言。如有虚假陈述，愿意接受罚款、拘留乃至刑事处罚**”。这么严肃的话，你没注意吗？弄虚作假可是要坐牢的。

保证书签完了，接下来就是正式开始作证了，我来告诉你证人应该如何作证。在此之前我还是要郑重提醒一下，**证人是不能参与庭审**的，也就是说，如果你要申请证人作证，开庭的时候证人是要在法庭外面等候的，等法官通知证人可以进入法庭了，证人才能进到法庭里，也就是说证人唯一能出现在法庭里的时间就是作证的那段时间。

接下来我就详细说明一下证人应该如何作证。首先,法律要求证人要实事求是地客观描述事实,不能说一些**“我认为”、“我觉得”或者“我肯定”等猜测、评论性的话**。同时,在没有轮到某个证人作证的时候,要严格遵守法庭的纪律,在法庭外面等候,不能旁听案件的审理过程,最重要的是,证人作证的时候必须是法官问什么就直接回答什么,**不能一到法庭就开始拿出自己事先准备好的书面材料开始朗读**。其次,证人一旦开始作证,就必须**连续不停地说**,这是因为怕有人干扰证人发言,比如证人说着说着,原告一方觉得不太对劲,就打断证人说,之前你不是和我说怎么怎么样的,怎么现在你又这么说了?然后证人就被带跑偏了,说,哦,对对,是的,记岔了。这种情况下,被告肯定是非常不满的,所以,为了杜绝这种情况的发生,证人就必须连续不停地说,说完了,当事人才能发问,这样能够最大限度地保证叙述的完整和流畅。最后,**法官可以询问证人**,这个很正常,但如果是当事人和他们的律师想要问证人问题,可就得经过法官的同意了,也好理解,要是当事人和律师们可以随意提问的话,不是很容易就把证人带跑偏了吗?另外,证人出庭作证,是**一个一个按顺序来**的,一个证人在叙述的时候,其余的证人都必须到法庭外面等着，不能听，这个也很好理解，要是证人之间互相能够听到各自说什么的话，就容易串词，打个不恰当的比方，就和同一案件的犯罪嫌疑人不能关在一起是一个道理，容易串供，这可是非常不利于法官把案件事实审理清楚的。法官还可以让证人之间**互相对质**，这可是最容易出破绽和发现事实真相的时候，心虚作伪证的一下子就被发现了。

4 当事人的陈述

当事人的陈述也算证据？你前面不是说当事人的陈述不能单独作为定案的依据吗，而且我只要开庭了，不是一直都在“陈述”吗？

别的不说，你先想想，不得单独作为定案的依据，前提不就是承认了当事人的陈述算是一个证据了吗？所以，当事人的陈述本身确实是一个证据，只不过因为当事人本身就是案件的参与者，所以当事人的陈述会分散在各个环节里，但是最具有代表性的就是开庭的时候当事人说的每一句话，这些话一般来说都是会被全程录音录像的，如果案子比较复杂，很有可能还有书记员会给你全程打字打出来形成一份书面材料（开庭笔录），这种证据当当你的案子肯定要用上，所以得了解透彻。

咱们接下来说说当事人在开庭的时候需要注意什么。首先，你在开庭的时候必须得**说真话，不能骗人，要实事求是**，如果弄虚作假乱说话，严重的话可就进去吃牢饭了。其次，说话必须**说完整**，咱通俗地说就是把话说全了，不能只说一半，你不能说对你有利的你说了，对你不利的你就咽回肚子里，那是不行的，你不能只说对方到我这里借钱，不说对方已经还钱了。最后，咱们说话的时候要一以贯之地实事求是，因为但凡你动了歪心思，很有可能后面就会出现前后矛盾的情况，想要圆一个谎，只能用更多的谎来圆，这迟早是要露出马脚的。

5

电子数据、视听资料

这里我先解释一下，由于现实生活中大部分证据都是电子数据的形式，视听资料（磁带、录像带）已经越来越少了，所以视听资料我就不说了，具体咱们要好好理解的是电子数据。电子数据，是指通过电子邮件、电子数据交换、网上聊天记录、博客、微博客、手机短信、电子签名、域名等形成或者存储在电子介质中的信息。存储在电子介质中的录音资料和影像资料，适用电子数据的规定，还想再具体些的，看下面的法条。

《最高人民法院关于民事诉讼证据的若干规定》第十四条

电子数据包括下列信息、电子文件:(一)网页、博客、微博客等网络平台发布的信息;(二)手机短信、电子邮件、即时通信、通讯群组等网络应用服务的通信信息;(三)用户注册信息、身份认证信息、电子交易记录、通信记录、登录日志等信息;(四)文档、图片、音频、视频、数字证书、计算机程序等电子文件;(五)其他以数字化形式存储、处理、传输的能够证明案件事实的信息。

这个法条解释得很清楚哪些东西属于电子数据,其实你都不用太仔细看,现在的生活离不开手机,只要是在你**手机**里的东西(短信、微信聊天记录、支付宝、微信转账记录、照片)就是电子数据,再延伸一点,**电脑**里的东西也是电子数据。

由于电子数据的特殊性,这种类型的证据在法庭上举证的时候也会有特定的要求,大家来看法条。

《最高人民法院关于民事诉讼证据的若干规定》第十五条

当事人以视听资料作为证据的,应当提供存储该视听资料的原始载体。当事人以电子数据作为证据的,应当提供原件。电子数据的制作者制作的与原件一致的副本,或者直接来源于电子数据的打印件或其他可以显示、识别的输出介质,视为电子数据的原件。

法条说了，以电子数据作为证据，应当提供原件。电子数据的原件，简单理解就是手机和电脑这种存储介质本身，由于手机和电脑咱是随身带着不可能交给法院的，所以一开始提交电子数据的时候，可以提交打印件或者复印件，到了法庭上，需要出示原件了，再把手机和电脑拿出来。就好比咱的通话录音，咱们一开始立案的时候可以把**录音刻入光盘里，再配上文字材料提交给法院**，等开庭时对方需要核对原件的时候，打开手机播放录音原件就行。例如，现在很多时候借款都是通过网上银行、微信、支付宝转账进行的，这时咱们要提供**转账记录的原件，就是盖有银行、支付宝或者财付通公章的电子账单**，这些账单在立案的时候可以先截图打印出来，到了开庭的时候，如需核对原件，咱们再打开手机进行核对。

下面我来说说几个常用的电子证据的注意点。第一个是手机短信，大家在出示手机短信的时候，虽说可以通过截图的方式把关键的短信内容以纸质的形式交给法院，但是你手机里的原始记录可不能删掉，因为法官有很大可能是要核对的，甚至在对方有异议时还有可能当庭出示，特别是收发短信的真正双方是谁等问题，都是要核对的。如当庭打电话给短信上的号码看看是不是对方也是常规操作，如果碰到换号码和注销号码等情况，那可能就要提前和电话运营商联系，毕竟现在手机号的开通是和身份证号码绑定的，如果真的是不慎删除了短信，大家也可以找专业人士帮忙。

第二个是手机电话录音和手机视频。现在手机的录音效果越来越好，而且容易携带不容易被发现，是很好的录音和录像器材。但是这里我要提醒一下，偷拍偷录的视频也好，电话录音也好，是不能以违法的方式取得的，具体大家回忆一下我们刚刚讲的证据必须具备的三个要件，大家就知道了。

这里我要提一下录音录像时的注意点，必须是本人，录像还好，因为看得见对话的双方是谁，录音如果对方死不承认是自己的话，那就有可能走上鉴定的道路，所以最好在录音的过程中能够涉及对方身份的确认，哪怕是小名、俗称也行。另外，大家要时刻记牢，无论什么时候，录音或者录像完成之后，都不要对音频和视频进行剪辑和修改等，必须保持原样，在打官司的时候，法院一般会要求你把录音和录像刻入光盘交给法院（光盘也是电子数据），你可以选择截取一段你需要的刻入光盘里交给法院（要附上相应的书面文字材料），但是原始的录音或者视频是绝对不能动的，因为原始的录音和视频是要留着核对的，咱们核对证据原件的原则就是不能有任何的改动，要不然你的电子数据的证明力就会打很大的折扣甚至消失，这是很不划算的。

这里可以教你一些录音录像的小技巧，比如你在录音和录像中可以通过询问的方式确定录音或者录像的时间、地点和对象，明确各方谈话者的身份和与谈论事实之间的关系，在交谈时尽量用全名称呼，以增强录音的关联性和可信度。而且在诉讼之前就可以提早谋划，因为一旦进入诉讼程序，对方就会有防备的心理。另外，最好是双方面对面的时候进行录制，毕竟如果是打电话，一言不合对方把电话挂了，你就录不了了。注意就事论事，不要扯太多与你想证明的事无关的内容，尤其不要扯个人隐私之类的，那样一不小心证据就不合法了。此外，要注意说话的语气，不要给人明显的诱导和胁迫。

我接着说第三个常用电子证据，就是支付宝、微信的聊天记录和转账记录。转账记录需要注意的是，现在不论是支付宝转账还是微信转账，都是可以写备注信息的，所以，咱们要养成一个随时写备注信息的好习惯，比如借给别人多少钱，你就在备注的地方写“**借你的×××元注意查收**”之类的，这样就很明确是借款了，这里要尤其提一下，微信里的转账和红包是分开的，大家尽量使用转账而不是红包，因为红包没有办法显示数额，这样在微信聊天记录中对数额的认定就

会比直接转账麻烦许多。而且在提交转账证据的时候，支付宝和微信都可以申请加盖公章的电子账单，大家在打官司的时候一定要注意早点收集。

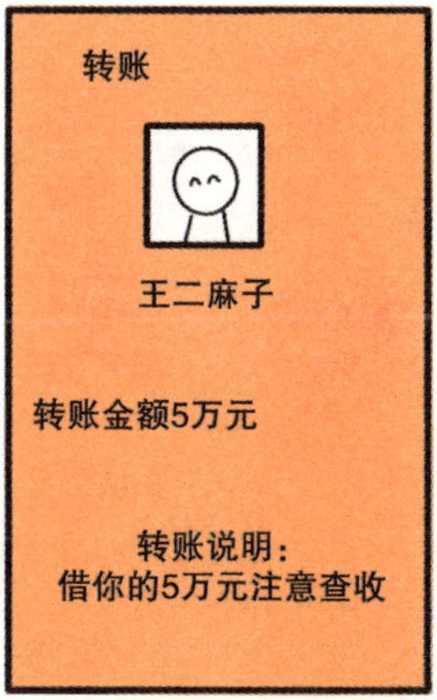

还有大家要注意，微信聊天记录是只储存在咱们自己的手机里的，你就算去腾讯公司要求调取，人家也不会给的。所以大家一般来说不要随意删除微信聊天记录，以咱们的水平，删了就是没了，恢复不了。

还有就是，如果实在有一些转账记录、流水之类的证据需要去支付宝和微信（和转账有关的公司全名叫财付通支付科技有限公司）调取，记得委托律师。我之前碰到这类案子的时候，支付宝和微信都是要求我们派两名法院工作人员去实地调取的，也就是说，我们得跑到杭州去调支付宝的证据，再跑到深圳去调微信的证据，是很麻烦的一件事。所以一般来说，如果大家委托律师，法院就可以给律师出具一份调查令，律师凭着这份调查令，就可以帮大家跑这一趟了。

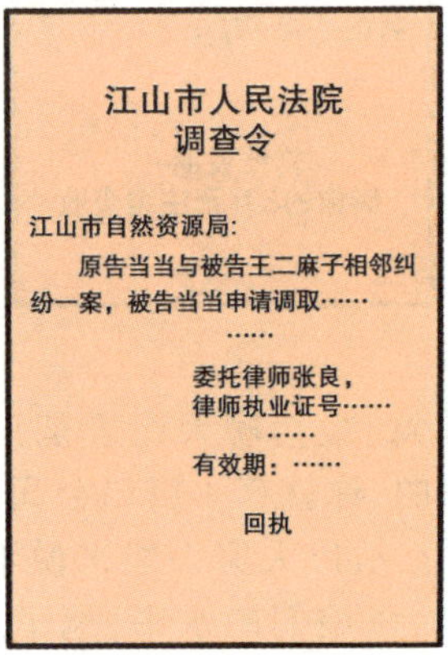

江山市人民法院
调查令

江山市自然资源局:
原告当当与被告王二麻子相邻纠纷一案，被告当当申请调取……
……
委托律师张良，
律师执业证号……
……
有效期：……
回执

考虑到找支付宝和微信公司特别麻烦，所以大家一定不要乱删聊天记录和转账记录。再强调一下微信的问题，支付宝因为是实名制注册的，转账的时候会显示对方的姓名，转账的账户也是确定的，还稍微好一点，微信虽然也是实名制注册的，但是微信头像和微信名称是可以随时更改的，只有微信号是比较确定的（有限的时间内不能修改），所以大家在截图的时候，一定要注意利用微信号短时间内不能更改的特性，也一并截图。

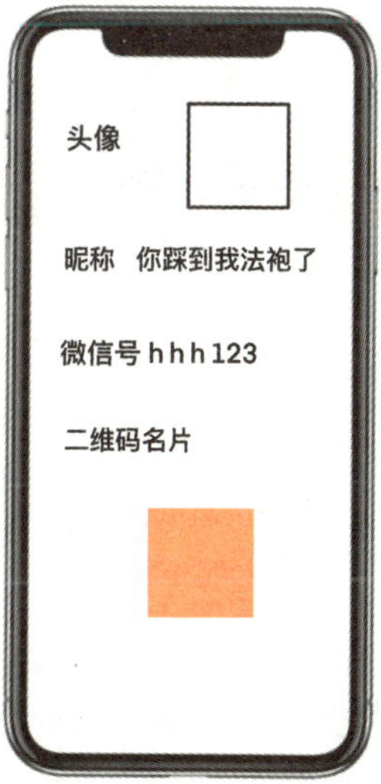

最后我再说一下照片的问题，现在手机的拍照功能越来越强大，华为手机不是老被调侃买相机送手机吗？现在大部分拍照都是在手机上完成的，那我要提醒大家关于美颜的问题，别说专门的美颜相机之类的 App，除了苹果手机，现在一般的安卓手机拍照都是自带美颜和修图功能的，我建议咱们拍照的时候尽量使用原片，不要去美颜，更不要去裁剪什么的。

做最真实的自己
绝不美颜

6

书证、物证

接下来咱们要介绍的就是平常生活中最多也是最普遍的书证和物证了。书证，就是用**内容**来证明案件事实的证据，比如咱们生活中最常见的借条、银行转账流水（支付宝、微信电子账单）之类。物证，就是通过**自身的特性**来证明案件事实的证据，比如交通事故中的车辆。不过书证和物证也不是绝对的，比如我向法官出示了一份借条，但是我想证明的是这份借条上我的签名是别人伪造的，这回借条不是以借条里的内容来证明什么，而是通过笔迹来证明，那么这个时候，借条就是物证了。所以，物证和书证并不是绝对的，很多时候证据的形态是会变的，比如一份合同，如果是纸质版的，那一般来说就是书证，但如果是一份电子合同，就是电子数据了，明白了这一点，下面我来说说关于书证和物证举证的注意点。

书证　　物证

(1) 书证、物证必须带原件

在开庭的时候，**书证和物证一定要交原件和原物**，对于书证提交原件实在有困难的，可以提交一份法院和原件核对无误的复印件，对于物证提交原物确有困难的，可以提供复制品或者影像资料来代替。对于

咱们民间借贷的案子，一定要带借条原件，如果有盖有银行公章的纸质流水单，那也是原件，这一点是最重要的。

（2）书证在对方手里的时候怎么办

那要是证据原件在对方手上怎么办，我前段时间去健身房上私教课，结果因为私教辞职了，我想和健身房解除合同，可是健身合同还在健身房里呢，怎么办？

那就让对方交出来，法律可是有规定的，看个法条。

《最高人民法院关于民事诉讼证据的若干规定》第四十七条
下列情形，控制书证的当事人应当提交书证：（一）控制书证的当事人在诉讼中曾经引用过的书证；（二）为对方当事人的利益制作的书证；（三）对方当事人依照法律规定有权查阅、获取的书证；（四）账簿、记账原始凭证；（五）人民法院认为应当提交书证的其他情形。前款所列书证，涉及国家秘密、商业秘密、当事人或第三人的隐私，或者存在法律规定应当保密的情形的，提交后不得公开质证。

这个法条是讲，法律规定的五种情况下，控制书证的人必须把书证交给法院，这是法律强制性规定的，而不是控制人想不想交的问题。但是并非任何书证法律都要求控制人必须交，只有法条里规定的四项内容再加法院认为应该提交的书证，控制人才必须交。具体来说，第一项“控制书证的当事人在诉讼中曾经引用过的书证”，这句话理解上没什么难度，但是要注意的是诉讼中，也就是不仅仅指开庭的时候，比如庭前

举证的时候，要是对方也提到了这个书证，也算在诉讼中。第二项“为对方当事人的利益制作的书证”，就比如我的遗嘱、保险合同的受益人。第三项“对方当事人依照法律规定有权查阅、获取的书证”，就比如在发生医患纠纷的时候，患者有权查看医院的病历。第四项“账簿、记账原始凭证”，比如公司法规定的股东有权查看公司的账簿等材料。至于第五项，那相当于是一个兜底条款，就是法院认为必须交那就必须交。

那要是控制书证的一方执意不交呢？

法律可不会惯着你，比如，法律规定，控制书证的当事人无正当理由拒不提交书证的，人民法院可以认定对方当事人所主张的书证内容为真实。持有书证的当事人以妨碍对方当事人使用为目的，毁灭有关书证或者实施其他致使书证不能使用行为的，人民法院可以依照法律的规定，对其处以罚款、拘留。一方当事人控制证据无正当理由拒不提交，对待证事实负有举证责任的当事人主张该证据的内容不利于控制人的，人民法院可以认定该主张成立。总结起来就一句话：让你交出来你不交，那么法院就认定对方所主张的**书证的内容为真**；你不仅不交书证，还想着把书证销毁的，那么法院就认定对方所主张的**争议事实为真**，而且还要追究法律责任。这是什么意思呢？比如咱们在打官司的时候，法官要求王二麻子提供转账记录，王二麻子就是不交，那么法官就推定转账记录里的转账内容是真的，要是王二麻子不仅不交转账记录，还把转账记录给烧掉了，那么法官就会直接认定王二麻子到你这里借款的事实为真。

所以如果咱有非常重要的书证在对方手上，且符合法律规定的对方必须提交的情形，咱们就大胆地向法院提交申请书，要求对方交出来。

申 请 书

申请人：当当，男，1992年11月11日出生，汉族，身份证号码××××××××××××××××××，住浙江省温州市龙湾区玫瑰园小区22幢2单元202室，电话号码×××××××××××。

请求事项：

裁定责令×××提交×××（写明书证的名称）。

事实和理由：

你院（2022）浙0303民初2022号原告当当诉被告王二麻子民间借贷合同纠纷一案。（填写说明：写明书证在被申请人的控制之下的事实以及申请书证提出命令的理由。）

此致

浙江省温州市龙湾区人民法院

申请人：当当

2022年2月2日

03

交证据有时间限制

说完证据的种类，咱知道该准备什么证据后，可要及时交给法院。来，先看法条。

《中华人民共和国民事诉讼法》第六十八条

当事人对自己提出的主张应当及时提供证据。人民法院根据当事人的主张和案件审理情况，确定当事人应当提供的证据及其期限。当事人在该期限内提供证据确有困难的，可以向人民法院申请延长期限，人民法院根据当事人的申

请适当延长。当事人逾期提供证据的，人民法院应当责令其说明理由；拒不说明理由或者理由不成立的，人民法院根据不同情形可以不予采纳该证据，或者采纳该证据但予以训诫、罚款。

这个法条在理解上没有什么难度，总之就是你交证据得在法院规定的时间内，专业名称是举证期限。实在来不及交的话你得向法院申请延长，如果逾期提交证据，可就存在法官不收你证据的风险了。

那万一我是有客观理由的呢？这样法官不收我证据我多冤啊。

放心，法律肯定会具体问题具体分析的，比如法律规定，当事人逾期提供证据的，人民法院应当责令其说明理由，必要时可以要求其提供相应的证据。当事人因客观原因逾期提供证据，或者对方当事人对逾期提供证据未提出异议的，视为未逾期。对当事人因故意或者重大过失逾期提供的证据，人民法院不予采纳。但该证据与案件基本事实有关的，人民法院应当采纳，并依照民事诉讼法的规定予以训诫、罚款。对当事人非因故意或者重大过失逾期提供的证据，人民法院应当采纳，并对当事人予以训诫。总结一下就是如果你超过举证期限才把证据交给法官，事情的发展就要看对方，也就是王二麻子有没有意见，如果他没有意见，那么你就不算逾期，你可以很平静地把证据给法官，既然王二麻子没有意见，法官肯定也没有意见，很棒吧。

王二麻子也不傻，肯定会说我超时了啊。

你还真别那么肯定，现实中还是有不少的“憨憨”，心里想的是，“我倒是要看看你能拿出什么证据来，全都一起上吧，我根本不怕”。然后大手一挥说，“法官，让他交，我不怕”。而且，就如你所说的，王二麻子不傻，他表示有意见，说当当你已经超过举证期限了才举证，那么法官就会要求你说明迟交的原因。这个时候就要具体问题具体分析了，我分不同的情况来讲。第一种：如果你是因为客观原因，比如因为身患传染病被隔离治疗没办法举证，那么你和法官解释之后，法官是不会认定你逾期举证的。第二种：如果你是因为主观原因，比如你平时就很邋遢，结果不知道把证据放哪儿了导致找了好久才找到，最终交上来已经迟了，那么很有可能法官会不采纳你迟交的证据，除非是很重要的证据法官必须得收，但收归收，你挨一顿骂，就是法条中说的“训诫”是免不了的，要是我也会数落你，那么大个人了，连证据都不知道放好。第三种：最糟糕的情况，你是故意不交的，就想拖到最后给对方来个“惊喜”，那么如果这份证据确实很重要，不采纳的话对案件事实的认定有影响，那么法官会把你训诫一顿，甚至可以罚你款（虽然现实中很少），但是如果这份证据无足轻重，不影响案件事实的认定，那么法官就会拒绝采纳这份证据，但是不会骂你，因为法官懒得理你了。

1

举证期限有多长

讲了半天，你所谓的举证期限是多长的一段时间你还没说呢。

这个也是要具体情况具体分析的，先看法条。

《最高人民法院关于民事诉讼证据的若干规定》第五十一条

举证期限可以由当事人协商，并经人民法院准许。人民法院指定举证期限的，适用第一审普通程序审理的案件不得少于十五日，当事人提供新的证据的第二审案件不得少于十日。适用简易程序审理的案件不得超过十五日，小额诉讼案件的举证期限一般不得超过七日。举证期限届满后，当事人提供反驳证据或者对已经提供的证据的来源、形式等方面的瑕疵进行补正的，人民法院可以酌情再次确定举证期限，该期限不受前款规定的期间限制。

这个法条是说，举证期限不是一个固定的期间，如果双方谈得好，法院也同意，那就可以是随便一个数字。但是，虽然举证期限好商量，但是大概的时间长度法条还是规定好的，那就是一审普通程序**不得低于 15** 日，一审简易程序**不得超过 15** 日，一审小额诉讼程序一般是 **7** 日，二审一般**不得少于 10** 日，也就是说，适用不同的程序，在不同的阶段，举证期限是不一样的。

<table>
<tr><th>一审</th><th>二审</th></tr>
<tr><td>普通程序不得少于15日</td><td rowspan="3">10日</td></tr>
<tr><td>简易程序不得超过15日</td></tr>
<tr><td>小额诉讼程序一般7日</td></tr>
</table>

法条最后还说，如果举证期限不够用了，是可以向法院书面**申请延长**的，但虽说可以延长，还是要看法官是否同意，下面给大家一个申请延长举证期限的申请书模板。

延长举证期限申请书

申请人：当当，男，1992 年 11 月 11 日出生，汉族，身份证号码××××××××××××××××××，住浙江省建德市玫瑰园小区 22 幢 2 单元 202 室，电话号码×××××××××××。

请求事项：

申请延长你院（2022）浙 0182 民初 2022 号原告当当诉被告王二麻子民间借贷合同纠纷一案的举证期限至 2022 年××月××日。

事实和理由：

申请人当当与被告王二麻子民间借贷合同纠纷一案，原定举证期限自 2022 年××月××日至××月××日。由于当当打篮球摔断了腿住院达两个月，原举证期已过，故申请延长。

（填写说明：写明需要延期的理由。）

此致

浙江省建德市人民法院

申请人：当当

2022 年××月××日

2

举证期限设置的意义

对了，袍儿，我突然发现我好蠢啊，我要找的证据你不是都和我说清楚了吗，我起诉之前就可以全部找齐，我还紧张个什么劲啊。

很简单，首先，被告需要准备的时间，你想，你作为原告，是可以在起诉前就大致把证据准备好，但问题是被告一直要到法院通知他被告了，才能着手开始准备收集证据应对，你要是不给被告时间收集证据，是不是有点太不公平了？其次，抛开被告不谈，咱作为原告，也是需要举证期限的，因为有些证据还必须在举证期限内才能调取，看法条。

《中华人民共和国民事诉讼法》第六十七条

当事人对自己提出的主张，有责任提供证据。当事人及其诉讼代理人因客观原因不能自行收集的证据，或者人民法院认为审理案件需要的证据，人民法院应当调查收集。人民法院应当按照法定程序，全面地、客观地审查核实证据。

看到了吧，这个法条就是告诉你，当事人及其诉讼代理人因客观原因不能自行收集的证据，需要等到起诉之后才能调取到。具体来说，包含以下两种证据，第一种：**证据由国家有关部门保存，当事人及其诉讼代理人无权查阅调取的**。比如宅基地纠纷，需要到国土局等地方查阅相应的土地登记档案，法院得出个调查

令给律师，律师才能去调取相应的证据。第二种：**涉及国家秘密、商业秘密或者个人隐私的**。首先，国家秘密，这个很好理解，国家秘密你肯定是接触不到的，否则怎么叫国家秘密；其次，商业秘密，比如你最爱的可口可乐的配方；最后，个人隐私，比如我们国家未成年人犯罪的话，犯罪记录是会被封存的，其他人不会知道，所以这些证据除了法院认为有必要调取，你自己或者律师是根本调取不到的。至于法院认为需要调取的证据，法官自己会去调取。

傲娇证据二人组

所以当你需要以上证据，自己又没有办法调取的时候，就得在举证期限内提出，向法院申请，让法院帮你调取，当然，还是得用书面申请书的形式。

申请法院调取证据申请书

申请人：当当，男，1992年11月11日出生，汉族，身份证号码××××××××××××××××××，住浙江省湖州市南浔区玫瑰园小区22幢2单元202室，电话号码×××××××××××。

请求事项：

申请你院调取×××证据。

事实和理由：

你院(2022)浙0503民初2022号原告当当诉被告王二麻子民间借贷合同纠纷一案，由于××原因，没有办法自行收集证据，故申请法院调取。

此致

浙江省湖州市南浔区人民法院

申请人：当当

2022年12月2日

04

收集证据时你需要知道的省力窍门

不过说真的，袍儿，证据太复杂了，打官司找证据也太艰辛了吧？

艰辛是真的，但是有些时候可以偷懒也是真的，我教你一些偷懒小技巧，这样有些证据你就不用去找了。

1

有些事实不需要找证据法官也会相信你

你看下面的法条，这些就是你不用找证据可以偷懒的情形。

《最高人民法院关于民事诉讼证据的若干规定》第十条

下列事实，当事人无须举证证明：（一）自然规律以及定理、定律；（二）众所周知的事实；（三）根据法律规定推定的事实；（四）根据已知的事实和日常生活经验法则推定出的另一事实；（五）已为仲裁机构的生效裁决所确认的事实；（六）已为人民法院发生法律效力的裁判所确认的基本事实；（七）已为有效公证文书所证明的事实。前款第二项至第五项事实，当事人有相反证据足以反驳的除外；第六项、第七项事实，当事人有相反证据足以推翻的除外。

看到了吧，有这么多都是不用你证明的。第一项“自然规律以及定理、定律”不用我说了吧，如勾股定理就是；第二项“众所周知的事实”，比如衢州市是浙江省的；第三项“根据法律规定推定的事实”，比如咱们前面讲的书证，如果被告拒不交出书证，就推定原告主张的书证内容成立；第四项“根据已知的事实和日常生活经验法则推定出的另一事实”，比如王二麻子怀疑他儿子不是亲生的，因为他最近发现了一年前他老婆出轨的照片，而且他老婆坚决不同意去做亲子鉴定，这个时候就可以推定这个小孩不是王二麻子的了；第五项“已为仲裁机构的生效裁决所确认的基本事实”；第六项“已为人民法院发生法律效力的裁判所确认的事实”；第七项“已为有效公证文书所证明的事实”，这几项字面意思已经解释得很清楚了，比如之前的判决书认定的事实，你下次起诉的时候就不用重复证明了。

2

对方承认的事实不需要再找证据证明

什么叫对方承认的事实不需要再找证据证明？这个在法律上有个专业术语叫**自认**，也就是说，一方当事人陈述的对自己不利的事实（言多必失，说着说着就说漏嘴的那种），或者说是对自己不利的事实明确表示承认的，在这两种情况下，对方承认的事实咱们就不需要再找证据来证明，法官也会相信你，会根据对方承认的事实来认定案件，是不是很棒！来，看法条。

《最高人民法院关于民事诉讼证据的若干规定》第三条

在诉讼过程中，一方当事人陈述的于己不利的事实，或者对于己不利的事实明确表示承认的，另一方当事人无需举证证明。在证据交换、询问、调查过程中，或者在起诉状、答辩状、代理词等书面材料中，当事人明确承认于己不利的事实的，适用前款规定。

看到了吧，法条明确告诉你，诉讼的过程中，只要对方嘴瓢说了对自己不利的事情，或者不知怎么就承认了对自己不利的事实，咱就不用费心找证据了。

那我有个问题，如果我私底下给王二麻子录音录像，算自认吗？你前面说过只要不违法，偷拍偷录是可以的。

当然不算了，符合自认的条件，要么是写在书面的能够被法官看见的材料里（**起诉状、答辩状、代理词**），要么就是在法庭中，当着法官的面（在**证据交换、询问、调查过程**中）说的才行，总之就是，你偷偷地录音录像是没用的，必须有法官在场或者在法官能看到的书面材料中承认才行。

要有我才能认定自认哦

啊，这么一说，感觉自认还是蛮难的。王二麻子那个狡猾的样子，怎么可能会在书面材料中自认，再说就算在开庭的时候他被问懵，他肯定就干脆不说了，电影里不都是这么演的吗，比如你可以保持沉默，但是你所说的每一个字，都将成为呈堂证供。

（1）沉默也可能是自认的一种

哈哈哈，看来港片看得不少，但是我国香港特别行政区的法律和我们内地的是不一样的哦，先看个法条。

《最高人民法院关于民事诉讼证据的若干规定》第四条

一方当事人对于另一方当事人主张的于己不利的事实既不承认也不否认，经审判人员说明并询问后，其仍然不明确表示肯定或者否定的，视为对该事实的承认。

这个法条的意思是，如果**法官就一个事实询问当事人一件事情是或者否，这个当事人不置可否，经过充分说明并再三询问后，当事人还是保持沉默，既不同意又不反驳的，那法官可就视为这个人自认了**。举个例子，比如法官问王二麻子："被告，你到底有没有到当当这里借钱啊？"王二麻子不说话，既不摇头又不点头，法官继续问："被告王二麻子，我现在再问你，你有没有到当当那里借过 5 万元，请你明确回答我。"王二麻子依旧不说话，法官再问："被告王二麻子，我再问你一遍，你有没有到当当，也就是原告这边借过 5 万元，再不回答的话我就视为你确实到当当那里借了 5 万元了。"然后王二麻子还是不说话，那么这个时候，法官就可以认定王二麻子到你这里借过钱了。

(2) 哪怕承认了也不成立自认的情况

哇，自认这么好使！我突然想到了让王二麻子说出真相的好办法。我假意和他说要调解，骗他我会免他所有的利息，只需要把本金还给我，如果他答应不就承认了欠我钱嘛哈哈，我真的好机智啊。

一点儿都不机智好吗，这种歪点子你觉得法官会没有遇到过吗？根本行不通的。法律明确规定了，在诉讼中，当事人为达成调解协议或者和解协议作出妥协而认可的事实，不得在后续的诉讼中作为对其不利的根据，但法律另有规定或者当事人均同意的除外。也就是说，要是**为了调解作出的对自己不利的陈述，可不能在调解谈崩了之后作为自认的证据**。

而且法律对自认的限制还不止这些，主要还有下面几点：首先，如果你**自认的事实和法院已经查明的事实不相符**，说明你自认的事实是假的，那么当然这个自认就没有意义了；其次，**身份关系是不能自认的**，你总不能说你承认马云是你爸爸，法官就真的认定你和马云有父子关系吧；再次，最重要的是，如果一方的自认会损害国家和社会的利益（或者恶意串通损害他人利益的），这些都是严重违法的，法官自然是不会采纳的；最后，如果是部分自认的，就是一部分承认一部分不承认，那最终要不要采纳，还是要看法官怎么定了。

好了，到此为止，我们这本书最重要的证据部分我就给你讲完啦，理论知识部分也告一段落。下一章开始，我们就要进入激动人心的实战阶段了，我们下一章见。

下篇

实战阶段

第七章
打官司全流程概览

第七章 打官司全流程概览

关于如何打官司的理论储备，咱们寻常人打个官司，前面讲的知识基本上已经够用了，毕竟打官司是一个需要实际操作的高难度的活儿，理论储备只是基础，关键在于实践。所以接下来我会通过“实战演练”，让大家全方位参与到当当与王二麻子的案件中，从而真正地学会如何打官司。“磨刀不误砍柴工”，我这边给大家列个了流程表，把打官司需要做的事情的全流程按照时间顺序给列了出来，这份流程表罗列了从你去法院立案开始，到最终执行终结要到钱为止，所有你可能经历的流程，虽然有些步骤不是必经的（非必经步骤我会标注出来，后续也会详细解释为什么这些步骤不是必经程序）。这样大家就能在实战阶段的一开始就对打官司到底要做哪些事情在宏观上有个完整的认知，在接下来的学习中，大家随时都可以使用这个流程表来辅助学习。

在正式看流程表之前，要提醒一下大家，现在随着数字化的普及，我们在法院打官司的过程中，会有一个名叫“**人民法院在线服务**”的**微信小程序**一直伴随着大家，如果使用得当，会非常便利，并且各个省的法院还会有各自的线上服务网站（比如**浙江法院网**，和微信小程序的功能差不多，这种网站每个地方都不一样，所以具体细节需要大家自己摸索，但“人民法院在线服务”小程序是全国统一的，适用范围也最广，大家熟练掌握小程序就已经够方便了），所以我在介绍打官司流程时，会把线下方式（现场）和线上方式（“人

民法院在线服务”小程序)都教给大家,大家到时候看哪个方式适合就选哪个。

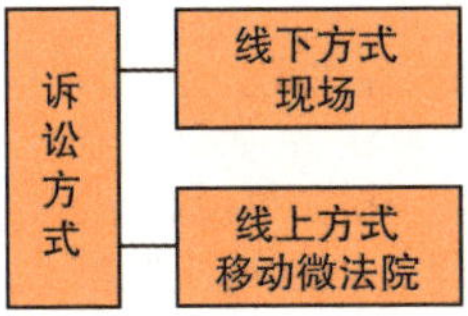

下面我来总体介绍一下咱们这个流程表(见表4),流程表分为一审、二审、执行三大块,除了一审阶段,其余阶段理论上都不是必经程序,所以我们流程表的很大篇幅都用来介绍一审阶段,这个阶段是打官司必经的,也是大家最需要了解的。由于我一开始就把流程表给了大家,很多陌生的名词大家之前都没有听说过,不要急,一方面我会解释得尽量通俗,另一方面这些流程都会对应后面实战阶段的文章,在对应的文章里我会给大家解释得特别清楚,所以大家在初次看流程表的时候,即使晕晕乎乎的也别担心,等后面学到对应文章的时候再回头来看看,就非常好懂啦。

表4　打官司总流程概览

一审第一阶段起诉立案	第一步申请立案	现场立案:去法院的诉讼服务中心(立案大厅)现场立案须准备民事起诉状、证据复印件、身份证及复印件、保全申请书等纸质材料
		网上立案:通过微信小程序——“人民法院在线服务”(可精确到省,如人民法院在线服务浙江)立案,参照各地方法院立案具体要求填写或者上传相应材料即可

续表

<table>
<tr><td rowspan="8">一审第一阶段起诉立案</td><td rowspan="2">第二步材料审核</td><td colspan="2">现场立案:立案大厅工作人员接收材料,审查是否符合立案条件,符合起诉条件的当场立案,材料不全的一次性通知当事人补齐材料后再行立案</td></tr>
<tr><td colspan="2">网上立案:通过“人民法院在线服务”小程序进行线上立案的,材料全部提交完毕后,会显示待审核状态,如果审核通过,小程序里一般会有显示,或者相应手机短信中也会有,如果没有通过,一般大家可以看到审核不通过的原因,大家可以进行相应整改,整改之后再次提交审核</td></tr>
<tr><td rowspan="2">第三步填写相关材料</td><td colspan="2">现场立案:确认受理案件后,法院会让当事人填写送达地址确认书、送达回证等相关材料,当事人依照法院要求进行相应填写即可</td></tr>
<tr><td colspan="2">线上立案:需要填写的电子文书材料一般会有电子模板,具体以各地法院的要求为准</td></tr>
<tr><td rowspan="2">第四步交纳诉讼费用</td><td>现场立案:法院会出具交纳诉讼费用通知,大家可以在立案现场的缴费窗口现场交纳诉讼费用</td><td rowspan="2">共同要求:应当在收到通知后 7 日内交纳,超过 7 日未交会按撤诉处理</td></tr>
<tr><td>网上立案:显示立案成功后,会有电子版交纳诉讼费用通知,大家可通过银行转账及支付宝、微信等方式交纳</td></tr>
<tr><td rowspan="2">第五步先行调解</td><td>现场立案:法院确认受理案件,先进行诉前先行调解程序(一般一个月左右,不算入一审 3 个月审理期限内),会有法院工作人员联系各方当事人至法院调解</td><td rowspan="2">共同流程:诉前先行调解失败,案件进入正式审判程序,案件分配至具体法官名下,有些法院此时才会要求交纳诉讼费用</td></tr>
<tr><td>网上立案:显示审核通过,立案成功后,先进行诉前先行调解程序,会有法院工作人员联系各方当事人,大家注意短信或者来自“人民法院在线服务”小程序的消息</td></tr>
</table>

续表

<table>
<tr><td rowspan="5">一审第二阶段送达文书</td><td rowspan="2">第一步签收法院材料</td><td colspan="2">线下送达:线下送达一般是指当事人自己到法院领取或者通过签收法院的EMS快件来领取法院给出的相关材料(举证通知书、应诉通知书、传票等)</td></tr>
<tr><td colspan="2">线上送达:点击“人民法院在线服务”小程序进入自己的案件后,就可以看到法院发送的相关电子诉讼文书(具体文书内容同线下送达文书),点击签收会自动生成电子版送达回证,大家也可通过短信中的链接进行电子文书的签收</td></tr>
<tr><td rowspan="2">第二步提交文书</td><td>线下送达:被告收到法院材料第二日,开始计算答辩期及举证期限。当事人可以直接将答辩状、证据复印件等交给法院,也可邮寄至法院</td><td rowspan="2">共同要求:答辩期一般为15日,被告可以不答辩,要答辩则必须提交书面答辩状。原、被告都需要遵循举证期限,一般来说小额诉讼程序不得多于7日,简易程序不得多于15日,普通程序不得少于15日</td></tr>
<tr><td>线上送达:点击签收电子文书后的第二天,开始计算答辩期及举证期限。当事人可以通过“人民法院在线服务”小程序上传答辩状及证据的电子版</td></tr>
<tr><td>非必经程序被告无法送达需公告</td><td>被告无法联系上只能通过公告送达的,则进入公告送达程序,原先适用的简易或小额诉讼程序转为普通程序,诉讼费之前按简易程序收取的需要补交剩下的一半,法官一人独任制转为合议制,人民陪审员开始加入案件审理(简单案件可以由法官独任审理),需重新确定开庭日期,也即需等待公告期30日+15日(举证期、答辩期)。另外,当公告案件判决后,判决一般也需要公告送达,故需经过公告期30日+15日上诉期后,判决才真正生效</td><td>注意:虽然被告公告送达,但是不影响原告选择线上或者线下方式继续与法院联系,原告可以继续使用“人民法院在线服务”小程序进行后续流程操作,如签收法律文书等</td></tr>
</table>

续表

第三阶段正式开庭，线下开庭流程与线上基本一致	
一审第三阶段正式开庭	庭审前准备：当事人及旁听人员进入法庭各自位置区域就座，当事人根据书记员指示进行签到，签署相关文书后等待庭审正式开庭，证人在法庭外等候
	庭审第一步——书记员宣读法庭纪律，法官入场
	庭审第二步——法官核对当事人身份，宣布案由，宣布审判人员、书记员名单，告知当事人有关的诉讼权利义务，询问当事人是否提出回避申请、是否调解等。之后在法官引导下，原告宣读起诉状，被告宣读答辩状，法官归纳双方的争议焦点
	庭审第三步——法庭调查：根据争议焦点，双方各自举证，再由对方质证。双方举证顺序如下：(1)当事人陈述；(2)告知证人的权利义务，证人作证，宣读未到庭的证人证言；(3)出示书证、物证、视听资料和电子数据；(4)宣读鉴定意见；(5)宣读勘验笔录。双方举证质证完毕，进入互相发问环节，法官也会问双方一些问题，询问是否有事实需要补充等
	庭审第四步——法庭辩论：原、被告依次表态，对法庭调查阶段的发言进行总结并最后表态。法庭辩论按照下列顺序进行：1. 原告及其诉讼代理人发言；2. 被告及其诉讼代理人答辩；3. 第三人及其诉讼代理人发言或者答辩；4. 互相辩论。法庭辩论终结，由法官按照原告、被告、第三人的先后顺序征询各方最后意见
	庭审第五步——法庭判决：若庭审尚未结束还有下一次庭审，则法官会告知下一次开庭时间、地点。开庭结束，当庭宣判的，法官会通知当事人在十日内至法院领取判决书，不便领取的，也可提前告知法院邮寄，或者通过"人民法院在线服务"小程序签收相关文书。择期宣判的，当庭可以签收文书。对裁判结果无异议的，等待上诉期过后裁判结果生效，不服裁判结果的，进入下一阶段二审
	庭审第六步——当事人双方核对笔录：原、被告双方各自核对各自所说的话是否表达完整、正确，确认无误的，在开庭或宣判笔录每一页下方签字捺手印；若全程录音录像，法官在开庭前告知无须签笔录的，则无须签笔录；若是线上开庭，则可能以电子签章的方式签署笔录

续表

<table>
<tr><td colspan="3">二审阶段,线上“人民法院在线服务”小程序使用方式及线下方式参考上述一审阶段
二审阶段整体耗时:上诉成功法院立案后,一般不超过3个月</td></tr>
<tr><td rowspan="4">二审</td><td colspan="2">第一步:不服一审判决,提出上诉,上诉必须在上诉期内提出,上诉期一般15日,二审法院审查未超过上诉期的,受理案件</td></tr>
<tr><td colspan="2">第二步:庭前准备,原、被告双方提交新证据,二审举证期限不得少于10日,如果双方有新证据,须在举证期限内提交,二审法官也会组织双方调解</td></tr>
<tr><td colspan="2">第三步:二审可以不开庭审理,也可以开庭审理,二审开庭流程与一审普通程序流程大体一致,简单案件也可由一名法官审理,没有新证据、新情况的,可不开庭审理</td></tr>
<tr><td colspan="2">第四步:二审判决为终审判决,不得上诉,二审裁判作出后案件即生效</td></tr>
<tr><td colspan="3">一审、二审案件生效后
(一审生效:一审判决书收到后,等15日上诉期满,再等判决书中写明给对方的履行期满,一般为10日或15日,也就是差不多一个月后一审判决生效。)
(二审生效:二审的判决、裁定一经作出就生效,如果是维持原判,那么一审判决即时生效,如果有改判,则二审改判也即时生效,如果是发回重审,那么一切从头开始,回到一审阶段。)
对方拒不履行的,才进入执行阶段</td></tr>
<tr><td rowspan="4">执行</td><td rowspan="2">第一步申请</td><td>线下申请:向法院的诉讼服务中心(立案大厅)的执行立案窗口提交申请执行材料,申请执行需要的材料包括生效证明(或相应送达回证)、申请执行书、身份证复印件、生效判决书原件等,具体以各地法院的要求为准</td></tr>
<tr><td>线上申请:通过“人民法院在线服务”小程序进行网上申请执行,所需材料以各地法院的具体要求为准</td></tr>
<tr><td>第二步执行</td><td>法院执行局收案后,会分配案件至具体的执行法官名下,当事人应积极向法官提供财产线索,配合法官对被执行人采取相应的制裁措施,积极同法官沟通执行事宜</td></tr>
<tr><td>第三步结束</td><td>未执行到财产,则终结本次执行,待有财产线索时再申请恢复执行。第一次申请执行后,法定执行期限内没有执行到财产则终结本次执行,只要申请过执行就不用担心执行时效经过的问题,再次得到财产线索时要及时联系执行法官恢复执行。财产执行到位的,则执行案件终结</td></tr>
</table>

注:一审阶段的整体耗时:立案成功后,从立案开始,适用简易程序的案件审理期限一般不超过3个月(小额诉讼程序2个月),普通程序6个月。

袍儿,你这个一审里的小额诉讼程序、简易程序、普通程序是什么意思,为何时间都不一样呢?我照着你的总表列了一下它们的时间,不太理解,特别是一审环节。

打官司总耗时			能否上诉
一审	小额诉讼程序	不超过 2 个月	不能
	简易程序	不超过 3 个月	能
	普通程序	不超过 6 个月	能
二审	二审程序	不超过 3 个月	不能,特殊情况可以再审

这三种一审程序是法院为了更好地分门别类处理案件而规定的,只是程序而已,不影响实际案件的审判,所以我大概解释一下,你知道在一审第一次起诉的时候有三种程序可以选就行。普通程序,一般来说是比较复杂,证据比较多,或者金额比较大的难案子。法院一开始给咱用的就是普通程序,普通程序如果很复杂,大家还会发现人民陪审员的身影,因为组成了合议庭(法官加人民陪审员共 3 个人的模式)。普通程序如果不复杂,比如只是单纯找不到被告,那大概率还是法官一个人来审理。与之对应的,案件比较简单,矛盾争议不大的,法院就会给咱用简易程序,咱寻常人打官司大概率就是简易程序,而小额诉讼程序其实也是简易程序,只不过是进一步简化的简易程序,所以有了自己的姓名。所以,再进一步,如果一个案件简单,而且争议的焦点只是钱,并且金额不大,那法院就会直接给咱安排小额诉讼程序。

什么叫“争议的焦点只是钱，并且金额不大”的案件呢？就是双方打官司争吵的核心问题就**只是应该支付多少钱**的问题而没有其他的纠纷，比如买卖合同、借款合同、租赁合同纠纷等，而且单单争议的只是应该付多少钱还不够，还得这个争议的钱的数额不大，这时才要用小额诉讼程序。但是也不能机械地去判定，比如有个案子虽然是2万元的民间借贷纠纷，但是因为借条的真实性有待鉴定确认，这时双方争议的就不仅仅是钱，还要加上借条的真假了，这个案子就不能用小额诉讼程序。与此对应的，有些不仅涉及钱，还涉及人的案子，表面上看起来是不符合小额诉讼程序的适用标准的，比如双方起诉离婚，但唯一的争议点是1万元的夫妻共同财产如何分配，那这个时候，还是可以用小额诉讼程序的，因为这时关于人的离婚的部分，双方没有争议，双方有争议的只是1万元怎么分配的问题。

另外，争议的金额不大，这个金额到底是多少，法律也有规定，先看法条。

《中华人民共和国民事诉讼法》第一百六十五条

基层人民法院和它派出的法庭审理事实清楚、权利义务关系明确、争议不大的简单金钱给付民事案件，标的额为各省、自治区、直辖市上年度就业人员年平均工资百分之五十以下的，适用小额诉讼的程序审理，实行一审终审。基层人民法院和它派出的法庭审理前款规定的民事案件，标的额超过各省、自治区、直辖市上年度就业人员年平均工资百分之五十但在二倍以下的，当事人双方也可以约定适用小额诉讼的程序。

从法条里可以看出，小额诉讼程序各个地方的适用金额标准是不一样的，我以经济最发达的北、上、广、深四地为例，就业人员年平均工资的50%差不多是四五万元，这样大家就可以有参照了。

你为什么要花那么多篇幅讲小额诉讼程序呢？

因为小额诉讼程序是**强制性适用**的，也就是只要你的案子符合上述法条的规定，就必须用小额诉讼程序，而小额诉讼程序是一审终审的，也就是说万一你输了就不能再上诉。

啊？不能上诉多危险啊，那我有什么办法不用小额诉讼程序吗？你又说法律规定了符合条件必须用。

很简单啊，你最迟在法院通知你开庭之前提出来你认为不应该用小额诉讼程序，案子的实际情况不符合适用小额诉讼程序的条件，符合这两个条件就行。

二审不能上诉，特殊情况下能再审是什么意思呢？

再审是一种针对一审、二审的纠错程序，只有符合法律规定的特定的13种情形才能启动，具体大家看下面的法条，如果大家看了法条之后觉得自己的案子可以申请再审，那也建议大家找律师，毕竟都再审了，案子肯定不简单了，袍儿就不多介绍啦。

《中华人民共和国民事诉讼法》第二百一十一条

当事人的申请符合下列情形之一的，人民法院应当再审：(一)有新的证据，足以推翻原判决、裁定的；(二)原判决、裁定认定的基本事实缺乏证据证明的；(三)原判决、裁定认定事实的主要证据是伪造的；(四)原判决、裁定认定事实的主要证据未经质证的；(五)对审理案件需要的主要证据，当事人因客观原因不能自行收集，书面申请人民法院调查收集，人民法院未调查收集的；(六)原判决、裁定适用法律确有错误的；(七)审判组织的组成不合法或者依法应当回避的审判人员没有回避的；(八)无诉讼行为能力人未经法定代理人代为诉讼或者应当参加诉讼的当事人，因不能归责于本人或者其诉讼代理人的事由，未参加诉讼的；(九)违反法律规定，剥夺当事人辩论权利的；(十)未经传票传唤，缺席判决的；(十一)原判决、裁定遗漏或者超出诉讼请求的；(十二)据以作出原判决、裁定的法律文书被撤销或者变更的；(十三)审判人员审理该案件时有贪污受贿，徇私舞弊，枉法裁判行为的。

接下来，大家就照着前面所列的流程概览，一起来实战演练吧。

下篇

实战阶段

第八章
打官司需要认识的法院人员

第八章 打官司需要认识的法院人员

来，我们大致按照流程表中出场顺序的先后，来看看我们到法院起诉后会遇到哪些法院的工作人员吧。

01 诉讼服务中心（立案大厅）工作人员

如果大家是在线下现场立案的，那么咱们最早会遇到的，应该是诉讼服务中心（立案大厅）的工作人员。

咱们去法院打官司，如果是线下现场进行的，一般来说第一步就是去法院的诉讼服务中心（也叫立案大厅，法院内部叫立案庭，这三个名字都代表同一个地方）去立案。立案庭，咱们可以理解为负责接收案子并把案子分配给具体法官的一个部门，就是连接我们当事人和法院的纽带，这个部门有点像银行，所以立案的过程也和你去银行办理业务的过程差不多，当你进入法院立案大厅的时候，你需要和去银行办理业务一样按照起诉案件类型选择相应的业务窗口进行取号，等叫到号了，你需要做的，就是按照立案庭工作人员的指示，递交相应的诉讼材料并填写相关信息，就可以了。

02 书记员

好了，立案成功后，接下来咱们会遇见的一般来说是书记员。

当你的案子被法院确认受理并立案之后，你最先遇到的就是诉前先行调解环节，这个时候，最早和你联系的，就是我们的书记员。

那书记员主要是干什么的呢？

这么说吧，打个比方，如果把法官比作医生，那书记员就是护士，也就是说，书记员是辅助法官办案最重要的人，法官作为医生，要做的是看病（开庭）和做手术（写判决书），而书记员要做的，就是大大小小的琐事。

具体来说，从你这个案子进行诉前先行调解开始，书记员就要负责联系双方当事人，当案子诉前先行调解失败，进而分配到具体的法官名下时，新的书记员要做的就是把原告的诉讼材料以及法院的相应材料送给被告，把被告的材料送给原告，到开庭的时候，书记员要做好开庭前的准备工作，正式开庭的时候，书记员要负责记录双方所说的话，法官写好判决书后，书记员要负责核对判决书有无错误，判决书制作好了，书记员要负责把判决书送达给双方当事人，如果有当事人要上诉的，书记员还要负责把相应的案卷材料整理好移交给二审的法院，当案子最终生效的时候，在有些法院你还需要找书记员开生效证明，然后才能去法院的执行局申请执行，到了执行局，同样有新的书记员做刚刚我讲过的所有类似的事情。总而言之，书记员贯穿了你打官司的全过程，而且一般来说，一个案子你最早接触到的是书记员，最后接触到的还是书记员，法官反而只是在中间关键时刻出现。

那看来书记员很重要啊，毕竟是和我们接触频率最高的人呢。

是的，先不说书记员全程陪跑你的案子很辛苦，就单单案子开庭的时候，你所说的话是需要书记员帮你记录的（就是庭审笔录），而法官写判决书很重要的依据就是书记员记录的庭审笔录，判决书代表了什么你懂的，就这一点，你就必须重视书记员。现实中经常遇见一些当事人，他们对法官毕恭毕敬笑脸相迎，对书记员却是吆五喝六，你想想，法官是医生，确实没错，决定了你案子的输赢，但书记员是护士啊，打针的时候打什么针，那是法官说了算，但是怎么打针，打得疼不疼，这可是书记员说了算的，你要是一点都不尊重书记员的话，到时候打针疼死你，我也不心疼。

03

人民调解员、特邀调解员

那咱继续往下看，接下来咱们会遇到的，是人民调解员和特邀调解员。

这些又是什么人呢？严格来说，这些人并不是法院的工作人员，他们是被法院邀请来进行诉前先行调解的。这些调解员的调解经验丰富，对于一些难办的离婚类纠纷，他们出马有时还是有奇效的，具体大家可以参考电视上的《老娘舅》之类的调解节目。所以，当你被书记员通知进行诉前先行调解的时候，如果迎接你的不是法官，你也不要惊讶，他们可能就是调解员了。

04 法官助理

好了，接下来要隆重登场的就是法官助理了。

法官助理，看名字一下就能明白这个法官助理就是法官的小帮手，不过其实法官助理还有另外一层身份，就是法官的预备人选。要成为法官助理，最起码需要大学学的就是法学专业，另外还需要通过法律职业资格考试和公务员考试进入法院，成为法官助理后，需要在满足一定条件（工作年限、年龄等）之后，再通过一次员额法官的考试，才能成为正式的法官，就是所谓的员额法官。

那法官助理和书记员有什么区别呢？听你的介绍都是辅助法官办案的呀。

法官助理和书记员之间确实是有职能重叠的，但法官助理能干的活儿的范围比书记员的大，因为书记员能干的活儿，法官助理都能干，但是法官助理能干的活儿，比如主持调解、主持庭前会议、撰写判决书的初稿，这些事情就只有法官助理能干了。

05 人民陪审员

咱们继续，下一位出场的是人民陪审员。

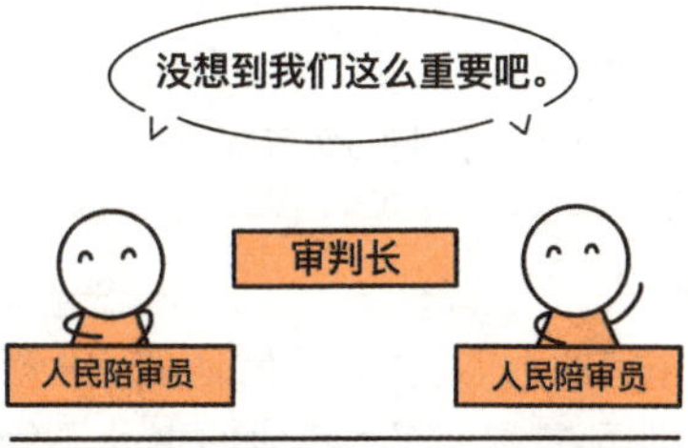

人民陪审员，和前面的调解员有啥区别吗？听起来很像啊，都是什么员什么员的。

当然有了，区别还很大呢，你看下面这个法条就知道了。

法条出没

《中华人民共和国民事诉讼法》第四十条

人民法院审理第一审民事案件，由审判员、人民陪审员共同组成合议庭或者由审判员组成合议庭。合议庭的成员人数，必须是单数。适用简易程序审理的民事案件，由审判员一人独任审理。基层人民法院审理的基本事实清楚、权利义务关系明确的第一审民事案件，可以由审判员一人适用普通程序独任审理。陪审员在执行陪审职务时，与审判员有同等的权利义务。

这个法条就是说人民陪审员是只会出现在一审普通程序中的人，他们的职能就是陪审，通俗地理解就是陪法官审案子的人，但人民陪审员不是法官，也不是人民调解员或者特邀调解员，而是经过选拔的一些专门陪审案件的人，他们分布在各行各业，各个年龄段的人都有。一般来说，在咱们基层法院审理的较复杂的普通程序案子中，你会发现有 1 个或 2 个人民陪审员，和法官一起，组成一个 3 人合议庭。

所以我什么时候可以遇见他们呢？

你只有在开庭的时候才能遇见他们，毕竟他们是人民陪审员，职能就是陪审，其他的事儿不管。不过你也别小看了他们，他们的意见对案子的最终结果也很重要。因为有人民陪审员参与的案子，在最终出结果前，法官是需要和人民陪审员进行合议的，合议，通俗地说，就是法官召集人民陪审员一起讨论案子应该如何判，一般来说，法官针对专业问题给出意见，人民陪审员针对事实问题给出一定的意见供法官采纳，在特殊状况下，如果 2 个人民陪审员的意见和法官不一致，则要按照少数服从多数的原则，以多数人的意见来决定案件的审理结果，这也就是我说的人民陪审员对案件的最终结果有影响的原因。

不过我刚刚讲的只是理论上的，现实中基本上不会发生这么极端的情况，反正我在法院这么久，很少见到2个人民陪审员的意见和法官截然相反的情况。我之所以要讲这个理论上的可能性，是要提醒你意识到人民陪审员的重要性，他们和书记员一样，虽然不像法官能主导案件的结果，但都是不可忽视的人，特别是有些人民陪审员，他们自己也是相关单位的部门领导，这要在平时你见一面都难呢。当然我也不是说要你讨好人民陪审员，我的意思是要以尊重的态度，以平常心对待每一个人，不仅在法院里，在任何地方，这都是基本的礼貌。

06

法　警

下面要介绍的，是一个特殊的角色——法警。

法警，就是司法警察的简称，他们和警察叔叔本质上是一样的，衣服也几乎是一样的，只不过警察在公安局工作，法警在法院以及检察院工作，法警有男有女，不过一般情况下，你看到的法警大多是男的。

那法警和警察有什么区别呢？

相比警察叔叔什么都管，法警就比较“专一”了，法警最主要的职能就是维护法院的安全和秩序，比如在刑事案件开庭的时候，法警要去看守所把犯罪嫌疑人带到法庭上，然后在开庭的过程中守在犯罪嫌疑人身边，等开庭结束了，再把犯罪嫌疑人带回看守所。在民事案件中，如果当事人情绪非常激动，有可能冲击法庭秩序，那法警也要在。另外，除了一开始审判的时候需要法警的参与，后面到执行阶段也需要法警，比如去拘留“老赖”（失信被执行人）的时候，你也能看到法警的身影。

07

法　官

最后来说说我们压轴出场的法官。

即使身穿法袍，也掩盖不了我逼人的帅气

法官
审判员
审判长

法官是谁呢，就是咱熟知的那个在法庭最中央决定你案件命运的人，不过，法官是咱平时的叫法，在判决书里，法官有专门的名字，叫审判员，如果是普通程序，法官的名称就会变成审判长，这些在后面讲审理程序的时候我会和你细说。另外，等咱到了执行阶段，也会碰到执行法官，俗称执行员，以上咱们统称为法官就行，不过称谓这个事儿不重要，法官的重要性才是我要强调的。

这个不用你讲，我懂，法官那可是决定我案子生死的人，怎能不重要，我尊敬法官都还来不及呢。此刻我更关心的是如何和法官更好地相处，你可不可以透露一点和法官相处的小技巧啊？

这还真有，虽说各位法官之间有性别和性格的差异，做事风格和习惯也大不相同，但是有一点是肯定的，那就是法官不喜欢废话多的人，要注意，我这里说的废话，不单指没用的话，更多的是一些不断强调的已经说过或者意思雷同的话。这是为什么呢？你要知道，一个案子，法官是要通过开庭来审理清楚的，自然开庭的时间就很宝贵了，加上现在法官普遍工作压力比较大，案子多，法官就更不喜欢有人浪费时间了。你可能会觉得，通过几次的强调能够让法官明白你的重点，但请相信我，法官在你第一次说的时候就已经记住了，所以千万不要重复表达。

而且如果你想联系法官，一般来说是通过打法官办公室电话的方式，我建议大家选择在**一上班或者快下班**的时候打电话给法官（一般法院周末不上班），因为这个时候法官在办公室的概率会大一点，这中间的时间，法官大概率是在法庭里开庭，人都不在办公室，打电话肯定没人接，这点在执行法官身上也同样适用，执行法官相对于业务庭的法官更难找，因为一般除了上下班的时间，他们都在外为执行奔波，很少在办公室里。

关于去法院打官司需要认识的法院人员，我都给你梳理过一遍啦，我们下一章见。

下篇

实战阶段

第九章

打官司，需要准备民事起诉状

第九章
打官司，需要准备民事起诉状

在咱去法院打官司需要准备的材料中,除了证据,最重要的就是民事起诉状,而且你看咱们打官司流程表的第一阶段,最先出场的就是起诉状,所以按照流程表的顺序,我好好介绍一下这个起诉状。

01
起诉状是什么

起诉状就是咱打官司时交给法院的一份写着我们诉求和纠纷发生经过的文书材料,是打官司必须要准备的一份很重要的材料。怎么个重要法呢？比如咱去医院看病,医生首先肯定会问咱哪儿不舒服,你就回答医生我这儿不舒服,有什么症状等,之后医生就会根据咱们的描述开一些检查的单子,等检查的结果出来,结合咱们的描述,最终医生会对病情形成书面的病历进而给咱开药方,类比打官司的过程,咱对病情的描述就相当于起诉状,医生给咱写的病历就相当于法官作出的判决书。

02

起诉状该怎么写

说到怎么写起诉状，我们首先需要知道起诉状需要包含哪些内容，来看法条。

《中华人民共和国民事诉讼法》第一百二十四条

起诉状应当记明下列事项：（一）原告的姓名、性别、年龄、民族、职业、工作单位、住所、联系方式，法人或者其他组织的名称、住所和法定代表人或者主要负责人的姓名、职务、联系方式；（二）被告的姓名、性别、工作单位、住所等信息，法人或者其他组织的名称、住所等信息；（三）诉讼请求和所根据的事实与理由；（四）证据和证据来源，证人姓名和住所。

法条出没

法律规定的起诉状的内容还是挺多的，不过理解上都没有什么问题，无非就是要写清楚原、被告及代理人的身份情况、诉讼请求、事实和理由以及最后的证据部分，总结起来就是三部分：**第一部分是原、被告及代理人的身份信息；第二部分是诉讼请求、事实和理由；第三部分是证据和证据来源、证人姓名和住所。**我先以你的事儿为例写个范本，照着这个范本，我再详细说说这三个部分分别该怎么写。

起诉状的组成

民事起诉状

原告:当当,男,1992年11月11日出生,汉族,身份证号码××××××××××××××××××,住浙江省云和县玫瑰花园小区22幢2单元202室,联系方式:×××××××××××。

委托诉讼代理人:大当家,男,1966年11月11日出生,汉族,身份证号码××××××××××××××××××,住浙江省云和县玫瑰花园小区22幢2单元202室,系委托人当当父亲,联系方式:×××××××××××。

委托诉讼代理人:张三,浙江××律师事务所律师,联系方式:×××××××××××。

被告:王二麻子,男,1992年11月11日出生,汉族,身份证号码××××××××××××××××××,住浙江省江山市麻子小区22幢2单元202室,联系方式:×××××××××××。

诉讼请求:

1. 被告王二麻子归还原告借款5万元及自借款之日起至实际还清之日止按月利率1%计算的利息。

2. 本案诉讼费由被告承担。

事实和理由:

2022年3月1日,被告王二麻子以买房急需资金为由到原告当当处借款5万元,约定半年后归还,利息为月利率1%。借款后,王二麻子没有支付任何利息,亦没有按照规定的日期归还借款,原告当当为维护自身合法权益,特起诉至贵院。

证据和证据来源(证人姓名和住所):

1. 借条复印件;

2. 银行转账记录复印件;

3. 通话录音整理资料(附光盘)打印件;

4. 微信聊天记录打印件。

此致

浙江省云和县人民法院

起诉人:当当(签字捺手印)

2022年12月2日

第一部分
原、被告及代理人身份信息

第一部分，原、被告及他们的代理人（法定代理人、委托诉讼代理人）的身份信息的写法。原告和被告都是当事人，当事人既可以是公民，也可以是法人或者其他组织，你照着我给你的模板，对应填入具体的信息就可以了。

那这个委托诉讼代理人是什么人呀？

别急，我先问你，你还记得法定代理人不？

记得啊，就是小孩和精神病人没办法自己打官司，要让其他人帮忙打官司的啊，我记得一般来说是小孩的父母或者精神病人的配偶之类的。

那你说，这些弱势群体法律是有明文规定怎么保护他们打官司的权利，那咱们这种普通人呢？打官司这件事，毕竟还是太过专业了，就算是个大学生，只要不是法学专业毕业的，完全靠自己独立去打官司，还是会心里没底的吧？所以，委托诉讼代理人就是帮咱这种普通人打官司的人，最常见的就是律师了，这点还是很重要的，我得和你仔细说说，而且为了知识体系的完整性，我顺便把法定代理人的知识也给

你回顾一下，两种代理人放在一起，你可以有对比地学习和加深印象。注意，接下来我是以当事人为公民为例来说明的，当事人是法人的情况，后面会单独讲，但委托诉讼代理人的相关知识不管是公民还是法人都是通用的。

1 儿童和精神病人的法定代理人

我们先来看个法条，是之前咱们讲过的，关于儿童和精神病人的法定代理人的相关规定，来复习一下。

《中华人民共和国民事诉讼法》第六十条

无诉讼行为能力人由他的监护人作为法定代理人代为诉讼。法定代理人之间互相推诿代理责任的，由人民法院指定其中一人代为诉讼。

这个法条是说儿童或者精神病人需要他们的法定代理人（爸爸妈妈或者配偶等监护人）来帮忙打官司，这个是法定的义务，是不能推脱的，也就是说，只要是儿童和精神病人去打官司，他们的监护人就必须陪着，儿童可能还好点，对于一些精神病人，有些时候会出现哪个监护人都不想管的情况，那么这个时候，法院就会替精神病人选一个法定代理人。当然，既然是法定代理人，这个身份是很特殊的，毕竟儿童或者精神

病人自己是没有办法判断任何事情的，所有的事情都需要法定代理人拍板，所以在起诉状中，你就要明确法定代理人的身份，一开头就写出来，就像下面这样。

法定代理人（系原告当当父亲）：大当家，男，1966 年 11 月 11 日出生，汉族，身份证号码××××××××××××××××××，住浙江省云和县玫瑰花园小区 22 幢 2 单元 202 室，联系方式：×××××××××××。

就这么一写啊？那法定代理人岂不是很好冒充，会不会有些坏人假装自己是法定代理人，怂恿精神病人起诉来帮助自己获得利益呢？反正精神病人什么也不知道。

不会呀，法院对法定代理人身份的认定是很严格的，凡是法定代理人来参加诉讼，一般来说法院都会要求法定代理人提供**户口本**、**结婚证**以及**身份证**等来证明自己与被代理人的关系，法院会仔细核对，还有**精神病人的残疾证**，再不济还有医院开的诊断证明，哪个都不能少，哪有这么草率。

2

普通人委托的诉讼代理人

讲完法定代理人，接下来咱讲讲寻常生活中用到最多的委托诉讼代理人吧，毕竟儿童和精神病人是少数，像我们这样的普通人才是起诉的大多数。来，按照惯例，咱们还是先来看个法条。

《中华人民共和国民事诉讼法》第六十一条

当事人、法定代理人可以委托一至二人作为诉讼代理人。下列人员可以被委托为诉讼代理人：（一）律师、基层法律服务工作者；（二）当事人的近亲属或者工作人员；（三）当事人所在社区、单位以及有关社会团体推荐的公民。

这个法条是说，首先，这些帮我们打官司的人，咱们统称为诉讼代理人，因为都是通过授权委托书进行委托的，所以也叫委托诉讼代理人。其次，要明白，**法定代理人也是可以委托诉讼代理人**的，而且**最多**可以委托**两个**委托诉讼代理人。

委托诉讼代理人的范围，不仅限于律师（基层法律工作者），还可以是其他人，比如你的亲戚，你公司的员工，甚至一些被推荐的公民，都是可以当你的委托诉讼代理人的，我们一类一类来了解。

1. 可以成为委托诉讼代理人的人

(1)律师

律师就是在律所里工作的，专门帮大家打官司的人。这里我要提醒一下，律所和法院虽说都是吃法律这碗饭的，但是差异很大，一个是类似于合伙企业的组织，另一个是国家的审判机关，前者靠自己吃饭，后者吃“国家饭”，律师代表的是一方当事人的利益，追求的是己方当事人利益最大化，法官则是居中裁判者，不偏袒任何一方。如果大家委托了律师，在起诉状中就要写明律师的情况。

委托诉讼代理人：张三，浙江××律师事务所律师，联系方式×××××××××××。

我这里扩展一下，如果是法定代理人再委托诉讼代理人的，咱就把他们写在一起。

法定代理人(系原告当当父亲)：大当家，男，1966年11月11日出生，汉族，身份证号码××××××××××××××××××，住浙江省云和县玫瑰花园小区22幢2单元202室，联系方式：×××××××××××。

委托诉讼代理人：张三，浙江×××律师事务所律师，联系电话×××××××××××。

要注意，委托律师作为诉讼代理人之后，除了起诉状上要写之外，在交给法院的材料中，还要有**授权委托书**（提交给法院，证明咱委托了律师）、**律师执业证复印件、律所出具的函**（证明律师身份）等材料，不过既然你都委托了律师了，那么律师自然自己会去准备，咱也就不用操心啦。

说到这儿，很多人问过我怎么挑选律师，关于这点我觉得你可以借助大数据的力量。首先，现在法院开庭是全程对外并且公开直播的，你登录**中国庭审公开网**，就能看见全国的案子在线审理情况，如果你大致圈定了几个律师，但是还拿不定主意的话，可以去看这几个律师的庭审临场表现。其次，如果经过这一轮的选择还不能下定主意，咱还可以去**中国裁判文书网**上看，这个网站上有全国所有的生效的判决书，判决书里律师的答辩和代理意见等也能反映出律师水平的高低，俗话说得好，实践出真知，所以这也不失为一个好办法。

（2）基层法律服务工作者

基层法律服务工作者，你就理解为没有律师那么严的入门标准，但是国家允许他们帮别人打官司的人，不过他们只能代理民事案子，刑事案子还是得找专业律师。

这样啊，那这听起来就没有律师专业，怎么还会有人雇基层法律服务工作者帮忙打官司呢？

你这个“何不食肉糜”的家伙，你应该听说过“赤脚医生”吧，泛指很早以前广大农村地区自学成才的医生，虽然他们没有任何专业资质，但这些医生填补了广大农村医生岗位的空缺，试问谁不想一出门就有协和医院在门口，看病的都是钟南山、张文宏、陶勇医生这些医界翘楚呢？但问题是，医疗资源的分布本就是极不均衡的，大城市特别是一线城市几乎垄断了所有的好医生，那么那些偏远山区的人们，如果得了急病，如果没有赤脚医生的基础治疗，说不定根本等不到去正规医院就离开人世了。基层法律服务工作者扮演的就是这种类似赤脚医生的角色，大概率他们的确不如律师专业，但是对于一些人来说，确实没有更好的选择了。所以，如果大家委托了基层法律服务工作者，大家在起诉状中就像下面这么写。

委托诉讼代理人：张三，××法律服务所法律工作者，联系方式×××××××××××。

(3) 近亲属

近亲属，说白了就是咱们的亲戚。法律规定了，我们打官司的时候，是能够委托近亲属帮我们打官司的，而近亲属的范围，包括**配偶、父母、子女、兄弟姐妹、祖父母、外祖父母、孙子女、外孙子女**，这个很重要哦，大家一定要记住。

嗯，那这近亲属关系也得用什么材料来证明吧？

这是肯定的，不管是拿**户口本、身份证**，还是去公安局申请调取**户籍证明**，反正要有证据证明委托人和受委托人之间的亲戚关系。如果大家委托近亲属帮忙打官司，在起诉状中就像下面这样写。

委托诉讼代理人：大当家，男，1966 年 11 月 11 日出生，汉族，身份证号码××××××××××××××××××，住浙江省云和县玫瑰花园小区 22 幢 2 单元 202 室，联系方式：×××××××××××，系委托人当当的父亲。

（4）员工

委托员工打官司需要出具什么证明吗？

要啊，最起码要证明确实是企业的员工，这个时候，比如**劳务合同**，就是最简单的直接能够证明员工与公司之间有合法劳动关系的证明了，或者由公司出具一份**证明**，证明这个员工确实是你公司的员工，然后盖好**公章**，那也是可以的。

（5）当事人所在社区、单位以及有关社会团体推荐的公民

当事人所在社区、单位以及有关社会团体推荐的公民，是指你没钱找律师，亲戚朋友也没有能够帮忙打官司的，你也不是企业老板，没有员工，那么你只能求助于社区或者单位找一个人来帮你打官司，由社区或者单位出具一个推荐函给法院就行。

推　荐　函

玉环市人民法院：

在（2022）浙 1021 民初 2022 号原告××公司诉被告××公司买卖合同纠纷一案中，我单位推荐××担任××的委托诉讼代理人。

委托诉讼代理人××的代理事项和权限：

特别授权：代为承认、放弃、变更诉讼请求，进行和解，提起反诉或者上诉。

推荐人（公章和签名）

2022 年 2 月 2 日

2. 授权委托书该怎么写

讲完了哪些人可以作为委托诉讼代理人，咱们来看看怎么委托他们才是合法的，也就是大家要交一个授权委托书给法院，来，咱们先来看法条。

《中华人民共和国民事诉讼法》第六十二条

委托他人代为诉讼，必须向人民法院提交由委托人签名或者盖章的授权委托书。授权委托书必须记明委托事项和权限。诉讼代理人代为承认、放弃、变更诉讼请求，进行和解，提起反诉或者上诉，必须有委托人的特别授权。

……

这个法条是说咱如果要委托诉讼代理人，就必须在开庭前交一份授权委托书给法院，还要写清楚这个授权的范围，就像下面这样。

授权委托书

委托人：当当，男，1992 年 11 月 11 日出生，汉族，身份证号码××××××××××××××××××，住浙江省玉环市玫瑰花园小区 22 幢 2 单元 202 室，联系方式×××××××××××。

受委托人：李四，浙江××律师事务所律师，联系方式×××××××××××。

现委托李四在（2022）浙 1021 民初 2022 号原告当当诉被告王二麻子民间借贷合同纠纷一案中，作为我方参加诉讼的委托诉讼代理人。

委托事项与权限如下：

委托诉讼代理人李四的代理事项和权限：

特别授权：代为承认、放弃、变更诉讼请求，进行和解，提起反诉或者上诉。

委托人：当当

2022 年 12 月 22 日

看完应该明白授权委托书该怎么写了吧。我重点解释一下授权范围。委托诉讼代理人有两种委托的范围，一种是特别授权，另一种是一般授权。特别授权的范围是：代为承认、放弃、变更诉讼请求，进行和解，提起反诉或者上诉。这句话的意思就是，特别授权的代理人说的话就相当于你说的话，特别授权代理人承认的事情就相当于你承认的事情，特别授权代理人还可以代表你和别人签订调解书，代替你上诉等。与之相对应的是一般授权，一般授权的权限就小很多，前面特别授权代理能做的事情，一般授权代理都不行，比如公司委托员工代为诉讼的，大多是一般授权，毕竟拍板的是老板，员工只能代为出庭。所以一般来说，如果你自己不去开庭，那么受你委托的人一般需要特别授权，毕竟人家得代表你啊，但是如果你本人也去开庭，那么给诉讼代理人一般授权代理也就可以了。

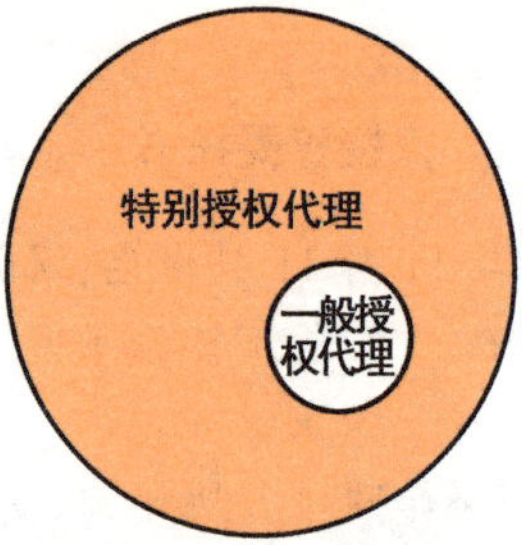

这里要特别提醒一下，很多人在实践中会凭自己的感觉在委托书上写“全权代理”，感觉这样就能全部代理了，但事实恰恰相反，**“全权代理”一点都不全**，大家以后千万不要这么写，不仅没用而且还会被法官要求重新出具授权委托书，因为全权代理不属于法定的两种授权范围，是无效委托。

3

当事人是法人或者其他组织

我们前面讲了那么多，都是当事人是公民的情况，接下来我来补充说说当事人是法人和其他组织的时候该怎么写起诉状。

1. 法人作为当事人时在起诉状中该怎么写

先来讲讲法人作为当事人的时候，咱们的起诉状应该怎么写。

被告：×××公司，住所地×××
法定代表人：×××，职务：执行董事/董事长/总经理

那这个法定代表人不用出什么证明的吗？前文说近亲属和员工出庭都要提供相应的证明呢。

要出具证明书，就是下面这个。

法定代表人身份证明书

×××在我(单位名称)担任×××职务，系我(单位名称)的法定代表人。

特此证明

附：法定代表人联系地址：×××

联系电话：×××××××××××

2022年2月2日

(盖公章)

2. 其他组织是当事人时在起诉状中该怎么写

我们较为常见的其他组织就是银行的分行、公司的分公司，以最常用的银行为例，在起诉状中你就这么写。

被告：×××银行分行，住所地×××
负责人：×××，职务：行长

当然，这回这个其他组织的负责人，还要出具和法定代表人一样的证明。

负责人身份证明书

×××在我（单位名称）担任×××职务，系我（单位名称）的主要负责人。

特此证明

附：主要负责人联系地址：×××

联系电话：×××××××××××

2022年2月2日

（盖公章）

提醒一下，法人或者其他组织也是可以委托诉讼代理人的，律师自不必说，特别是刚才讲到的员工，就是为了法人和其他组织设置的，至于委托员工应该怎么写，前面可是说得很详细了。那起诉状的第一部分我全部讲完了，接下来我要讲起诉状的第二部分——诉讼请求、事实和理由。

第二部分
诉讼请求、事实和理由

1

诉讼请求该怎么写

诉讼请求，是作为原告的一方，希望被告做到的事情。咱不用担心提的请求是否合理，因为判断诉讼请求是否合法合理是法官需要做的事，咱要做的，就是把**咱的请求给说清楚，说明白，不能模棱两可**。比如，你到被告那里买手机，结果手机炸了，还好没有伤到人，这个时候你要是去打官司，你不能说要么被告赔我一个手机，要么赔钱，你必须说明白，你是要求被告赔钱，还是要求被告赔手机。另外，我要提醒大家的是，你**提的请求必须完整**，因为法官是必须严格按照你的诉讼请求范围来处理案件的，你不提的事情，除非是调解结案，否则判决的时候法官是不能擅自给你一并处理的。比如你起诉王二麻子还钱的事情，你要是不提让对方还利息的事儿，那么法官不可能说按照常理对方还得付你利息，我这里一并判给你，这是绝对不行的，你得提利息，法官才能给你判利息，记住哦！在诉讼请求的最后部分，为了利益最大化，咱可以加上**诉讼费以及保全费（如果有）均由被告负担**，这样就更稳妥啦，不过最终法官也会判这些费用由败诉方承担。

那我可不可以把律师费、误工费、交通费什么的都写上去让被告承担呢？

这个就要看你有没有提前约定了，很多人在借钱的时候就会写如果没有按期归还，则律师费、交通费、误工费等都由对方支付，那么在这种情况下，法官是有可能支持的，但是如果你事前没有约定，那一般来说就比较难了。

好吧，这回是没什么希望了，以后我借钱的时候一定要注意把这部分费用加上去。

嗯，不过如果你拿不定主意有些东西是否要写，我的建议是你可以先写上去，不用担心写错，因为如果你写错，或者表述有问题，一般来说法官会通知你修改或者进一步明确一下，所以不用太紧张。诉讼请求这个东西，只要你不是改得面目全非甚至南辕北辙，适当的修改是可以的，你可以增加诉讼请求，也可以减少诉讼请求，它不是“一锤子买卖”，起诉之后还是可以改的，法官也是可以沟通的。

2

事实和理由该怎么写

接下来我们要讲讲事实和理由该怎么写了，很简单，事实就是把发生纠纷的来龙去脉，事情的起因、经过、结果，整个过程给讲明白，理由就是你为什么要起诉被告。不管是事实还是理由，都要注意，语言要精练，就事论事，不要掺杂语气词，更不要人身攻击，最关键的信息要表达清楚，比如民间借贷合同，借了多少钱，利息约定多少，约定什么时候归还，已经归还的金额之类的要写清楚。

第三部分
证据和证据来源、
证人姓名和住所

接下来是起诉状的最后一部分，也就是第三部分——证据和证据来源、证人姓名和住所。证据和证据来源，要写明你这个案子目前已经收集到的证据以及这些证据是哪里来的，如果有证人需要出庭作证，那么证人的姓名和住所也要一并写上。这个证据和证据来源以及证人姓名和住所在民事起诉状中只用简单罗列一下，具体的咱们后面还要专门提交相应的材料，比如申请证人出庭作证的申请书。至于证据怎么准备，我的建议是在起诉状中，证据部分咱们简单写一下即可，但是后面应该单独附一页，写一份证据

目录列在所有的证据前面，这样对后续的打官司是很有帮助的。什么是证据目录呢？大家都看过书吧，翻开前几页就是目录，目录下面，这本书的主要内容是什么，每一页对应什么内容，都写得清清楚楚。那证据目录也一样，就是咱把证据也当作一本书来对待，在这些证据的最前面，列一个目录，把这个案子准备了多少份证据，每份证据有几页都写明，这样咱打官司的时候，就能帮法官快速锁定证据以及证据所在的页数，非常方便。（见表5）

表5　证据目录

序号	证据名称	页数/页码	证明对象
1	借条	1/1	王二麻子到原告处借款5万元的事实
2	银行转账凭证	1/2	原告转账5万元给王二麻子的事实
3	通话录音光盘及文字整理材料	3/3－5	王二麻子电话里承认欠款未还的事实
4	微信聊天记录	4/6－10	王二麻子承认欠款5万元未还的事实

那怎么样把每份证据有几页都写明呢？

我建议你编个页码，可以采取 **n－n** 的形式，比如第一组证据的第1页，就是1－1，第四组证据的第15页，就是4－15，这样就不用担心顺序乱了，不过这是我个人的习惯，你要是有更好的办法也可以。给证据列目录和编页码不是强制性规定，只不过一方面方便了法官和书记员，法官在看证据的时候可以按照目录快速地翻到想看的那一页，至于书记员，之前我说过，开庭之前书记员是要准备庭审笔录的，而庭审笔录中最

重要的就是证据的质证(对质)环节,如果你能提前给出证据目录以及整理好顺序的证据,书记员准备起来就会轻松许多,不用自己额外整理一遍证据。另一方面也方便了自己,毕竟开庭的时候会有一个法庭调查环节是专门出示证据的,你提前把证据的页码编好,就不用担心出示证据的时候有错漏,毕竟开庭对于咱一般人来说,还是很忐忑的,提前做好准备工作总是没错的。

03

起诉状该怎么提交

按你的说法,我们是有两种选择的,一种是线上“人民法院在线服务”小程序,另一种是线下现场立案?

是的,在线下现场立案时,起诉状可不是准备一份就可以的,你得自己留一份,给法院一份,然后你要告几个被告,就要给几个被告各自准备一份,等你把这几份起诉状交到法院之后,法院会挑其中一份,盖一个“正本”的章,表示这个是你交给法院留档的,是正式版本,至于你交给法院的其他起诉状,法院则会盖上“副本”的章,用于寄送各被告,让被告知道被谁告了,因为什么事儿被告了。比如,你告王二麻子,被告就一个人,那么你就要准备 3 份起诉状,一份自己留着,一份给法院,一份给王二麻子,如果被告人数多,假设被告的人数是 **n**,那么你最终要准备的起诉状的份数就是 **n +2 份**。不过现在随着法院无纸化改革和手机

的普及,越来越多的人选择线上立案,你要是通过“人民法院在线服务”小程序或者各地的法院网立案,那么一般情况下先上传一份起诉状就好了(注意,**一定要先打印出纸质的,签字摁手印之后,再形成电子版上传**),等立案审核通过之后,有的法院会要求你把所有的纸质材料都寄过去,那么这时该准备几份就要准备几份,还有一些法院则不需要,他们会直接通过“人民法院在线服务”小程序把你提交的电子版直接再送给被告,这样你也就省事一点,所以当大家在“人民法院在线服务”小程序上立案成功之后,关于起诉状之类的文书材料怎么处理的问题,大家要听各自法院的安排,之后我还会详细说一下立案的时候材料的上传,咱们下一章见。

下篇

实战阶段

第十章
“人丁兴旺”的裁定书大家族

01 裁定书是什么

02 裁定书家族的“嫡子”们

03 裁定书家族的“庶子”们

第十章
“人丁兴旺”的裁定书大家族

裁定书，是咱们日常打官司的过程中常见的几种法律文书之一，另外的两个是判决书和调解书，这两个文书咱们后面会说，今天咱们重点要讲的是裁定书，因为裁定书这个大家族的成员特别多，而且有几个还尤其“特别”，有必要单独讲一讲，之所以在这章讲裁定书，是因为在之前的章节里都有断断续续地介绍过不同类型的裁定书，而且差不多都介绍完了，所以今天来个集中大回顾，等会儿我讲的时候你就能感觉到似曾相识了。

01
裁定书是什么

在讲什么是裁定书之前，我得先和你讲讲法律上的习惯用法，“裁定书”是一个名词，表示一种法律文书，而单独看“裁定”，是动词，比如法官会说裁定驳回起诉。类似地，判决书和调解书，单独看“判决”和“调解”，那也是动词，但法官在具体实际使用的时候，一般会省略掉“书”这个字，比如作出判决和调解、下个裁定之类的。总之就是甭管带没带“书”这个字，意思都一样，大家在法官说到判决、调解和裁定的时候能反应过来就行。

接下来我要正式介绍一下裁定书了。裁定书，是咱在打官司的过程中，常见的、数量最多的一种法律文书。裁定书有个特色，就是基本上解决的是**程序性**问题。比如，之前我们学的管辖，你要是提管辖权异议，法院就是以裁定书的形式告诉你是同意还是驳回（也就是不同意）你的管辖权异议，这种不涉及最终判决结果的过程性问题，就是程序性问题。与之相对的，判决书和调解书是解决**实体问题**的法律文书，实体问题你就理解为在判决书和调解书里，你会看到案件最终的结果。

所以裁定书相对于判决书和调解书来说，是个配角？

可以这么理解，虽然裁定书不是最终决定案件结果的“主角”，但是在案件的审理过程中，你处处都能看见裁定书的身影，毕竟常见的法律文书就三种，而判决书和调解书只有在“大结局”的时候才会出现，一个案子的时间跨度那么长，在还没出最终结果前，出现的“角色”几乎都是裁定书，所以也不能小瞧了裁定书，来，给你看个法条，让你看看裁定书到底有多“无孔不入”。

《中华人民共和国民事诉讼法》第一百五十七条

裁定适用于下列范围：(一)不予受理；(二)对管辖权有异议的；(三)驳回起诉；(四)保全和先予执行；(五)准许或者不准许撤诉；(六)中止或者终结诉讼；(七)补正判决书中的笔误；(八)中止或者终结执行；(九)撤销或者不予执行仲裁裁决；(十)不予执行公证机关赋予强制执行效力的债权文书；(十一)其他需要裁定解决的事项。对前款第一项至第三项裁定，可以上诉。裁定书应当写明裁定结果和作出该裁定的理由。裁定书由审判人员、书记员署名，加盖人民法院印章。口头裁定的，记入笔录。

02

裁定书家族的“嫡子”们

这标题，咋还扯上封建残余了呢？还“嫡子”，啧啧。

我这是为了让你加深记忆呀，一般人都知道，在古代，嫡子就是正妻所生的孩子，庶子就是妾室所生的孩子，嫡子的身份是远比庶子尊贵的。回到我们的法条里，“嫡子”是哪几个裁定书呢，和其他裁定书比它们又“尊贵”在哪儿了呢？这“嫡子”就是**不予受理裁定书、驳回起诉裁定书、管辖权异议裁定书**。这三个裁定书尊贵之处就在于可以上诉，也就是当你拿到这三个裁定书的时候，你是可以去上级法院，要求让上级法院来评评理，看看之前法院做的对不对的，而除了它们三个，**其他的裁定书都不可以上诉**。打个不怎么恰当的比方，上一级法院就好比“皇帝”，咱这个“皇帝爸爸”老忙了，只有特别得宠的孩子才

能见到自己的老爹，而这三个可以上诉的裁定书就是特别得宠的皇子，只要想见老爹，那是分分钟的事情，至于其他的裁定书，你就理解为是去边塞地区和亲的公主，嫁出去了还想见老爹一面，那就比登天还难了。咱们先来看第一个“嫡子”，不予受理裁定书。

1

不予受理裁定书

《中华人民共和国民事诉讼法》第一百二十二条

起诉必须符合下列条件：（一）原告是与本案有直接利害关系的公民、法人和其他组织；（二）有明确的被告；（三）有具体的诉讼请求和事实、理由；（四）属于人民法院受理民事诉讼的范围和受诉人民法院管辖。

我们来回顾第一章学习过的法条，要能去法院打官司，前提是得符合这四个条件，那你到法院去立案，这当中如果有任何一个条件不满足，法院就会给你一份不予受理裁定书，告诉你，你的事儿它暂时管不了。不符合起诉的条件，这就是不予受理裁定书出现的情况之一。当然了，凡事必有特殊情形，下面的情况也是不予受理裁定书出现的情况之一，看法条，也是老熟人了。

《中华人民共和国民事诉讼法》第一百二十七条第六、七项

（六）依照法律规定，在一定期限内不得起诉的案件，在不得起诉的期限内起诉的，不予受理；（七）判决不准离婚和调解和好的离婚案件，判决、调解维持收养关系的案件，没有新情况、新理由，原告在六个月内又起诉的，不予受理。

在这两种情况下，还没到规定的时间又去法院起诉，法院也是不理你的，这个时候，不予受理裁定书就出现了。

收到不予受理裁定书虽说可以上诉，可要是上诉还是输了，那我的案子岂不是“出师未捷身先死”了？

不是啊，你看哪点不符合，修改一下，等条件都符合了，你这个案子还是能去起诉的，而且如果只是时间间隔不够的问题那就更好解决了，等间隔的时间长度满足了，就可以去起诉了。而且不予受理的案子在符合起诉的条件之后，你再次去起诉时是按**全新的案子**来对待的，毕竟之前你起诉的时候由于不符合起诉的条件，法院连你案子的具体内容都没有仔细看过，肯定记不得你啦，等你再次去起诉的时候就是全新的案子了，同样地，等会儿我们要说的驳回起诉的裁定书也是一样的，只要条件符合，还是能和法院继续“交朋友”的。而且不予受理裁定书很实在的，如果你的案子真的不予受理了，那么案件受理费法院会全部退还给你。就好比你买手机，现在国家的政策是七天无理由退货，那么这个不予受理裁定书就相当于你在七天之内把这个手机给退了，那么你买手机的钱自然就如数奉还了，同样地，等会儿要讲到的驳回起诉裁定书也一样不收钱。

不用给钱

《诉讼费用交纳办法》第八条

下列案件不交纳案件受理费：（一）依照民事诉讼法规定的特别程序审理的案件；（二）裁定不予受理、驳回起诉、驳回上诉的案件；（三）对不予受理、驳回起诉和管辖权异议裁定不服，提起上诉的案件；（四）行政赔偿案件。

看这个法条的第二、三项——“(二)裁定不予受理、驳回起诉、驳回上诉的案件;(三)对不予受理、驳回起诉和管辖权异议裁定不服,提起上诉的案件”,不光不予受理、驳回起诉本身不收钱,连他们的上诉也不收钱,是不是很棒。

浙江省嘉兴市秀洲区人民法院

民事裁定书

(2019)浙 0881 民初 9102 号

起诉人:当当……

2019 年 12 月 11 日,本院收到起诉人当当的起诉状。起诉人当当向本院提出诉讼请求:1. 要求判令被告归还原告借款 50,000 元及利息(利息自 2018 年 7 月 27 日起至借款全部还清之日止按月利率 1% 计算);2. 诉讼费用由被告承担。

事实和理由:被告与原告的父亲系朋友关系,2018 年 7 月 27 日被告经原告父亲介绍向原告借款 50,000 元,并向原告出具借条一份,双方约定借款期限自 2018 年 7 月 27 日起至 2018 年 8 月 5 日止。借款期限到期后被告至今没有履行还款义务。

本院经审查认为,合同或者其他财产权益纠纷的当事人可以书面协议选择被告住所地、合同履行地、合同签订地、原告住所地、标的物所在地等与争议有实际联系的地点的人民法院管辖。虽然本案双方当事人协议若发生争议可向杭州市西湖区人民法院提起诉讼,但原告在立案阶段未能向本院提供证据证明杭州市西湖区与本案争议有实际联系,故本案起诉不符合民事案件受理条件,本院依法不予受理。依照《中华人民共和国民事诉讼法》第三十四条、第一百一十九条、第一百二十三条规定,裁定如下:

对起诉人当当的起诉,本院不予受理。

如不服本裁定,可以在裁定书送达之日起十日内,向本院递交上诉状,上诉于浙江省嘉兴市中级人民法院。

审判员　刘　邦

二〇一九年十二月十二日

书记员　萧　何

2

驳回起诉裁定书

接下来咱们来看第二个“嫡子”，也就是驳回起诉裁定书，这里咱们先看一个样板，和前面的不予受理裁定书对比一下，看看有什么区别和联系，这样有助于加深理解。

浙江省淳安县人民法院
民事裁定书

（2020）浙 0127 民初 0020 号

原告：当当……

被告：王二麻子……

原告当当与被告王二麻子离婚纠纷一案，本院于 2020 年 1 月 12 日立案后，依法进行审理。原告当当向本院提出诉讼请求：1. 请求依法判令原、被告离婚；2. 请求依法判令婚生女王元歌随原告共同生活，由被告每月支付抚养费 1000 元。

事实和理由：2004 年原、被告经朋友介绍相识后共同生活，并在 2008 年生育一女王元歌，于 2018 年 3 月 29 日生育一女王二歌。在双方共同生活期间，被告常因生活琐事迁怒原告并殴打原告，导致家庭生活不和。2018 年后原告与被告分居至今，夫妻感情确已破裂。

本院经审查认为，判决不准离婚或调解和好的离婚案件，没有新情况、新理由，原告在六个月内又起诉的，不予受理。撤诉或者按撤诉处理的离婚案件，比照该规定不予受理。立案后发现属于该情形的，裁定驳回起诉。经审查，本案原告当当于 2019 年 10 月 18 日向本院提起离婚诉讼，因在本院指定期间内未交纳本案案件受理费，本院于 2019 年 10 月 28 日裁定该案按撤诉处理，现原告再次提起离婚诉讼，属于撤诉或者按撤诉处理后六个月内没有新情况、新理由再次起诉的情形，应裁定驳回起诉。依照《中华人民共和国民事诉讼法》第一百二十四条第七项、第一百五十四条第一款第三项，《最高人民法院关于适用〈中华人民共和国民事诉讼法〉的解释》第二百零八条第三款、第二百一十四条第二款规定，裁定如下：

驳回原告当当的起诉。

如不服本裁定，可以在裁定书送达之日起十日内，向本院递交上诉状，并按照对方当事人或者代表人的人数提出副本，上诉于浙江省衢州市中级人民法院。

审判员　刘　邦

二〇二〇年一月二十二日

书记员　萧　何

袍儿，你刚刚不是说过一定时间内再起诉离婚是不予受理吗？怎么这里又变成驳回起诉了呢？

这个正是我要说的，之所以这个裁定书是驳回起诉，是因为这个案子是在法院审理以后（就是法官接手案件以后）才发现不符合起诉的条件的，而前面的不予受理是法院在立案的时候就发现不符合起诉条件了，所以，一个案子如果不符合起诉的条件，它躲得过初一（立案庭立案），躲不过十五（审判庭审理），一个不符合起诉条件的案子，在法院的不同阶段，它得到的待遇也是不一样的。

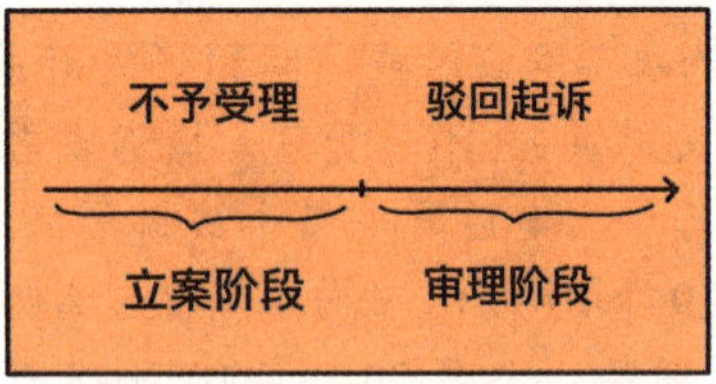

3 管辖权异议裁定书

最后一个“嫡子”——管辖权异议裁定书，不记得管辖权异议裁定书长什么样的，大家可以回到前面去看看。

03 裁定书家族的“庶子”们

三个可以上诉的“嫡子”我讲完了，接下来我们稍微了解一下“庶子”们。

1 撤诉裁定书

撤诉裁定书，就是法官针对撤诉下的裁定书。撤诉，就是指法院受理案子之后，到法官对案子作出判决之前，原告要求撤回其起诉的行为，包括主动申请撤诉和被法院撤诉（按撤诉处理）两种，而且还能细分，具体如下：

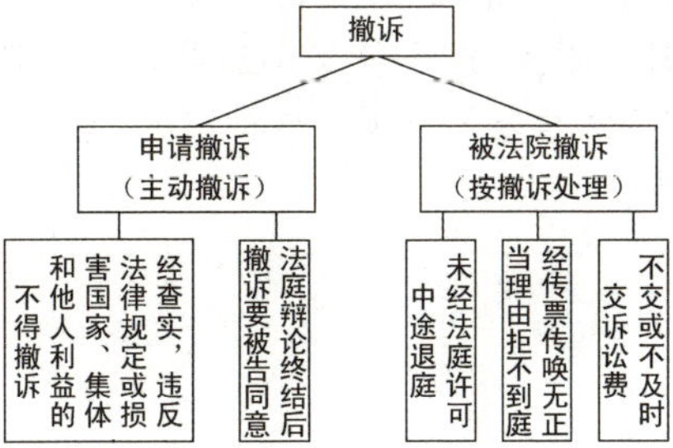

我们先讲第一种申请撤诉（主动撤诉），这时虽然是原告主动要求撤诉的，但是撤诉成功是需要经过法院同意的。

1. 申请撤诉（主动撤诉）——准许或者不准许的撤诉裁定书

这是为啥，我是原告，这个案子是我要起诉的呀，我不起诉了直接撤回还不行吗，怎么还需要法院同意了呢？

有两个原因，首先，因为法律规定了：当事人申请撤诉或者依法可以按撤诉处理的案件，如果当事人有违反法律的行为需要依法处理的，人民法院可以不准许撤诉或者不按撤诉处理。也就是如果当事人有违反法律的行为，法院就可以不准你撤诉。什么是违反法律的行为呢？一般来说**损害国家利益、集体利益和他人合法利益**的行为都是违法的。比如，你是原告，你和你的表哥结婚了，因为一些琐事，你去法院起诉离婚，结果后来想想表哥对你还不错，你就不想离婚了，于是去和法官说，法官我不离婚了，法官一看，这还得了，这是个无效婚姻啊，我得宣告你们婚姻无效，怎么还能让你撤诉了呢（近亲结婚就是违背公序良俗，就是违背国家利益）。类似地，王二麻子为了不还你钱，就找了个亲戚起诉他还钱，结果他借着还款的名义把钱全部转移到亲戚名下，你一分钱都拿不到，这不就是串通起来损害他人的利益吗，你说法官要是发现了这种情况，怎么可能让原告撤诉呢。

其次，法院也规定了：**法庭辩论终结后原告申请撤诉，被告不同意的，人民法院可以不予准许**。也就是说，当你的庭审过程已经进行到法庭辩论终结阶段时，开庭程序的99%已经过去了，案件的事实已经基本上明确了，都这个时候了，原告突然要申请撤诉，那肯定是知道自己会输了，那被告又不傻，知道要输了，要撤诉了，门儿都没有。所以，只要被告不同意原告撤诉，原告很有可能就没办法撤诉了，因为法律规定得很清楚，法庭辩论终结后原告申请撤诉，被告不同意的，人民法院可以不予准许。所以啊，千万不要等到辩论终结后才申请撤诉，那就被动了。

讲完了不准撤诉，我们来看看大部分情况下还是准你撤诉的准予撤诉裁定书吧。

好呀，对了，说到这个准予撤诉啊，我又有个担心，虽说法院同意我撤诉了，要是我回头想想不爽，或者说我又有有利的新证据了，又想起诉了怎么办？

这么说吧，一般来说，只要你的案子不属于《民事诉讼法》第127条中规定的“（六）依照法律规定，在一定期限内不得起诉的案件，在不得起诉的期限内起诉的，不予受理；（七）判决不准离婚和调解和好的离婚案件，判决、调解维持收养关系的案件，没有新情况、新理由，原告在六个月内又起诉的，不予受理”这两种有时间限制情况的，你今天撤诉，明天起诉，后天又撤诉，大后天又起诉，周而复始都没人管你，总之就是一

般情况下，你起诉撤诉是没有次数限制的。因为原告撤回起诉了，整个的审理程序都终结了，法院相当于没有真的审理过这个案子，所以下次你后悔了再起诉是完全可以的。但是，你注意我这个“但是”哦，这么玩儿的前提得是你不差钱，**因为撤诉的话案件受理费还是要收的，虽然是减半收，但是每起诉一次、撤诉一次肯定都要花钱**。

2. 被法院撤诉（按撤诉处理）

被动撤诉的情形可就比较多了，咱一个一个来，首先是不交或不及时交诉讼费按撤诉处理的裁定书。

（1）不交或不及时交诉讼费按撤诉处理

法律有规定：原告应当预交而未预交案件受理费，人民法院应当通知其预交，通知后仍不预交，裁定按撤诉处理。这句话的意思就是你要是不交或不按时交案件受理费，法院就当你撤诉了，不用你申请，撤诉裁定书就下来了。

哇，不交或不及时交案件受理费的下场就是按撤诉处理啊，难怪你前面讲立案的时候一直强调要及时交诉讼费。

(2)原告经传票传唤无正当理由未到庭或者未经法庭许可中途退庭的按撤诉处理

《中华人民共和国民事诉讼法》第一百四十六条

原告经传票传唤，无正当理由拒不到庭的，或者未经法庭许可中途退庭的，可以按撤诉处理；被告反诉的，可以缺席判决。

法条明确说了，原告经传票传唤，无正当理由拒不到庭的，或者未经法庭许可中途退庭的，**可以**按撤诉处理，这里大家要注意看“可以”二字，可以按撤诉处理，并不是必须按撤诉处理，所以如果你态度好一点，还是有回旋的余地的。另外，开庭不到场按撤诉处理的前提是没有正当理由，你要是有正当理由，比如突发重病住院等，法官是不会按撤诉处理的，或者说，你真的有急事要走，征得法官同意的，也是不会被按撤诉处理的，只有原告毫无理由不去开庭，比如就是单纯的忘了，或者说开庭开到一半什么也不说直接跑路的，那可不要怪法官冷酷无情了。

*我以后一定注意要记住开庭时间，不能迟到，做什么事都要先和法官汇报，要不然被撤诉了，案件受理费也就被“没收”了，**只要是撤诉，无论是主动的还是被动的，诉讼费都不退**。*

2 保全裁定书

保全的知识前面已经讲得很全面了，大家忘了的话可以往前翻看。

3 诉讼中止裁定书

来，咱们先来看个法条，法条里列的就是诉讼中止的具体情况。

《中华人民共和国民事诉讼法》第一百五十三条

有下列情形之一的，中止诉讼：（一）一方当事人死亡，需要等待继承人表明是否参加诉讼的；（二）一方当事人丧失诉讼行为能力，尚未确定法定代理人的；（三）作为一方当事人的法人或者其他组织终止，尚未确定权利义务承受人的；（四）一方当事人因不可抗拒的事由，不能参加诉讼的；（五）本案必须以另一案的审理结果为依据，而另一案尚未审结的；（六）其他应当中止诉讼的情形。中止诉讼的原因消除后，恢复诉讼。

我们一项一项来看。首先我要说明一下，中止代表的是一个暂停的状态，只要中止的原因消除，案子还是能够继续恢复审理的。下面我先说第一项：一方当事人死亡，需要等待继承人表明是否参加诉讼的。这一项是指打官司的时候，特别是涉及财产官司时，如果

一方当事人死了，而且这个死掉的当事人是有继承人的，就要先把案子中止，等继承人明确表示自己要参加还是不参加诉讼之后，咱们这个诉讼才能恢复到继续审理的状态。第二项：一方当事人丧失诉讼行为能力，尚未确定法定代理人的。比如，你和王二麻子打着官司呢，有一天王二麻子出门被车撞了，伤到了脑子，智力和 6 岁的小朋友差不多了，那么这个时候，你的案子就得中止了，要等到法定代理人确定之后，这个案子才能恢复继续审理。第三项：作为一方当事人的法人或者其他组织终止，尚未确定权利义务承受人的。好比一家公司破产了，但是还没有找到人来收拾这一堆烂摊子，那么这个时候案子也必须中止，等到有人来收拾这个烂摊子了，案子才能恢复继续审理。第四项：一方当事人因不可抗拒的事由，不能参加诉讼的。比如，由于新冠疫情管制交通，不知道要持续多久，这时就必须把案子中止，等到相关管制措施结束了，才能继续开始审理。第五项：本案必须以另一案的审理结果为依据，而另一案尚未审结的。这就像咱们一开始举的例子，你要起诉王二麻子，结果王二麻子犯了刑事案子，而且咱的民事案子还和这个刑事案子有关联，民事案子怎么判需要依据这个刑事案子的结果，所以这个时候，咱们只能先中止，等到刑事案子结果出来了，才能恢复民事案子的审理。

4

诉讼终结裁定书

先来看法条，看看哪几种情况是诉讼终结。

法条出没

《中华人民共和国民事诉讼法》第一百五十四条

有下列情形之一的，终结诉讼：(一)原告死亡，没有继承人，或者继承人放弃诉讼权利的；(二)被告死亡，没有遗产，也没有应当承担义务的人的；(三)离婚案件一方当事人死亡的；(四)追索赡养费、扶养费、抚养费以及解除收养关系案件的一方当事人死亡的。

诉讼终结，如同字面意思，就是终结、结束、没有了，只要属于法条中这四项情况之一的，那么这个案子就没有了，归于消灭。我一项一项地解释。第一项：原告死亡，没有继承人，或者继承人放弃诉讼权利的。这说的是一个案子，原告死了，没有继承人，或者原告的继承人觉得没有必要再管这个案子的，那么这个时候，这个案子就属于没人来起诉的情况了，只能终结了。第二项：被告死亡，没有遗产，也没有应当承担义务的人的。比如，被告是一个独身老人，膝下无子，又穷困潦倒，这时如果他死了，哪怕他欠你再多的钱，你也只能自认倒霉了。第三项：离婚案件一方当事人死亡的。这就更简单了，本来两个人要离婚，结果一方死了，那另一方就自然恢复单身了，还离什么婚。第四项：追索赡养费、扶养费、抚养费以及解除收养关系案件的一方当事人死亡的。这个自然更好理解了，你想，一个老人要子女给赡养费，结果诉讼的过程中，这个老人不幸去世了，那么这时子女就不用再付赡养费了，案子自然就终结了。

好了，关于裁定书的知识，我这边就给你讲完啦，我们不仅回顾了之前学习过的裁定书的知识，也为接下来的学习做了铺垫，咱们下一章见。

下篇

实战阶段

第十一章
调解是个任性的小家伙

01 调解书是什么

02 调解为什么“任性”

03 调解为什么是任性的“小”家伙

04 调解书的制作过程和“庐山真面目”

第十一章 调解是个任性的小家伙

来，大家准备好，今天带大家认识一个任性的崽，中途一定要跟上调解任性的步伐，因为调解不仅“任性”，还“小”哦，我取标题那都是有深意的。老规矩，咱们还是从头说起。

01 调解书是什么

调解书和我们之前讲的裁定书一样，是常见的三大法律文书之一。调解书相对于裁定书、判决书来说要灵活许多，因为调解本身就代表着当事人双方的谈判、妥协、退让的过程。因此，通过调解制作而成的调解书，是当事人参与程度最高的法律文书，因为是当事人双方主导的，法官只是一个中间人，所以调解成功与否，最终拍板决定的还是当事人自己。

02

调解为什么“任性”

我按照咱们去法院打官司的顺序，从头到尾给你介绍一下调解的过程有多任性。

1

调解的霸道总裁范儿——第一个你必须要见的“人”

结合我们前面所学，当你去法院立案成功之后，也就是打官司第一阶段起诉立案完成之后，你最先遇到的程序就是先行调解程序，而且这道程序是必须的，不管你想不想调解，都要经历。

你这么一说有印象了，这个先行调解打官司流程表里也有提过，先行调解这么霸道的吗？

当然了，“霸道总裁”的称号可不是随随便便叫的，更何况一开始这调解的名字就叫“先行调解”，那就是霸道总裁的加强版了，看法条。

《中华人民共和国民事诉讼法》第一百二十五条

当事人起诉到人民法院的民事纠纷，适宜调解的，先行调解，但当事人拒绝调解的除外。

看吧，法条都说了，但凡你去法院打官司，可以调解的，都要来个先行调解。

可是我明明看见法条里说，当事人也可以拒绝的呀。

哈哈，这个拒绝是怎么个拒绝法呢，我给你解释一下。当事人立案成功之后，法院的工作人员过来问你："兄弟，调解不？"你回答："不了，谢谢，我确定、认定以及肯定不用调解。"这个时候才能不用调解。也就是说，调解程序必须先过一遍，不管这个案子看起来多难多复杂，必须得问问要不要调解，万一有些只是看起来复杂呢。总结起来一句话：此路是我开，此树是我栽，要想过此路，就得先调解。

想打官司可以，先调解

2

调解贯穿打官司的全过程

还没完呢,你以为只是打官司的第一阶段起诉立案时必须问你一遍要不要调解吗?不,从**你的案子立案成功开始,到你的案子出最终结果前,你都可以调解**,比如后面会讲到的开庭阶段,甚至开完庭了都可以调解。而且,**除了先行调解和开庭的时候,法官必须问你要不要调解以外,你自己在打官司的过程中,都可以随时向法官申请调解**,如果对方也有意愿,那么法官会找个时间组织你们在一起进行调解,可以这么说,调解,自你的案子立案开始到最终结果出来之前,就时刻准备着。

3

调解担保不讲道理，可以直接申请执行

调解还能担保？不是只有保全的时候才会有担保吗？

担保的本质是保证不食言，不一定非得在保全的时候才担保的，只要为了显示你的诚意，你都是可以担保的，特别是在调解的时候，不仅是调解的一方，甚至和案子不相关的局外人，都是可以提供担保的，只要局外人愿意。

那你为什么说调解担保不讲道理呢？

我举个例子吧，这样你好理解一点儿。

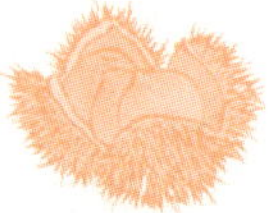

王二麻子为了能够少付点利息，你为了快点拿到钱，你们双方签了个调解协议，约定他一个月内还清5万元的话，你就不收他利息，只要5万元本金。你信不过他，所以他叫来了他爸爸，用他爸爸银行账户里的5万元来担保，还当场签了一份担保协议，你想了想，同意了。

之后，你们双方的调解书由法院盖完章后给你们送来了，王二麻子的爸爸和儿子约好由儿子签收，王二麻子的爸爸作为担保人不签收调解书，以为这样他的担保就无效了。

结果你一看他们父子两个合伙忽悠你呢，所以你干脆拿着调解书去法院要求强制执行王二麻子爸爸银行账户里的5万元，法院同意了，

结果轮到他们父子两个傻眼了，没想到调解担保的就算担保人不签收调解书，只要签了担保协议，你就可以直接拿着调解书到法院执行局去直接强制执行王二麻子爸爸的5万元。

这么棒啊，也就是说哪怕担保人王二麻子的爸爸不签收调解书，只要王二麻子没有按照调解书的约定按时给我钱，我就能直接到法院执行局要求王二麻子的爸爸给钱？

是的，前提是担保人同意提供担保并且签了担保协议。来，我们继续往下看，调解的任性不止于此。

4 调解的内容可以超出诉讼请求

这个“调解的内容可以超出诉讼请求”是什么意思呢？先给你补充一个基础知识，咱法院审理案件的原则是**不告不理**，啥意思呢，就是你不来法院起诉，法院肯定不会上门服务说：“亲，打官司不？”所以相应地，如果你来法院起诉，**你起诉什么，法院就审什么**，哪怕审理的过程中发现了更大的问题，只要你不提，那法院判决的时候就绝对不会一起解决，判决就是有一说一，绝不多管闲事。但是调解就不一样了，哪怕只是因为一件小事引发的矛盾，只要你们双方谈得好，法院就可以把你们长久以来的过节和未来可能出现的矛盾隐患一并解决了，一句话，只要双方谈得拢，什么都可以谈，前提是不能违法，不能串通一气侵害他人和国家的利益等。

03

调解为什么是任性的“小”家伙

我这里说的“小”，是与接下来要讲的一审程序、二审程序、再审程序（这些都是重头戏，别急，后面会好好讲，现在咱只需要知道这些是法院的审理程序就行）的内容相比，规范调解过程的法律非常少，换言之，就是调解的过程受到法律的约束比较小，我给你拆开了细说。

1

调解的要求少——不公开

第一个“小”体现为调解的要求很少。法律规定了：人民法院审理民事案件，调解过程不公开，但当事人同意公开的除外。调解协议内容不公开，但为保护国家利益、社会公共利益、他人合法权益，人民法院认为确有必要公开的除外。主持调解以及参与调解的人员，对调解过程以及调解过程中获悉的国家秘密、商业秘密、个人隐私和其他不宜公开的信息，应当保守秘密，但为保护国家利益、社会公共利益、他人合法权益的除外。总结起来就是一句话：调解没什么硬性规定，**唯一的要求就是“不公开”**，不仅调解的过程不公开，连最终的调解结果也都不公开，除非是涉及保护国家利益、社会公共利益、他人合法权益必须公开的。

2

调解书不可以上诉——“一锤子买卖”

下面是调解过程“小”的第二个体现，那就是不可以上诉。先看法条，看完我再和你解释。

《中华人民共和国民事诉讼法》第一百条

调解达成协议，人民法院应当制作调解书。调解书应当写明诉讼请求、案件的事实和调解结果。调解书由审判人员、书记员署名，加盖人民法院印章，送达双方当事人。调解书经双方当事人签收后，即具有法律效力。

看到了吗，法条的最后一句“调解书经双方当事人签收后，即具有法律效力”，这句话的意思就是**只要双方都签收了调解书，调解书就生效了，**也就是说，法院把双方谈好的调解协议制作成调解书之后，法院就会把调解书送给调解的双方，无论是到法院领取调解书，还是从快递员那里收到法院寄来的调解书，或者线上签收电子版的调解书，最后一个签收调解书的人签收以后，咱这个调解书就生效了，这个时候双方就都没有后悔的余地了。

因此，当双方都签收之后，这调解书生都生效了，你如果再去申请二审，万一再出个不同结果，你说听谁的呢，这不乱套了吗。到后面我们就会知道，之所以判决书可以上诉，是因为一审的时候法院作出的判决书，就算双方都签收了，也还没有生效，要等过了上诉期之后，确认没人上诉了才会正式生效，而调解书根本就不给你反应的时间，签收完毕就生效，自然你也就没机会上诉了，而且退一万步说，这调解是你们双方都同意的，这个时候你又告诉法官，法官我要上诉，我对调解结果不满意，也不合情理。

我和上诉不合，看都别让我看见它

04 调解书的制作过程和“庐山真面目”

好了，给你讲完调解的两个特点后，该讲讲调解书到底是怎么产生的。调解书是怎么制作出来的呢？是依据当事人双方达成一致的调解协议来制作的，比如案件双方经过法官的调停，最终达成了一致的意见，这时法官就会依据这个一致的意见形成一份调解协议，双方都在上面签字摁手印后，法官就会依据这份调解协议来制作调解书，调解书的关键内容就是双方调解协议中的内容。

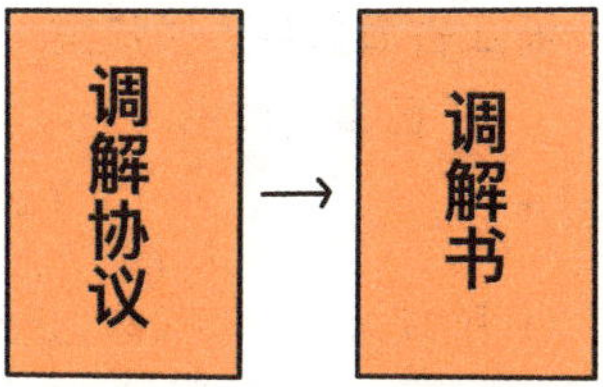

虽然调解协议是双方当事人自己协商一致就行，但是调解书毕竟是法官做出来的，所以还是有一定的规范要求的，比如当事人的诉讼请求，以及案件的事实和调解结果等内容是一定要有的，为了显示是法官制作的调解书，上面法官和书记员的名字自然是不可少的，最关键的是法院的公章，可别小看了公章，有了公章咱这个可就是正儿八经的调解书了，对方不按照约定好的时间履行义务的话，咱就可以依据这份盖着公章的调解书，像拿着判决书一样去法院执行局找对方了。另外，咱刚才也说了，法官制作好调解书是要送达双方当事人的，如果有一方当事人没有签收，这个调解书就没有生效，如果有一方在签收调解书之前反悔，这个调解书就相当于作废，案子又回到了没有调解之前的状态了。

也就是说，没到最后一个人签收，调解书就不算生效了？

是的，得保证所有人都签收了，才能马上生效。掌握了这些，咱就可以好好看看真正的调解书长什么样了。

浙江省海盐县人民法院

民事调解书

(2022)浙0424民初2022号

原告:当当,男,1992年11月11日出生,汉族,身份证号码×××××××××××××××××××,住浙江省海盐县玫瑰花园小区22幢2单元202室。

被告:王二麻子,男,1992年11月11日出生,汉族,身份证号码×××××××××××××××××××,住浙江省海盐县麻子小区22幢2单元202室。

原告当当与被告王二麻子买卖合同纠纷一案,本院于2022年2月2日立案后,依法适用简易程序公开开庭进行了审理。

原告当当诉称:1.要求被告给付石材款27,000元,并支付自2019年8月26日起至实际付清之日止按月利率1%计算的利息;2.本案诉讼费由被告承担。

事实与理由:2019年8月11日,被告向原告出具欠条一份,欠条写明欠原告石材款27,000元,承诺于2019年8月25日前付清,如逾期则按每日300元加收利息。

本案审理过程中,经本院主持调解,当事人自愿达成如下协议:

被告王二麻子于2022年6月1日前一次性支付原告当当石材款25,000元,其余货款2000元原告表示放弃。若被告未按期足额履行给付义务,则自逾期之日起,原告可按货款27,000元申请执行,并要求被告支付自2018年8月26日起至实际付清之日止按月利率1%计算的利息。

上述协议,不违反法律规定,本院予以确认。

案件受理费238元(已减半),由原告当当负担。

本调解书经各方当事人签收后,即具有法律效力。

审判员 曹 操

2022年2月22日

书记员 蔡文姬

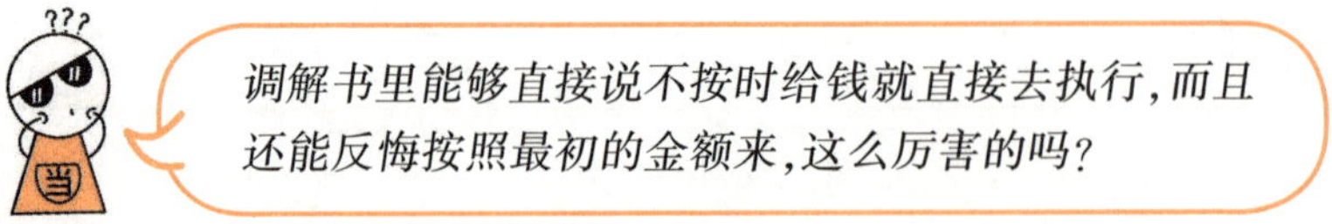

是的，这里我要郑重地告诉大家，**调解书的效力和判决书是一样的**。判决书判的内容，我们可以去法院执行局申请执行。调解书也一样，调解内容是什么，一旦对方没有按照约定履行，我们也可以去法院执行局申请执行。但是大家要注意，调解书的申请执行，要看调解书约定的内容，毕竟调解是双方当事人主导的，你看我们刚才举例子的调解书，因为是一次性就得给的钱款，那么如果不给，原告就有权就原来的金额一次性申请执行，这样就算给对方一个震慑了。

不给钱就直接执行庭见
所以得一分不少地给我

那要是调解的时候是分批履行的呢？一般人要是欠的钱多，很少能一次性全部还清吧？

是的，分期履行在调解里确实更常见，要是分期履行的，那么咱们要记得在调解书中加上一句“**以上任意一期未足额支付的，则原告有权就剩余未付部分一并申请执行**”之类的表述，这句话加上有什么深意呢？那就是对于分期履行的调解，只要有一期对方没有及时还钱，咱马上就能去法院执行局申请执行，这样就算事出有因，名正言顺了，要是不加上这一句，咱还不好马上申请执行呢，小伙伴们一定要记牢。

对，这个很重要，要是不写上，万一这期没还他下一期又还了，我还怎么申请执行。

对，因为调解书的调解内容是双方自己定的，咱可一定要注意这些，不过大家也不用过于担心自己会遗漏什么关键句，毕竟调解的时候法官还在场，大家有什么顾虑，可以直接和法官说，法官会把咱的顾虑组织一下写进调解书里的，所以大家在调解的时候，要听法官的话，多和法官沟通，把咱的意见都给表达准确，把咱的顾虑也都说清楚。好了，关于调解书的知识我就给你讲完啦，咱们下一章见。

下篇

实战阶段

第十二章

打官司第一阶段——起诉立案

第十二章 打官司第一阶段——起诉立案

温馨提示

本书中所列的法院文书格式及相关流程是一个大致的参考，现实中具体到各个法院会有一定的不同，但大体上是一样的，为了稳妥起见，现在各个法院基本上都有自己的微信公众号，一般会在上面发布各自法院的各种文书格式以及流程注意事项，大家可以进一步参考。

对照流程表，今天咱们要做的是起诉流程的第一阶段——起诉立案。在第一阶段中，第一步就是去法院的诉讼服务中心（立案大厅）起诉或者在微信小程序“人民法院在线服务”上立案，这两种方式虽然形式上不一样，但本质上是一样的。

那这两种立案方式各有什么利弊？

是这样的，现场立案是咱亲自去法院的诉讼服务大厅立案，这对于时间不宽裕的人来说是缺点，毕竟一般法院只有工作日才能立案，你得请假去现场立案，但现场立案的优点是快，因为是当场审核的，行就是行，不行的话，法院的工作人员会马上告知你需要补充哪些材料；而在“人民法院在线服务”小程序中立案，咱只需要打开微信，就能在手机上完成立案申请，优点是比较方便，节约时间，缺点是没有办法当场立案，

而且需要等待，因为当你把所有材料提交完毕之后，你的案子就会显示“待审核”状态，需要等法院的人工审核，而这个审核的时间就比较难把握，好不容易审核完，你一看，不通过，又得按照要求重新上传，然后又得等审核，这样，着急立案的人估计早就想砸手机了。

两种立案方式就这一个区别吗？打官司那么长的流程呢，不是还有开庭什么的吗？

这么说吧，除非你是去互联网法院打官司，可以全程都在网上进行，除此之外，咱去其他的法院打官司，一般来说还是要线下开庭的，除非是碰上特殊情况或者说案子本身简单，原、被告双方都同意线上开庭的，可以线上开庭。而且就算是现场立案，法院一般也会要求你同步注册“人民法院在线服务”小程序，因为现在法院推行数字化，法院的材料会优先选择通过“人民法院在线服务”小程序来送达，所以在立案阶段之后，“人民法院在线服务”小程序就和案件融为一体了，案件的进展、法院的通知咱都可以在“人民法院在线服务”小程序上查询到。

线下立案方式——法院诉讼服务中心现场立案

01 去法院诉讼服务中心立案需要准备的材料

1 起诉状及证据材料

首先是起诉状，因为我们不仅要准备自己的，还要准备给被告以及法院的，所以如果被告人数是 n，那么我们起诉状需要准备的份数就是 n+2 份，当然了，与此对应的，证据材料我们也需要准备 **n+2** 份，证据材料就包含我们前一章说的所有证据及证据目录。我这里提醒一下，咱去立案，只需要带**证据的复印件**就行了，证据的原件，那是开庭的时候才需要的，原件那么重要的东西，还是存放妥当比较好。所以咱立案的时候把所有的证据复印好后，交给立案的工作人员就行。另外，关于证据的原件，我这里要说明一下，到了真正开庭的那天，等证据原件在法庭上出示过，对方也发表过质证意见之后，你的**证据原件一般就要给法院**了，因为等案件审理结束，最终被法院装订成册进行归档的，是证据的原件而不是复印件。

我的借条原件被法官拿走了我拿什么找王二麻子要钱呢？

依据法官给你的判决书啊，判决书上写得清清楚楚让王二麻子还你多少钱，你怕啥。

2

保全申请书及担保材料

其次要准备的是保全申请书及担保的相关材料。虽然咱大部分人都是诉中保全，但是尽量在立案的时候就申请，那也是诉讼中，只不过是诉讼中的开头，一开始就申请财产保全可以尽量避免被告转移财产。具体来说，申请保全的话，保全申请书你只需要向法院提交1份就可以了，另外，咱还要记得带担保材料，毕竟咱自己也得提供担保来保证咱保全的正当性，比如咱拿自己房子作为担保的，那得拿房产证原件，而且还得去不动产登记中心之类的地方开一个证明，证明这个房子是咱自己的，而且没有抵押，可以用于担保，如果是让保险公司出具保函，那保函本身就是要交给法院的。

那王二麻子“抵押”给我的房产证要不要带呢？

要的呀，你已经算运气很好了，居然直接有被保全房产的房产证，法院都要感谢你给他省了不少事儿呢，毕竟知道具体房产信息了，制作好文书之后去不动产登记中心一查封就完事儿了。一般人别说有对方的房产证了，甚至连对方房产的具体位置在哪儿都不知

道，只知道可能有房子，或者只知道他有些钱存在银行，但是具体哪一个银行也不知道。在遇到这种情况时，大家可以向法院申请调取对方的相关存款及房产信息，法院会给咱查询，不过大家给的信息**一定要具体明确**，比如你猜测对方银行卡里有钱，那你就得尽量给出是哪个地方的哪家银行的卡里有钱，你估计对方有房产，你最起码得告诉法院房子大致在哪里，不能让法院到全国所有的银行都去筛选一遍看看对方在哪几家银行里有钱，或者说让法院在全国范围内帮你查询对方的房产情况。不过如果委托了律师，就更方便了，你可以让律师到法院申请一个调查令，这样律师就可以帮你查询到想要的财产信息了，至于连律师都查询不到的信息，律师也会帮咱写申请让法院调取。

3

身份证及身份证复印件

再次要准备的是身份证和身份证复印件，因为你要证明你是谁。现在去法院都是要过安检的，过安检的时候要扫描身份证进行登记，不带身份证的话连法院的门你都进不去，更别提后面立案的时候还得用身份证取号。至于身份证复印件，大家复印一两张就行，毕竟法院存档只需要一张。

4

银行卡及银行卡复印件

最后要准备的是银行卡及银行卡复印件。

准备银行卡是为了交诉讼费吧，必须用银行卡付吗？支付宝、微信什么的不行吗，我觉得支付宝和微信方便多了。

支付宝和微信也可以，但并不是所有的法院都允许使用支付宝和微信支付的，保险起见，你还是带银行卡去比较好，毕竟银行卡是肯定可以的，有备无患。至于银行卡复印件，咱前面不是说了诉讼费是预缴的吗，赢了官司的话书记员会把诉讼费退给咱，再去找被告要，所以在立案的时候法院一般会让咱填写一份退费账户确认书，上面需要你填写退费的银行卡卡号，大家也知道银行卡卡号很长，所以这个时候你提供一份银行卡复印件，也是方便书记员退费核对。

那我要是在"人民法院在线服务"小程序中立案成功需要缴费，我该怎么交呢？

其实是一样的，不管是现场立案，还是网上立案，法院都会给咱一份诉讼费交纳通知书，上面清楚规定了我们应该缴费的银行账户，只不过网上立案是电子版的，这个账户不是法院的，是政府的，法院只是代收部门。那既然是银行账户，咱们银行转账或支付宝、微信转账就都可以啦。

02

到法院诉讼服务中心现场如何立案

1

取号

我为什么要叫你取号呢，是因为诉讼服务大厅里面不同的窗口有不同的分工，比如 1 号是负责民事案件立案的，2 号是负责商事案件立案的，3 号是负责行政案件立案的，4 号是负责执行案件立案的，5 号是专门收取诉讼费的，每个窗口办理的业务都不一样，而且人那么多，大家不排队的话，一下就乱套了，所以你得去取号机那里选一下要办理的业务，比如民事立案，你选这个业务，就能知道在哪个窗口办理，你前面还有多少人，就和去银行办业务一样。当然有些小的法院或者法庭是没有取号这一环节的，这个时候咱自觉排队就好。取完号，趁还没轮到，可以逛逛这个诉讼服务大厅，看看有什么好东西。

彩蛋：诉讼服务大厅里有什么？

注意：以下设施及人员设置并非每个法院都有，要是小伙伴们在法院起诉时没有看到也不要奇怪，而且每个地方法院都会有自己的特色设置。

1. 导诉台

首先，有个一眼就能看见的服务台，里面有工作人员。这个地方叫作"**导诉台**"，就是"指导你起诉的咨询台"，

就跟医院的导医台差不多，你有什么不知道的，都可以去问里面的工作人员。

2. 书写台

再看看这里，又是一个台，这个贴满了各种类型文书格式的地方，就是给你书写相应文书材料的地方，通俗的叫法就是“书写台”，这里各种基本的模板都有，大家要是临时缺了什么材料，需要补的，可以去书写台看看有没有可以参考的，而且书写台那里有桌子有笔，很方便。

2

递交材料，等待工作人员审查

袍儿，叫号叫到我啦，我该做什么？

把你之前准备的起诉状、证据、保全申请书什么的，都递给窗口里的工作人员，给他审查，他们主要审查两个方面，一方面是审查是否符合起诉条件（就是咱第一章、第二章讲的内容），另一方面要审查的就是你的起诉材料（起诉状、证据、保全申请书等）准备得怎么样。如果两个方面都没有问题，那么一般来说你的案子法院就收下了。

那要是其中一个方面有问题的话，会怎么样呢？

《中华人民共和国民事诉讼法》第一百二十六条

人民法院应当保障当事人依照法律规定享有的起诉权利。对符合本法第一百二十二条的起诉，必须受理。符合起诉条件的，应当在七日内立案，并通知当事人；不符合起诉条件的，应当在七日内作出裁定书，不予受理；原告对裁定不服的，可以提起上诉。

法条回答你，如果大家是去法院的诉讼服务中心起诉，起诉材料准备齐全，且符合起诉条件，你的案子法院当场就会收下，你就立案成功了，如果起诉材料准备得不充分，有缺漏，法院会先把你现有的材料收下来，然后告诉你应该补齐哪些材料，等你把材料补齐交上去之后，法院会有 7 个工作日的审查时间，如果这回材料齐全了，法院就会收下你的案子，你就算起诉成功了，如果经过审查发现还是不符合起诉条件，一般来说你就会收到一份不予受理裁定书，告诉你法院不收你的案子，如果案子复杂，不知道到底符不符合起诉条件，那法院也会先收下你的案子，后面发现实在不符合起诉条件的，再驳回起诉。

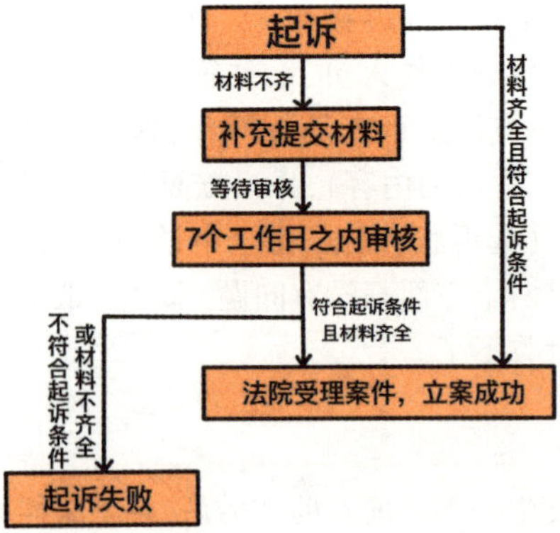

不过这里我要提醒一下，法院真的是太忙了，所以审核上可能会没那么快，各个法院也有各自的立案流程规定，所以案子到底是否立案成功，大家如果着急想知道结果的话，我还是建议大家直接打电话问，现在法院的电话网上很好查，大家也不用担心打错了，除非压根不是法院的电话，否则，就算你打到法院的其他部门，你说你要找诉讼服务中心的人员，法院工作人员一般也会告知你正确的联系方式。

我想问问如果我的案子立案成功了，法院会通知我吗？

如果你是线下立案的，立案成功与否你当场就能知道；如果你是线上立案的，那么等到“待审核”变成“审核成功”时，你的案子就立案成功啦，而且基本上都会有短信通知。

那立案成功之后，我需要做什么呢？

法院会让你填一些文书材料，我以现场立案为例给你列举一下。线上立案和现场立案差不多，你学会现场立案了，线上立案也就能“依葫芦画瓢”啦。

03 现场立案成功后需要填写的材料和会收到的材料

1 送达地址确认书

浙江省宁波市海曙区人民法院
送达地址确认书

<table>
<tr><td>案号</td><td colspan="3"></td><td>案由</td><td colspan="2"></td></tr>
<tr><td>当事人</td><td colspan="6"></td></tr>
<tr><td>告知事项</td><td colspan="6">1. 为便于当事人及时收到人民法院诉讼文书，保证诉讼程序顺利进行，当事人应当如实提供确切的送达地址或电子送达方式。代理人签署本确认书，视为所代理的当事人进行确认。
2. 为提高送达效率，在当事人同意的情况下，人民法院将优先采用电子方式送达，判决书、裁定书、调解书可以同时线下送达。无论是否接受电子送达，均应提供联系手机号码。
3. 确认的送达地址或电子送达方式适用于一审、二审、审判监督、执行程序。如有变更，应当及时书面告知人民法院变更后的送达地址或电子送达方式。
4. 如果提供的地址或联系方式不确切，或者不及时告知变更后的地址或联系方式，使诉讼文书无法送达或未及时送达，当事人将自行承担由此可能产生的法律后果。</td></tr>
<tr><td rowspan="6">送达地址及方式</td><td>收件人</td><td></td><td>与当事人关系</td><td colspan="3">□本人 □代理人 □其他代收人</td></tr>
<tr><td>证件类型</td><td></td><td>证件号码</td><td colspan="3"></td></tr>
<tr><td>电子送达方式（可多选）</td><td colspan="5">是否接受电子送达：□是 □否
□手机（电子送达必选）：
□“人民法院在线服务”（请先扫码认证）
□电子邮箱：
□传真：
□诉讼服务平台/电子送达平台</td></tr>
<tr><td>裁判文书送达方式</td><td colspan="5">□电子送达 □线下送达（可多选）</td></tr>
<tr><td>邮寄地址</td><td colspan="5"></td></tr>
<tr><td>手机号码（必填）</td><td colspan="3"></td><td>邮编</td><td></td></tr>
</table>

受送达人确认	我已阅读(听明白)本确认书的告知事项,提供了上栏送达地址和联系方式,确认了上栏送达方式,并保证所提供的各项内容是正确的、有效的。如在诉讼过程中送达地址或联系方式发生变化,将及时通知法院。 受送达人(签名或者盖章) 年　　月　　日
备注	
法院工作人员签名	

这个送达地址确认书的核心内容就是你的地址和联系方式,你可以选择多种电子送达方式,我的建议呢,各种送达方式大家都可以勾选,毕竟电子送达整体上对我们来说是更方便的。

电子送达方式是什么意思呀?

你看"电子送达方式"这栏里有"手机、'人民法院在线服务'、电子邮箱、传真、诉讼服务平台/电子送达平台"好几个选项,也就是说你可以通过手机或者电脑接收到来自法院的消息,比如一般来说,开庭之前法院是要向当事人送达开庭的传票的(传票就是法院通知你什么时候在什么地点开庭的书面材料),本来咱得跑到法院去领取传票,但是如果咱同意电子送达,那么对于简易程序的案子,书记员只要发个短信给你,或者直接发到"人民法院在线服务"小程序里,你打开手机能看到,一点"签收"就完成送达了,你就不

用再跑法院了。而且送达地址确认书除了方便原告以外，它的“目标客户”更多的是被告，因为如果一开始法院就让被告填写了送达地址确认书，那么在案子审理的中途，被告跑了不来开庭甚至不来宣判，或者搬家了、换手机号码了法院无法联系上，法院也不慌，判决书按照送达地址确认书中被告写的地址寄过去就行，甭管被告是不是真收到，法院都“假装”收到了，这样就不用担心我们的案子由于送达不能导致进入公告送达程序，需要很久才能生效了。

2 送达回证

送达回证就相当于收条，代表着咱确认收到了法院的材料，比如我们的案子被法院立案受理后，咱们会收到的送达回证就像下面这样。

浙江省仙居县人民法院

送 达 回 证

案由	民间借贷纠纷	案号	(2022)浙1024民初2022号
送达文书名称和件数	受理案件通知书、交纳诉讼费用通知书、诉讼权利义务告知书		
受送达人	当当		
送达地址	本院		
受送达人签名或盖章	年 月 日		

代收人及代收人理由	年　　月　　日
备　注	

填发人:张　良　　　　　　　　送达人:萧　何、张　良

《中华人民共和国民事诉讼法》第八十七条

送达诉讼文书必须有送达回证,由受送达人在送达回证上记明收到日期,签名或者盖章。受送达人在送达回证上的签收日期为送达日期。

看完法条对送达回证的描述,我们可以知道,法院向大家送达诉讼文书时大家必须签送达回证,这其中不管是什么材料,对方给的证据复印件也好,你收到的法院的判决书也好,只要是法院给的材料,你都要签送达回证,你需要在受送达人那栏签字和摁手印,当然不要忘了填上时间。

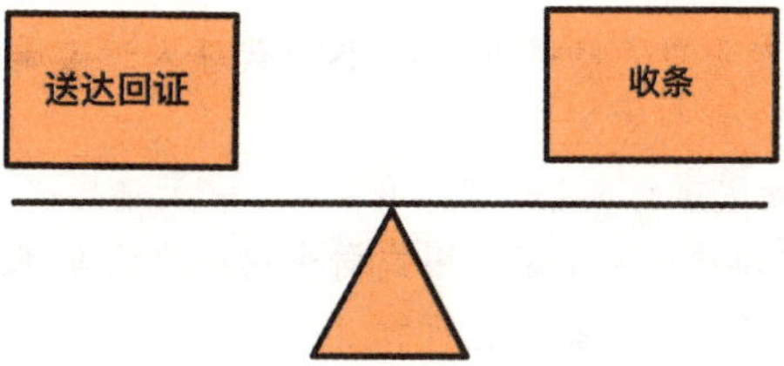

3

诉讼权利义务告知书

诉讼权利义务告知书就是法院告诉你，你到法院起诉有什么权利和必须遵循的义务，会有一大堆权利义务，各个地方的叫法也不一样，到时候大家以各自收到的告知书为准，不过具体内容应该是差不多的。

诉讼权利义务告知书

一、当事人的诉讼权利

1. 原告有向法院提起诉讼和放弃、变更诉讼请求的权利，有申请财产保全、证据保全的权利。
2. 被告针对原告的起诉，有应诉和答辩及提起反诉的权利。
3. 有委托诉讼代理人参加诉讼的权利。
4. 有使用本民族语言文字进行诉讼的权利。
5. 审判人员、书记员、翻译人员、鉴定人、勘验人有下列情形之一的，有申请回避的权利：

   (1) 是本案当事人或者当事人、诉讼代理人近亲属的；

   (2) 与本案有利害关系的；

   (3) 与本案当事人、诉讼代理人有其他关系，可能影响对案件公正审理的。
6. 有按规定申请延长举证期限或向法院申请调查、收集证据的权利。
7. 有进行辩论，请求调解、自行和解的权利。
8. 有查阅法庭笔录并要求补正的权利。
9. 有在法定期限内提起上诉的权利。
10. 有申请执行已经发生法律效力的判决、裁定、调解书的权利。

二、当事人的诉讼义务及责任

1. 依法行使诉讼权利的义务。
2. 按规定交纳诉讼费用的义务。
3. 向法院提供准确的送达地址和联系方式的义务。

4. 按规定期限向法院提供证据的义务。

5. 按时到庭参加诉讼的义务。

6. 服从法庭指挥，遵守诉讼秩序的义务。

7. 履行已经发生法律效力的判决、裁定、调解书的义务。

对于不履行诉讼义务妨害民事诉讼的行为，根据情节轻重，人民法院可以分别采取训诫、罚款、拘留等强制措施；构成犯罪的，依法追究刑事责任。

根据《最高人民法院关于人民法院在互联网公布裁判文书的规定》，本院作出的生效裁判文书将在中国裁判文书网上公布。如果认为案件涉及个人隐私或商业秘密，申请对裁判文书中的内容进行技术处理或者申请不予公布的，至迟应在裁判文书送达之日起三日内以书面形式提出并说明具体理由。经本院审查认为理由正当的，可以在公布裁判文书时隐去相关内容或不予公布。

4

交纳诉讼费用通知书

交纳诉讼费用通知书就是法院让咱交钱的通知，这里有个很重要的时间点大家一定要注意，那就是“原告必须自接到人民法院交纳诉讼费用通知次日起 7 日内交纳案件受理费”，什么意思呢，就是法院已经收了你的案子，并且你已经收到交纳诉讼费用通知书的话，**如果你超过 7 天不交案件受理费，那法院可就当你不起诉，按撤诉处理了**，这可是很严重的后果。具体的交纳诉讼费用通知书，就是下面这样的。

浙江省诸暨市人民法院

交纳诉讼费用通知书

原告当当诉被告王二麻子民间借贷纠纷一案，你向本院提起诉讼申请。依照《中华人民共和国民事诉讼法》第一百一十八条、《诉讼费用交纳办法》规定，你应当交纳案件受理费××元、申请费××元、其他诉讼费××元，合计××元。

限你于收到本通知书次日起七日内向本院预交。期满仍未预交的，按撤回起诉处理。

本院诉讼费专户名称：诸暨市人民法院（财政汇缴专户），开户银行××××，账号：××××××××××××××××××××。

特此通知。

2022 年 2 月 2 日

看到了吧，超过时间交诉讼费的话后果很严重，不过这里我要再次提醒一下小伙伴们，现实中各个地方法院的操作流程不一样，有的地方的法院，它哪怕确定收了你的案子了，也不会急着让你交案件受理费，它会先行调解，调解不成再交费，但是有些法院就会在你立案成功的同时让你交案件受理费，所以大家在实际立案的时候，一定要问清楚各自的法院案件受理费怎么交的问题。

5

受理案件通知书

下面就是受理案件通知书，就是法院告诉你，你的案子法院收了。

浙江省台州市椒江区人民法院
受理案件通知书

原告当当诉被告王二麻子民间借贷纠纷一案，本院于 2022 年 2 月 2 日立案。本案案号为（2022）浙 1002 民初 2022 号。现将受理案件的有关事项通知如下：

一、在诉讼过程中，当事人必须依法行使诉讼权利，有权行使《中华人民共和国民事诉讼法》第五十二条、第五十三条、第五十四条等规定的诉讼权利，同时也必须遵守诉讼秩序，履行诉讼义务。

二、自然人应当提交身份证或者通行证、护照复印件；法人或者其他组织应当提交营业执照或者事业单位法人代码证复印件、法定代表人或者主要负责人身份证明书。

三、当事人、法定代理人可以委托一至二人作为诉讼代理人。

委托他人代为诉讼，必须向人民法院提交由委托人签名或者盖章的授权委托书。授权委托书必须记明委托事项和权限。诉讼代理人代为承认、放弃、变更诉讼请求，进行和解，提起反诉或者上诉，必须有委托人的特别授权。

四、根据《最高人民法院关于人民法院在互联网公布裁判文书的规定》，本院作出的生效裁判文书将在中国裁判文书网上公布。如果你认为案件涉及个人隐私或商业秘密，申请对裁判文书中的有关内容进行技术处理或者申请不予公布的，至迟应在裁判文书送达之日起三日内以书面形式提出并说明具体理由。经本院审查认为理由正当的，可以在公布裁判文书时隐去相关内容或不予公布。

特此通知。

2022 年 2 月 2 日

线上立案方式——“人民法院在线服务”网上立案

好了，到目前为止我们现场立案的知识就基本讲完了，接下来我要讲讲线上立案方式——“人民法院在线服务”立案了（有些地区还有专门的法院网站可以立案，大家也可以参照“人民法院在线服务”小程序的立案步骤进行网上立案）。在讲解之前，我得先给小伙伴们仔细介绍一下“人民法院在线服务”小程序。你可以把它理解成网络法院，它是微信上的一个官方的小程序，在这个小程序里，从立案到最终执行，都可以通过这个小程序完成。

那真的是一个很棒的小程序啊，好有用，那我应该上哪儿找这个“人民法院在线服务”小程序呢？

很简单：第一步：打开微信；第二步：点开“发现”；第三步：点开“小程序”；第四步：在搜索栏里输入“人民法院在线服务”。这里告诉大家一个小窍门，“人民法院在线服务”的入口是精确到省一级的，也就是说，如果你想在杭州市西湖区人民法院起诉，可以直接搜“人民法院在线服务浙江”，如果没有精确到省一级的话，一般微信是默认“人民法院在线服务”总平台的，但是进入总平台之后，还是会要求我们进入各个省的分平台的，所以还是直接搜省一级的比较方便，我这边就统一以“人民法院在线服务浙江”为例了。

以“人民法院在线服务浙江”为例，大家进去后，要先进行身份注册，这其中最重要的是电子签名，因为我们打官司很多地方都是需要用到签名的，所以在一开始，系统就会要求我们录入我们亲自签的电子签名，这样后面需要我们签字的时候，直接就会跳出来咱们的签名，就不用每次都重新签了，还是很方便的。

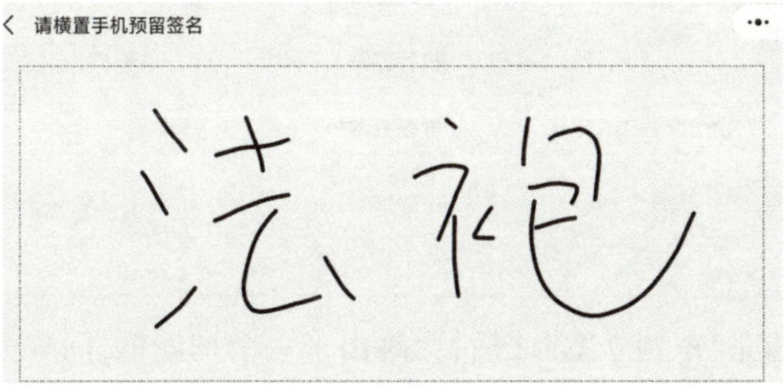

注册完毕之后，显示的界面像下面这样，咱们点击第一个选项：“我要立案”。

点击“我要立案”之后，会跳出来几个选项，咱们要立案，就选“审判立案”，要申请执行，就点“执行立案”，咱现在审判立案就行，执行立案是赢了案子之后才会用到的，咱后面也会详细说。

风险评估（可选）

审判立案

执行立案

批量立案

取消

选完“审判立案”之后，会跳出来一个询问框，问你是否愿意接受第三方调解机构调解，这个第三方调解机构就是类似人民调解委员会之类的组织，它们共同的特点是不属于法院，如果它们调解成功了，你是不能直接拿着它们的调解方案去法院要求执行的，最起码要去法院确认一下调解协议的效力，这和咱们后面讲到的调解书不一样，调解书是法院作出的，所以和判决书一样具有法律效力，可以直接拿着去申请执行，说直白一点，如果大家就是奔着去法院解决案子来的，那大家就点“不愿意”就好了，如果觉得可以先试试第三方能不能处理好，那就点“愿意”。

提示

是否愿意接受第三方调解机构调解?

不愿意	愿意

那我点了“不愿意”之后法院还会给我调解吗？

当然会，你只是不愿意由第三方调解机构调解，又没说不愿意由法院调解，而且法院受理案子之后，先行调解是法律规定的必经程序，别担心。接下来就是选要具体立案的法院，咱第一次起诉就是一审，法院的立案须知还是要看一下的。

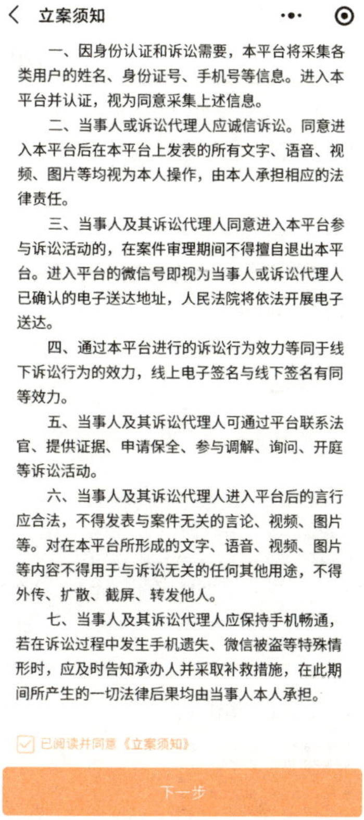

之后就是立案的关键环节了，按照要求，咱们就可以上传我们之前就准备好的起诉状以及相应的证据材料了，如果没有代理人，代理人那一栏就不用添加，毕竟代理人栏也不是必填的，当事人身份材料，最“简单粗暴”的就是身份证的正反面，如果大家有疑问，可以注意看我打箭头的几个地方，特别是“起诉状”边上的“示例”，里面打开可详细具体了，都是法院给大家的具体格式说明，甚至到最后“送达地址确认书”这块儿，大家点开填写具体信息就能自动生成，生成了之后咱就是同意法院进行网上送达了，大家就要时刻关注这个小程序，看看法院又发了什么消息给你。

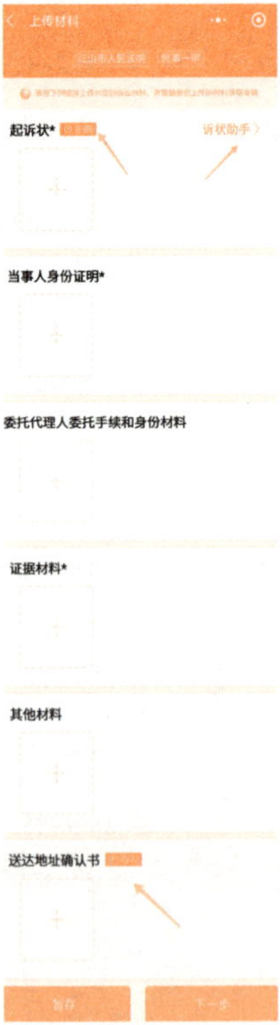

大家提交完全部材料之后，系统就会显示“待审核”状态，之后咱就可以时不时登入小程序看看审核有没有通过，或者说注意查看有没有来自法院的短信告知你案件的进度，注意，来自法院的短信一般都是一长串数字或者干脆就是很短的那种，比如“12368”，不会是正常的手机号码的，这个也是对诈骗行为的一个判断方法。

好的，我记住了，那立案成功之后，我这些起诉状和证据的纸质材料的复印件什么时候给法院呢？

这个就看情况了，有些法院会在审核通过你的案子之后通知你邮寄相关的纸质材料，有些法院就不会，总之立案之后下一步该怎么走，你按照相应法院的具体要求来就肯定没错。那么打官司的第一个阶段——起诉立案阶段我就介绍完了，我们下一章见。

下篇

实战阶段

第十三章

打官司第二阶段——送达文书

01 法院的送达制度

02 法院给原、被告双方送的材料有哪些

第十三章 打官司第二阶段——送达文书

温馨提示

本书中所列的法院文书材料是一个大致的模板，现实中具体到各个法院会有一定的不同，但是核心内容都是差不多的，所以大家还是可以借鉴参考的。当然现在很多案子都是电子送达，所以大家在法院告诉咱立案成功后，要密切关注手机短信或者微信小程序“人民法院在线服务”的消息，很有可能咱今天说的文书都会以电子版的形式发到你手机上，同一个法院，电子版和纸质版的文书肯定是一样的，大家不用担心。

袍儿，立案之后经历了先行调解，结果没谈成，但是有个书记员打电话给我，说联系不上王二麻子了，寄过去的诉讼材料也没有收，让我想想办法看看能不能联系到王二麻子，实在联系不上的话只能准备进行公告送达了，这什么意思啊？

公告送达是我们法院将诉讼材料送给被告的一种方式，这种方式是无奈之下的最后选择，既然你遇上了，那我就和你说说法院的送达制度吧。

01

法院的送达制度

对于法院来说，一个原告起诉以后，原告所提交的起诉状副本及证据的复印件（不管是纸质的还是电子版的）是必须送到被告手上的，因为必须让被告知道他被什么人告了，因为什么事情被人告的，只有确认起诉状和证据等材料已经送到被告手上，法官的审理才能进入下一个程序。

当然，法院要送给被告的不只有起诉状副本和证据副本，送达这些材料只是开始，在审判的过程中，通知开庭的传票，最后代表案件结果的判决书、裁定书、调解书等，都是需要保证送到被告手上的，当然原告也是需要这些材料的。这就是法院的送达制度，要保证在打官司的过程中所产生的文书材料都送给双方当事人。我给你详细介绍一下各种送达方式。

1

直接送达

第一种叫直接送达，这种送达方式是最简单的，就是直接给，适用于联系得上的被告以及原告。以本章一开始的给被告送文书材料为例，书记员打电话联系被告，让被告到法院取材料，被告同意，之后书记员只需要在法院等着，等被告到了，把起诉状副本和证据副本以及相应材料给被告之后，被告签个送达回证，表示收到了，这样就算直接送达成功了。

当然，事情并不总是那么顺利的，总有些被告虽然联系得上但是不愿意来法院，那么这个时候，既然被告不愿意来法院，那只有法官去把材料送给被告了，来，先来看个法条，我们再来详细说说法官找被告送材料是怎么个送法。

《中华人民共和国民事诉讼法》第八十八条

送达诉讼文书，应当直接送交受送达人。受送达人是公民的，本人不在交他的同住成年家属签收；受送达人是法人或者其他组织的，应当由法人的法定代表人、其他组织的主要负责人或者该法人、组织负责收件的人签收；受送达人有诉讼代理人的，可以送交其代理人签收；受送达人已向人民法院指定代收人的，送交代收人签收。受送达人的同住成年家属，法人或者其他组织的负责收件的人，诉讼代理人或者代收人在送达回证上签收的日期为送达日期。

这个法条就是说书记员和法官上门送材料的话，一般来说必须送给本人，要**本人签收**才行，这样才能算是送达成功。如果送的时候本人不在家，那么可以让同住的成年家属签收，这个时候也算送达成功，注意这个同住成年家属的条件比较苛刻，不仅得是家属，如父母、配偶，而且还得是**同住在一起**（家不在一块儿的，比如分居的夫妻，子女住城里、父母住老家的就不算同住成年家属），要是不住在一起，家属就算签收了也算没有送达成功。另外，如果被告是法人或者其他组织，按道理说应该是法定代表人或者负责人来签收材料，但如果有**门卫大爷**，那么门卫大爷也可以帮忙签收，因为一般门卫大爷是负责收发信件的，自然也就可以代替被告接收法院的诉讼材料。如果被告和法院说好，法院送给我的材料一律放我公司隔壁超市小卖部的老板那里，我到时候会去取的，那么法院也可以送到小卖部的老板处让其**代为签收**。当然，无论是法人、其他组织还是公民，如果有委托诉讼代理人，如律师，那律师自然是可以帮忙签收材料的。要注意，无论是本人还是其他人代为签收，都**必须签送达回证**，表示已经收到了相关材料，这样才能算是真正的送达成功。

是这样啊，那要是自己或者同住的成年家属不愿意签收呢？要是我，一听是法院找上门来，那肯定不是什么好事啊，我躲都来不及，更别说签收或者代为签收材料了。

是的，现实中确实同住成年家属拒收的概率是很大的，所以这个时候，我们一般采取下面的办法，先看法条。

《中华人民共和国民事诉讼法》第八十九条

受送达人或者他的同住成年家属拒绝接收诉讼文书的，送达人可以邀请有关基层组织或者所在单位的代表到场，说明情况，在送达回证上记明拒收事由和日期，由送达人、见证人签名或者盖章，把诉讼文书留在受送达人的住所；也可以把诉讼文书留在受送达人的住所，并采用拍照、录像等方式记录送达过程，即视为送达。

这个法条告诉我们，如果被告本人或者他的同住成年家属拒绝签收法院材料，法院的工作人员就可以找村书记或者村主任、居委会主任等到场作证并在送达回证上签字，把相应的材料留在被告的家里，这样就算送达成功了。

村主任和居委会主任会愿意吗？感觉不太好的样子，有点得罪人啊。

是啊，不太愿意也可以理解，毕竟低头不见抬头见的，所以现实中我们一般采取的是法条后半句的办法，就是把**要送达的材料放在被告的家里，然后拍照和拍视频**，表示我们确实把材料送给被告了。

2

电子送达

第二种叫电子送达，就是咱之前说过的，通过手机短信、“人民法院在线服务”小程序等电子送达平台来送达法院诉讼材料的一种方式，手机一般接收来自法院的短信和电话，基本上还是要搭配“人民法院在线服务”小程序使用的，所以我重点来说说“人民法院在线服务”小程序送达，毕竟这个小程序的功能要强大许多，无论原告还是被告，只要在送达地址确认书中确认同意电子送达的，法院就都可以通过“人民法院在线服务”小程序送达各种材料。

可是我记得你之前说过签收法院材料都是要填送达回证的，那我通过“人民法院在线服务”小程序接收法院材料的话，我怎么填送达回证呢？

你还记得吗？咱们在注册“人民法院在线服务”的时候，一开始就录入过电子签名，所以我们在小程序中点开“我的案件”签收材料时，也是会有送达回证需要咱填写的，只不过因为之前已经在系统里留了电子签名，所以送达回证上面的签字就自动生成了，而且现在很多时候，为了方便大家，需要签收的文书是可以通过短信发给大家的，大家只要打开短信中的链接，点击“签字”之类的选项，就算签收成功了。

3

邮寄送达

邮寄送达是第三种送达方式，顾名思义，就是通过**邮寄**的方式，通过**法院专门的邮政 EMS 快递**（注意，只能是邮政 EMS，其他的快递都不行，这也是辨别法院材料真假的方法之一）把相应的起诉状副本和证据副本以及其他材料一并寄给被告。一般来说，邮寄送达的方式一般适用于被告比较远或者被告不愿意来法院领取材料的情况，这种快递的包装都是独一无二的，印着大大的法院徽章图案，而且邮寄的面单上会详细说明法院送了什么材料给被告，所以等被告签收邮件后，快递员就会把回执带回到法院，**这个回执就相当于送达回证**了，这个时候，也算送达成功。

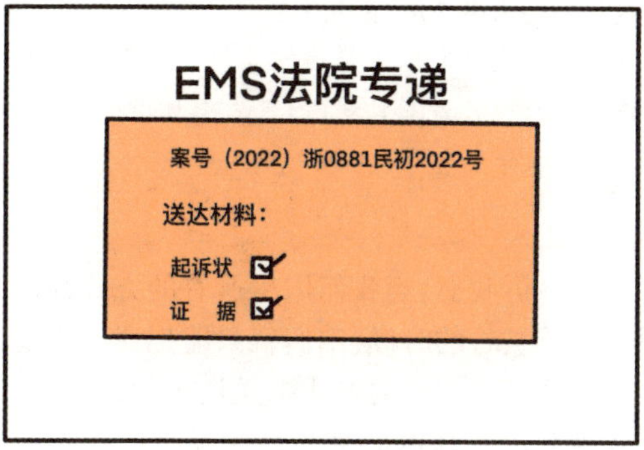

那要是被告不愿意签收或者被告不在家怎么办呢？

这就要具体情况具体分析了，如果是被告在家，但是不愿意签收，只要快递员在回执上写明“**被告本人拒收**”，那在法院看来，就是送达成功的，因为是我送材料给你，你不要，而不是我没找到你。

那要是被告压根就没在家，快递员联系不上怎么办？

这个情况不就和你现在的状况很像吗，王二麻子不知所踪，所以这个时候，咱们的公告送达方式就出场了，先看个法条，我再给你解释公告送达的强大之处。

4

公告送达

《中华人民共和国民事诉讼法》第九十五条

受送达人下落不明，或者用本节规定的其他方式无法送达的，公告送达。自发出公告之日起，经过三十日，即视为送达。公告送达，应当在案卷中记明原因和经过。

这个法条告诉我们，当我们用尽所有的方式都没办法把材料送给被告的时候，咱们就只能把我们需要送给被告的材料通过公告的方式来送达了，具体来说就是把被告被起诉的基本信息刊登在报纸上或者相应网站上，过了30天，不管被告看没看见，就当被告看见了。具体来说，公告送达就是对外发布一则公告，具体内容如下。

浙江省温州市龙湾区人民法院
公　告

××(被告身份证号码:××××××××××××××××××):

本院受理原告××诉被告××民间借贷合同纠纷一案,因用其他方式无法送达,依照《中华人民共和国民事诉讼法》第九十五条的规定,向被告××公告送达本院(2022)浙0881民初2022号起诉状副本、证据副本、应诉通知书、举证通知书、开庭传票、合议庭组成人员通知书、简易程序转普通程序民事裁定书、诉讼权利义务须知等应诉材料。原告起诉要求:1.……2.……根据《最高人民法院关于适用〈中华人民共和国民事诉讼法〉的解释》第一百三十八条第一款之规定,本公告采用在信息网络上刊登公告的方式,公告刊登日期即为公告发出日期,自本公告刊登之日起,经过三十日即视为送达。提出答辩状及举证的期限为公告期届满之次日起十五日。本院决定由审判员张良担任审判长,与人民陪审员萧何、韩信组成合议庭(或由审判员张良一人适用普通程序独任审理),定于2022年2月22日上午9:30在本院第二审判庭公开开庭审理本案。希望准时到庭参加诉讼,如逾期将依法缺席审理。

特此公告。

2021年12月2日

承办人:张良　　　　　　　联系电话:0570－××××××××

联系地址:浙江省温州市×××路温州市龙湾区人民法院

你这样发布在网上谁会看啊,又不是微信还能“@”他一下,至于报纸就更没人看了。

本来这个公告送达就没指望被告能看见啊,只不过必须走这个流程而已,公告送达本身就是一种不得已的处理方式,总不能说找不到被告咱这个案子就一直搁置在这里吧。而且关于公告送达,我要提醒你的是,一旦确定只能公告送达的时候,就宜早不宜迟,还是尽早公告吧,因为公告期本身就有30天,再加上还有被告答辩期和举证期,一般来说有15天,好不容易到

了开庭那天，当庭宣判了，得把判决书送给被告，由于找不到被告又得公告，那又是 30 天，还有 15 天的上诉期，想想就耗时，所以万不得已要公告的时候，宜早不宜迟。

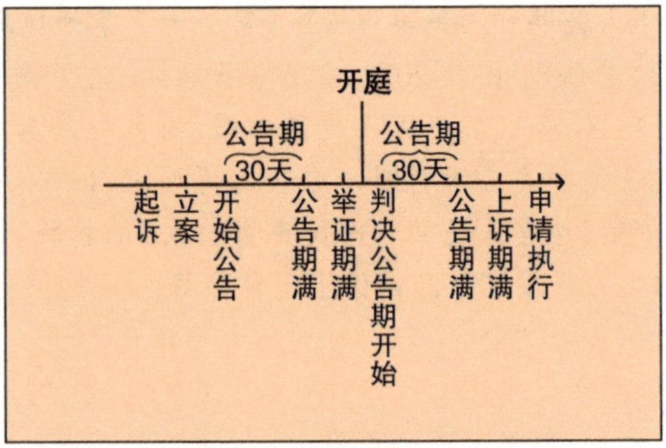

02 法院给原、被告双方送的材料有哪些

袍儿，虚惊一场啊，联系上王二麻子了，书记员打电话给我，说不用公告了，相应材料王二麻子已经签收了，所以通知我在手机里签收材料，我还要签收什么材料呢，和王二麻子从法院收到的材料一样吗？

差不多吧，但是有些不一样，为了能够让看书的小伙伴们有更直观的认识，我决定把你们双方会收到的材料都说说（并不是全部，只是介绍一些基本都会有的，一般来说每个法院都会有自己特色的文书）。先说说书记员给王二麻子的材料有哪些吧，这里要注意，电子送达的材料内容和纸质材料的内容都是一样的，要是年龄大不会用手机的老人可以要求法院将纸质版送给咱。

1

被告收到的材料有哪些

1. 起诉状副本和证据副本

被告首先会收到的材料是你交给法院的起诉状和证据的复印件，也就是所谓的起诉状副本和证据副本。

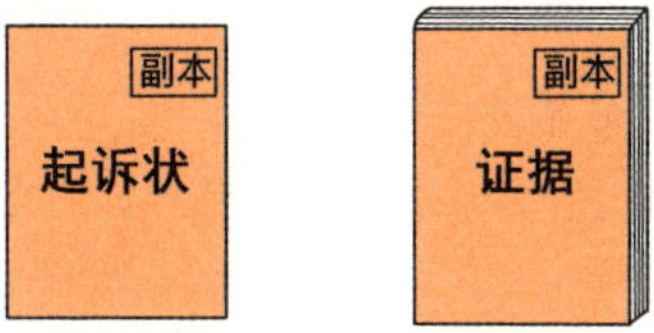

2. 应诉通知书

然后，被告还会收到应诉通知书，这个是被告所独有的，因为是应诉，应原告的起诉。应诉通知书的主要内容就是法院告诉王二麻子，有人告你了，是谁告你的，因为什么事儿告你，你看到起诉状和证据之后，有什么不满和要反驳辩解的，可以在15天内写个答辩状给法院，下面法条里的内容就是应诉通知书中最重要的部分，没什么理解难度，你一看就懂。

《中华人民共和国民事诉讼法》第一百二十八条

人民法院应当在立案之日起五日内将起诉状副本发送被告,被告应当在收到之日起十五日内提出答辩状。答辩状应当记明被告的姓名、性别、年龄、民族、职业、工作单位、住所、联系方式;法人或者其他组织的名称、住所和法定代表人或者主要负责人的姓名、职务、联系方式。人民法院应当在收到答辩状之日起五日内将答辩状副本发送原告。被告不提出答辩状的,不影响人民法院审理。

法条出没

浙江省杭州市萧山区人民法院

应诉通知书

(2022)浙0109民初2022号

原告当当诉被告王二麻子民间借贷纠纷一案,本院于2022年2月2日立案。本案案号为(2022)浙0881民初2022号。现将应诉的有关事项通知如下:

一、在诉讼过程中,当事人必须依法行使诉讼权利,有权行使《中华人民共和国民事诉讼法》第五十二条、第五十三条、第五十四条等规定的诉讼权利,同时也必须遵守诉讼秩序,履行诉讼义务。

二、在收到本通知后十五日内向本院提交答辩状,并按对方当事人的人数提出副本。

三、自然人应当提交身份证或者通行证、护照复印件;法人或者其他组织应当提交营业执照或者事业单位法人代码证复印件、法定代表人或者主要负责人身份证明书。

四、当事人、法定代理人可以委托一至二人作为诉讼代理人。

委托他人代为诉讼,必须向人民法院提交由委托人签名或者盖章的授权委托书。授权委托书必须记明委托事项和权限。诉讼代理人代为承认、放弃、变更诉讼请求,进行和解,提起反诉或者上诉,必须有委托人的特别授权。

五、根据《最高人民法院关于人民法院在互联网公布裁判文书的规定》,本院作出的生效裁判文书将在中国裁判文书网上公布。如果你认为案件涉及个人隐私或商业秘密,申请对裁判文书中的有关内容进行技术处理或者申请不予公布的,至迟应在裁判文书送达之日起三日内以书面形式提出并说明具体理由,经本院审查认为理由正当的,可以在公布裁判文书时隐去相关内容或不予公布。

六、本案审判组织成员为审判员嬴政，书记员高渐离。

特此通知。

浙江省杭州市萧山区人民法院

2022 年 2 月 2 日

结合法条和应诉通知书，我们可以知道，立案之后的 5 日内，一般来说也就是从原告收到受理案件通知书起的 5 日内，法院要把原告的起诉状副本和证据副本送给被告，被告在收到这些材料以后，要在 15 日内提交答辩状，答辩状要写明被告的姓名、性别、年龄、民族、职业、工作单位、住所、联系方式；法人或者其他组织的名称、住所和法定代表人或者主要负责人的姓名、职务、联系方式。当被告把答辩状给法院之后，法院要在收到答辩状起 5 日之内，把答辩状的复印件送给原告。当然了，交答辩状不是硬性规定，不交也是可以的，但是如果被告要交，那就必须得交书面的。

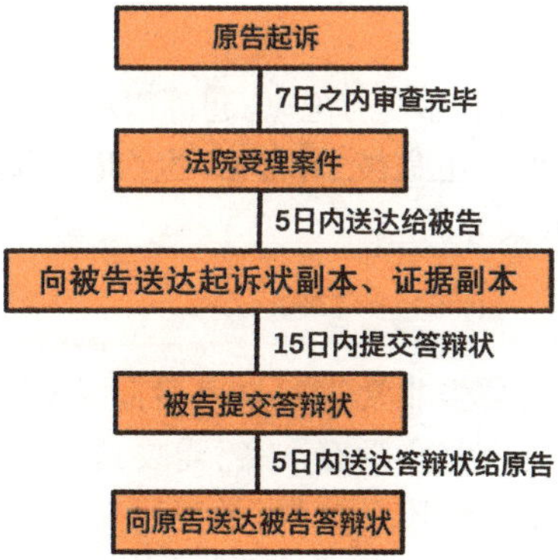

嗯，好的，那你顺便教教我答辩状应该怎么写，万一以后我用得上呢。

民事答辩状

答辩人:当当,男,1992年11月11日出生,汉族,身份证号码××××××××××××××××××,住浙江省海宁市玫瑰园小区22幢2单元202室。

对海宁市人民法院(2022)浙0481民初2022号原告叮叮诉被告当当民间借贷纠纷一案的起诉,答辩如下:

一、×××

二、×××

(填写说明:分段分点论述答辩的意见)

证据和证据来源以及证人姓名和住所:

1. ×××

2. ×××

此致

浙江省海宁市人民法院

附:本答辩状副本×份

答辩人:当当(签名摁手印)

2022年2月2日

3. 举证通知书

这个举证通知书你之前说过,起诉以后是有举证期限的,无论是原告还是被告,都必须在此期间把要收集的证据给收集齐。

是的,特别是被告非常需要这段时间,因为被告是被人起诉的,之前完全没有准备,需要这一段时间来准备证据,无论原告还是被告,举证通知书上法院都会给咱一个明确具体的截止日期,咱们在收集证据的时候一定要在法院给我们规定的最后日期之前把收集到的证据交给法院。

浙江省宁海县人民法院
举证通知书

(2022)浙0226民初2022号

王二麻子：

根据《中华人民共和国民事诉讼法》和《最高人民法院关于民事诉讼证据的若干规定》，现将有关举证事项通知如下：

一、当事人对自己提出的诉讼请求所依据的事实或者反驳对方诉讼请求所依据的事实，应当提供证据加以证明，但法律另有规定的除外。在作出判决前，当事人未能提供证据或者证据不足以证明其事实主张的，由负有举证证明责任的当事人承担不利的后果。

二、举证期限：你方应于收到本通知书次日起××日内向本院提交证据。举证期限可以由当事人协商，并经本院准许。

三、当事人向人民法院提供证据，应当提供原件或者原物。如需自己保存证据原件、原物或者提供原件、原物确有困难的，可以提供经人民法院核对无异的复制件或者复制品。同时应当对其提交的证据材料逐一分类编号，对证据材料的来源、证明对象和内容作简要说明，签名盖章，注明提交日期，并依照对方当事人人数提出副本。

四、当事人申请鉴定，应当在本院指定期间内提出，并预交鉴定费用。逾期不提出申请或者不预交鉴定费用的，视为放弃申请。

五、当事人申请证人出庭作证或者证据保全的，应当在举证期限届满前向本院提出书面申请。

六、你方在举证期限内提交证据材料确有困难的，可以依照《最高人民法院关于民事诉讼证据的若干规定》第五十四条的规定，向本院申请延期举证，并于举证期限届满前向本院提出书面申请。

七、你方因客观原因不能自行收集的证据，可以依照《最高人民法院关于民事诉讼证据的若干规定》第二十条的规定，向本院申请调查收集证据，并于举证期限届满前向本院提出书面申请。

八、当事人因故意或者重大过失逾期提供的证据，人民法院不予采纳。但该证据与案件基本事实有关的，人民法院应当采纳，并依照《民事诉讼法》第六十八条、第一百一十八条第一款的规定予以训诫、罚款。

当事人非因故意或者重大过失逾期提供的证据，人民法院应当采纳，并对当事人予以训诫。

浙江省宁海县人民法院

2022年2月2日

这里要提醒一下，虽然说法院给了举证期限，但是万一在这个举证期限内，被告真的没办法完成所有证据的收集，那被告是可以向法院申请延长举证期限的，同样地，被告自己没办法收集的证据，也是可以向法院申请，让法院帮忙收集的，这个和原告是一样的。

但是，虽说举证期限可以延期，但是大部分人还是会按照法院给的举证期限来收集证据的，所以这个时候，明确自己大概有多久的时间可以用来收集证据还是很有必要的，就法律上的规定来说，针对举证期限，**小额诉讼程序不得多于7日，简易程序不得多于15日，普通程序不得少于15日，也就是说在一审的时候，你适用不同的程序，你所获得的初始举证期限的长度是不一样的**，所以小伙伴们记住这个数字，不要超时啊，**哪怕你要延期，也得在这个时间段内申请延期**，这很好理解，比如你要救一个病人，得在他活着的时候救，死了你还怎么救，对吧？

小额诉讼程序举证期限	≤	7日
简易程序举证期限	≤	15日
普通程序举证期限	≥	15日

4. 传票

被告还会收到一个很重要的材料——传票，传票是什么呢，就是告诉双方当事人，案件在什么时候，什么地点开庭，具体来说，传票就长下面这样。

浙江省湖州市吴兴区人民法院

传　　票

案号	(2022)浙0502民初2022号
案由	民间借贷纠纷
被传唤人	王二麻子
送达地址	本院
传唤事由	开庭审理
应到时间	2022年2月2日上午9时30分
应到场所	浙江省湖州市吴兴区人民法院第九法庭

注意事项：

1. 被传唤人必须准时到达场所。
2. 原告收到本传票后无正当理由拒不到庭，人民法院可以按撤诉处理；被告收到本传票后无正当理由拒不到庭，人民法院可以根据原告的诉讼请求及双方已经提交给法庭的证据材料缺席判决。
3. 适用简易程序审理的民事案件可以当庭宣判。当庭宣判的，人民法院可以当庭送达裁判文书；当庭不能送达的，人民法院将告知当事人领取裁判文书的时间和地点，逾期不来领取的，不影响上诉期间的计算。

审判员：×××

2022年××月××日

5. 权利义务告知书

最后被告王二麻子会收到的法院材料就是权利义务告知书之类的材料，你之前在立案的时候也收到过（大家可以翻到前面看看），至于被告，因为是被起诉的，所以这些文书是和证据副本、起诉状副本等一起送给被告的。

被告王二麻子会收到的材料，大致上就是这些了，剩下的就是各个法院自己独有的一些材料了，小伙伴们到时候收到我这本书中没有提过的材料时也不要奇怪，一来有可能法律有变动，二来本来各个地方的法院在具体操作中会有一定的不同，送的材料也会不太一样。

2

原告收到的材料有哪些

接下来讲讲原告会收到的材料。一般来说，原告能收到的材料，之前已经收到一部分了，比如受理案件通知书、交纳诉讼费用通知书和权利义务告知书等，然后剩下的就是和被告一样的举证通知书、传票，唯一有可能不一样的就是如果被告也有提交证据和答辩状的话，法院也会给原告一份。

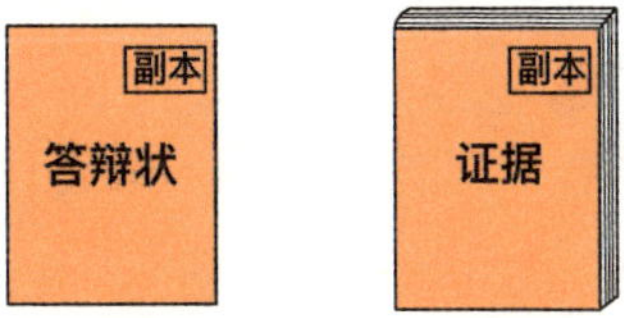

那关于原、被告双方会收到哪些文书，我已经给你介绍完了，咱们下一章见。

下篇

实战阶段

第十四章
打官司第三阶段——开庭

01 开庭需要带哪些东西

02 到了法院后需要做的事情

03 开庭前的注意事项

04 被告没有来开庭怎么办

05 正式开庭

第十四章 打官司第三阶段——开庭

按照流程表，咱们来到了第三阶段，也就是激动人心的开庭阶段，但是在真正开庭前，我们还是需要了解一些知识，做好准备工作。

01 开庭需要带哪些东西

首先我们需要知道在开庭前需要带或者说需要准备哪些东西。一是**证据原件**，如借条原件、银行转账凭条原件等，可一定要带。二是**起诉状**，而且你最好把起诉状放在所有材料的第一页，毕竟宣读起诉状是你开庭时第一件要做的事。三是**被告通过法院给你的答辩状副本及证据副本**（如果有的话）。四是法院给你的一些**传票**之类的诉讼材料，毕竟你得凭传票找到开庭的法庭。当然别忘了咱的**身份证**，再者就是咱可以带上**纸**、**笔**和**纸巾**之类的，因为到正式开庭的时候，你大概率需要签字摁手印，所以写字的笔和擦手的纸巾一定要带，而且还要带一些用来打草稿的白纸。因为庭审的最后有双方辩论的阶段，一方面，不记录一下之前过程中对方说过的话，咱反驳的时候很容易遗漏，好记性不如烂笔头；另一方面，咱陈述的时候不打个草稿，理一下说话的顺序，很难逻辑自洽，条理清晰，万一说完发现最关键的漏了，岂不是很尴尬。五是有个绝对不要忘了带的东西，我要特别说一下，那就是**手机**。因为有些地方的法院开庭是不让带

手机进入法庭的，在这个时候如果你有证据在手机上，比如一些**电子证据原件**（微信聊天记录、银行转账记录等），万一对方有异议要核对原件的话，你是需要出示手机的，所以你可以提早和法官说你有证据在手机里，这样法官如果觉得需要的话，会让你把手机带进法庭。

02

到了法院后需要做的事情

到了法院之后我们需要做哪些准备工作呢？首先，我们到**审判区排队登记、安检、存放无关物品**，然后**依据传票上写的法庭号找到我们开庭的法庭**，找到法庭后，我们一般会发现已经有书记员在等着了，这个时候，你就要主动把你的**身份证给书记员**，让他知道你已经按时到庭了。其次，咱们**找到自己的位置**，坐下去。当当你应该坐原告的位置，法庭的布置是前面是审判区，是法官坐的，中间是书记员或者法官助理坐的，两边对着的，就是原、被告坐的地方。注意坐的时候，不要坐到代理人那个位置上去，因为一般来说原告席和被告席至少有两个座位，一个是给原、被告的，另一个是给代理人的，各自面前都有对应的牌子，咱没有代理人，坐原告位子上就行。

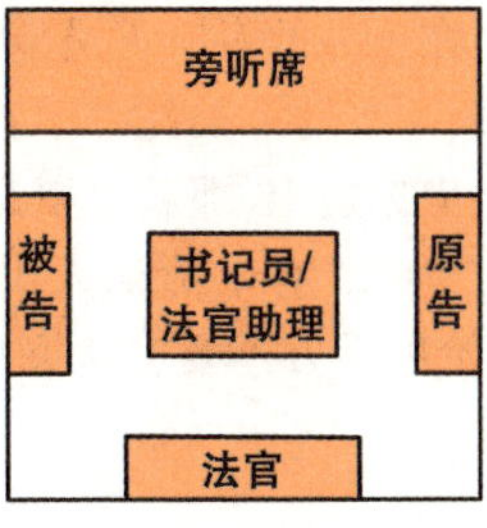

入座之后，你可以调整一下座位，找到一个你最舒服的坐姿，然后用一下话筒，看看话筒是不是正常工作，因为你要保证你的话都被话筒收音。现在法院开庭都是全程录音录像的，不仅录下来，还会同步发布在一个叫**中国庭审公开网**的网站上，直播给所有人看，庭审公开是国家规定的，只有特殊情况才允许不公开，比如法条里说的涉及国家秘密、个人隐私的，这里要注意，**如果是离婚案件，咱不想公开，咱要向法院申请不公开才会不公开。**

《中华人民共和国民事诉讼法》第一百三十七条

人民法院审理民事案件，除涉及国家秘密、个人隐私或者法律另有规定的以外，应当公开进行。离婚案件，涉及商业秘密的案件，当事人申请不公开审理的，可以不公开审理。

03

开庭前的注意事项

开庭前的注意事项我强调两点：第一，**旁听人员要坐到旁听席上**，这里要注意，很多小伙伴开庭的时候想着有个伴儿在旁听席会感觉好一些，但是**旁听席的人在庭审中是不能说话的，只能听**，大家不要寄希望于在开庭过程中坐在下方的旁听人员能帮咱说话，如果你真的心里没底，干脆写个委托手续让旁听人员作为你的诉讼代理人坐你边上，那就可以帮你说话了。第二，**证人不得参与庭审**，有申请证人出庭作证的小伙伴们，证人一开始可千万不要在法庭里，因为证人不

同于旁听人员，是不能在法庭里旁听庭审的，从开庭开始就必须到法庭外边等着，等到开庭进行到证人作证环节的时候，法官才会允许证人到法庭中来，而且等证人作证完毕，证人就又得从法庭里出去，总之就是**除了作证的那一段时间，证人是一律不准出现在法庭里的**。当然，请证人出庭作证的话，**证人本人的身份证要带**，要不然没法进入法院。

04

被告没有来开庭怎么办

袍儿，这眼看开庭时间到了，王二麻子咋还没来，这庭不会开不成了吧？

《中华人民共和国民事诉讼法》第一百四十七条

被告经传票传唤，无正当理由拒不到庭的，或者未经法庭许可中途退庭的，可以缺席判决。

不会开不成的，我们来看看这个法条，这个法条的意思是，如果**被告已经签收了传票等法院材料**，但是在开庭的时候却没有来，也没有告诉法官为何来不了，那么这时，法官可不会等被告，庭审会在没有被告的情况下进行。类似地，如果开庭开到一半，被告突然跑了，没有经过法官的同意，那么庭审也一样继续进行。这两种情况，统称为缺席审理，通俗地说就是**在被告不在的情况下，庭审照常进行。**庭审到了最后，要出判决结果了，被告还不在，没关系，那咱就**缺席判决，也就是说，在被告不在的情况下，咱们就直接出判决结果**，或者说，案件在开庭结束的时候，法官没有直接判决，而是告诉原、被告双方，本案定于××××年××月××日定期宣判（就是挑一个日子告诉你们判决结果），那么等到定期宣判那天，被告没来的，那也没事，反正已经通知过他什么时候宣判了，直接告知原告判决结果就行了。

那要是一开始就找不到被告呢，就是你说的需要公告的那种。

那就更简单了呀，公告期一满就假装被告已经收到了，如被告不来，就和前面一样，还是可以正常开庭的，等宣判了，被告不来没事，到时候把判决结果也公告一下，公告期满，就当被告收到了，被告不上诉的话，咱们的案子就生效了。

05
正式开庭

在正式开始之前我先说明几点：第一，我们接下来的开庭流程是完整版，是参照普通程序进行的，实践中当适用简易程序或者小额诉讼程序的时候，有些流程是可以被省略或合并的，所以大家在各个法院实际参与庭审时可能会有细节上的差异，大家不用觉得怎么和书上不一样。第二，如果线上开庭，是需要双方同意的，同意之后，开庭流程就和线下的一样了，至于线上开庭，大家可以通过“人民法院在线服务”小程序进行，就和微信多人视频一样。

《中华人民共和国民事诉讼法》第十六条

经当事人同意，民事诉讼活动可以通过信息网络平台在线进行。民事诉讼活动通过信息网络平台在线进行的，与线下诉讼活动具有同等法律效力。

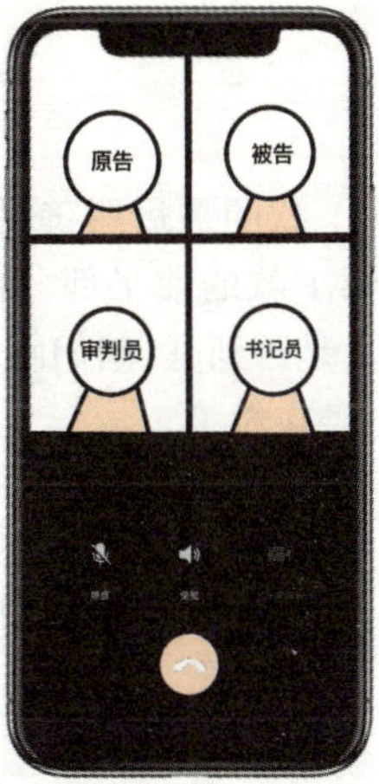

另外，为了讲明白庭审的注意点，我还是会穿插和当当的对话，但是要注意这些对话是在事前我教当当的过程中发生的，实际庭审中由于我坐在旁听席中，是不可以与当当对话的，这个一定要注意。根据我们的流程表，庭审过程分为六部分，下面我就依次介绍这六部分。

第一部分 书记员宣读法庭纪律

第一步是书记员宣读法庭纪律，这是正式庭审之前的步骤，相当于一首歌的前奏，或者说一顿饭的餐前甜点。

法条出没

《中华人民共和国民事诉讼法》第一百四十条第一款

开庭审理前，书记员应当查明当事人和其他诉讼参与人是否到庭，宣布法庭纪律。

你看，这个法条第 1 款的最后明确说明了，书记员要宣布法庭纪律。第 1 款的前半部分规定查明当事人和其他诉讼参与人是否到庭，咱们刚才一进入法庭的时候，书记员就已经在做了。

那这个时候法官在哪里呢？你说咱都进来这么久了，也没见着法官大人。

由于这个时候还没有正式开始庭审，所以法官还在法庭外面，准确地说是在门外面。在法院里，一个法庭有两个门，一个是当事人进出的门，是对外的；一个是书记员和法官等法院工作人员出入的门，是内部的门，等书记员宣读完法庭纪律后，法官才会从内部的门里出来。

哦，明白了，那书记员宣读法庭纪律的时候我该做什么呢？

你什么都不用做，老老实实听就行了，当听到"全体起立"的时候，你站起来；当书记员让你坐下的时候，你坐下就行。

"**请旁听人员就座，保持肃静，现在宣布法庭纪律。**

一、当事人及其诉讼代理人和旁听人员必须听从审判人员指挥，遵守法庭纪律。

二、开庭时，当事人及其代理人以及旁听人员须关闭移动电话、传呼机以及其他通信工具。

三、审判庭内所有台面不准摆放饮料，法庭内不得抽烟，不得乱扔垃圾。

四、旁听人员必须遵守下列纪律：

1. 未经法庭允许，不得录像、录音和拍照；

2. 不得随意走动，不得进入审判区；

3. 未经法庭允许，不得发言、提问；

4. 不得鼓掌、喧哗、哄闹和实施其他妨碍审判活动的行为。

对于违反法庭纪律的人，审判长可以口头警告、训诫，可以没收录音机、录像机和摄影器材，责令退出法庭或者经院长批准予以罚款、拘留。对于严重扰乱法庭秩序，构成犯罪的，依法追究刑事责任。”

“请全体起立。”

书记员说“全体起立”的时候，就是你应该站起来的时候，因为要迎接法官入场，所以麻溜儿的，快起来。

“请审判员入席。”

看到了吧，法官从那个门里出来了。

还真是，我现在脑袋里有一个很可爱的画面，就是威严的法官竖着耳朵一直在听啥时候轮到自己进入法庭，哈哈哈。

“请坐下。”

当书记员说“请坐下”的时候，你就坐下，因为这个时候法官已经坐好了，要准备开庭了。

“报告审判员，法庭准备就绪，可以开庭。”

当你听到书记员说这句话的时候，就代表庭审的“正餐”就要正式开始了。

第二部分
法官主持流程性事务

这个阶段，就是庭审“正餐”开始的起步阶段，关于庭审的过程，法律是有很细致全面的规定的，其中在庭审的开头，法律规定有一系列的流程要走，具体的内容，规定在我们看看刚过的法条的第 2 款中。

《中华人民共和国民事诉讼法》第一百四十条第二款

开庭审理时，由审判长或者独任审判员核对当事人，宣布案由，宣布审判人员、法官助理书记员等的名单，告知当事人有关的诉讼权利义务，询问当事人是否提出回避申请。

根据法条，咱们一个一个来看。内容一是法官宣布开庭，核对当事人身份信息。

内容一
法官宣布开庭，
核对当事人身份信息

“××人民法院××庭就原告当当诉被告王二麻子民间借贷纠纷一案，现在开庭（敲法槌），首先核对当事人和其他诉讼参与人的基本信息，先由原告（及其代理人）陈述身份情况。”

法官会宣布开庭并对原、被告的身份情况进行核对，法官在说这些话之前，是会敲击一下法槌的，是真敲，所以后面我标注了“敲法槌”。而当当你需要做的就是遵循法官的安排，当法官说完先由原告（及其代理人）陈述身份情况的时候，你就可以说话了，因为你是原告，接下来就是你说话的时间，这个时候，你照着起诉状上面写的自己的基本信息念一遍就行。

“原告，当当，男，1992 年 11 月 11 日出生，汉族，身份证号码 330 × × × × × × × × × × × × × × ×，住浙江省宁波市江北区玫瑰花园小区 22 幢 2 单元 202 室”，这些念完就可以了吗？

是的，你要是实在觉得憋得慌，就在讲完的时候再加一句：“陈述完毕。”

那要是委托了律师的，或者委托了自己的亲戚等当代理人的，该什么时候说啊？

也在这个时候说。法官不是说了让原告以及代理人陈述身份情况了吗，不过这里要注意一下委托权限的说明，也就是说一定要点出是什么授权，是特别授权还是一般授权。就像这样：比如你委托了律师，律师就说“**原告委托诉讼代理人李四，浙江省 × × 律师事务所律师，权限为特别授权**”。如果委托的人是你爸爸，那么你爸爸就这么说：“**大当家，男，1966 年 11 月 11 日出生，汉族，身份证号码 330 × × × × × × × × × × × × × × ×，住浙江省宁波市江北区玫瑰花园小区 22 幢 2 单元 202 室，系受托人当当的父亲，委托权限为特别授权。**”

等你讲完，下面就是被告陈述身份信息的环节，你坐着听就行。

“下面由被告（及其代理人）陈述身份情况。”

“被告，王二麻子，男，1992 年 11 月 11 日出生，汉族，身份证号码 330××××××××××××××，住浙江省宁波市江北区麻子小区 22 幢 2 单元 202 室。”

那被告说完了以后呢？

法官就会进入下一个环节，听法官说。

“原告对被告方出庭人员有无异议？”

法官问这个问题是什么意思呢，我告的是谁我难道不清楚吗？

是这样的，一般来说，比如你告的是王二麻子，那王二麻子本人来，你肯定是没有异议的，问题是现在我们在打官司的过程中，被告会委托诉讼代理人，如果是特别授权的话，只要不是离婚等本人必须到庭的案子，被告本人就可以不用到庭了，这个时候作为原告的你是不是略微有点不爽，为什么本人不来。

是有那么一点儿，问题是你也说过，诉讼代理人要么是律师，要么是亲戚，我也没什么好异议的，毕竟是合法的呀。

是的，但是有些时候会绕很大一个弯，大家容易绕不过去，就会觉得有异议了。我举个例子吧，之前我接触过一个案子，是兄弟姐妹五个人对过世父母的遗产继承产生了纠纷，老大把他的四个兄弟姐妹一并告上了法庭，其中作为老二的妹妹患有精神疾病，有相应的无民事行为能力证明，没有办法参与庭审，只有一个已经成年的儿子，因为丈夫早就和其离婚了，这个时候，如果我告诉你，最终代表老二参加庭审的是老二的前夫，你觉得你作为原告，会不会有意见呢？

当然有了，这都离婚了，怎么可以代表前妻呢？

我给你讲明白啊，首先老二作为有残疾证的精神疾病患者，是没有办法独立参加庭审的，加上丈夫又与其离婚，其父母又全部过世，所以老二唯一的法定代理人或者说监护人就只能是她自己的儿子了对不对，因为儿子已经成年了。

是啊，我一开始就想说，应该是儿子陪妈妈去参加庭审的。

我继续说，还记得咱们前面说过，法定代理人是可以委托诉讼代理人的对吧，那委托的诉讼代理人，大部分是律师或者近亲属对吧？

是的，没错。

那么这个时候，老二的前夫，作为老二儿子的亲生父亲，是不是近亲属？作为法定代理人的儿子，是不是完全可以选择他的亲生父亲作为委托诉讼代理人呢？

啊这……我竟无言以对。

所以，在这种情况下，虽然乍一看很不合理，前夫怎么可以帮前妻打财产继承纠纷的官司呢，但是根据我们的诉讼代理制度，这可是完全合法合规的。我说了这么一大堆想说明的是，但凡你在开庭的时候，觉得对方的诉讼代理人不太对劲的，基本上不用质疑，肯定是合法的，因为法官比你早知道对方的代理人是谁，如果不合法，法官就不会让他出现在法庭里，所以当法官问你对对方以及对方的代理人有没有异议时，你大概率闭着眼睛说没异议就行了。

“无异议。”

你回答完之后，法官就会问被告同样的问题。

"被告对原告方出庭人员有无异议?"

"无异议。"

好了,回到我们刚刚提到的法条,我们接下来要进入内容二,法官宣布案由,宣布审判人员、书记员名单,往下看。

内容二
法官宣布案由,
宣布审判人员、书记员名单

"经核对,各方当事人和其他诉讼参加人均符合法律有关规定,可以参加本案的诉讼活动。××市人民法院依照《中华人民共和国民事诉讼法》第××条规定,今天依法适用简易程序,公开开庭审理(2022)浙0205民初2022号原告当当与被告王二麻子民间借贷纠纷一案。本案由审判员×××独任审判,法官助理×××/书记员×××担任法庭记录。"

这一大段话,是法官告诉咱,咱这个案子的案由是民间借贷,法官叫什么名字,法官助理叫什么名字,书记员叫什么名字,你听听就行,不用回答什么。回到我们刚刚提到的法条,我们接下来要进入的是内容三,告知当事人有关的诉讼权利义务,往下看。

内容三
告知当事人有关的诉讼权利义务

“双方当事人在庭前是否收到本院的权利义务告知书等材料？”

这里要和大家解释一下，本来呢，按照法律的规定，法官在这里需要告诉起诉的双方各自的权利义务，但是因为这个环节太长了，比较浪费时间，所以现实中，法院都会提前把需要告知的权利义务以文书的形式给大家（就是我之前提到的原、被告都会收到的权利义务告知书，现实中会有不同的叫法，比如诉讼须知之类的），所以既然庭前大家就看过了，那么法官就不再一一讲解了，因此一般来说，在这个环节，法官会象征性地问问大家有没有收到权利义务告知书等材料，毕竟大家都已经收到了，所以此时大家直接回答收到就行，这样法官就不再解释了，节约了大家的时间。

“收到。”

“收到。”

来，回到我们刚刚提到的法条，我们接下来要进入的是内容四，询问当事人是否提出回避申请，往下看。

内容四
询问当事人是否提出回避申请

“依照《中华人民共和国民事诉讼法》第××条的有关规定，当事人可以提出回避申请，原、被告双方是否申请回避？”

什么是回避，什么是回避申请呢？

回避是保证诉讼程序公平的一种法律制度，意思就是如果你觉得参与庭审的某人因为存在一些利害关系会影响案件的公正审理的，你就可以提出来，提成功的话，这个人就不会出现在庭审的过程中了。

对什么人都可以申请让他回避吗？

当然不是了，比如**证人就不需要回避**，就算你知道证人是王二麻子他妈，你都不可以申请回避。

《中华人民共和国民事诉讼法》第四十七条

审判人员有下列情形之一的，应当自行回避，当事人有权用口头或者书面方式申请他们回避：（一）是本案当事人或者当事人、诉讼代理人近亲属的；（二）与本案有利害关系的；（三）与本案当事人、诉讼代理人有其他关系，可能影响对案件公正审理的。审判人员接受当事人、诉讼代理人请客送礼，或者违反规定会见当事人、诉讼代理人的，当事人有权要求他们回避。审判人员有前款规定的行为的，应当依法追究法律责任。前三款规定，适用于法官助理、书记员、司法技术人员、翻译人员、鉴定人、勘验人。

法条出没

看到了吧，法条把什么样的人可以申请回避讲得很清楚了，这个法条理解上没有什么难度，该解释的专业词汇，比如利害关系、近亲属之类的，咱们前面都已经说过了，重点要注意的是，可以申请回避的对象可不止法官一个人，**人民陪审员**也是可以的，因为人民陪审员在陪审的时候就相当于审判人员了，当然，**书记员、翻译人员、鉴定人、勘验人**等也是可以申请回避的。不过现实中大部分情况我们是不需要回避的，咱们回答不需要就行。

"不需要。"

"不需要。"

行，那我们继续，下面是咱们第二部分的内容五，也是最后一个内容，那就是法官询问双方是否同意调解。

内容五
询问当事人是否同意调解

还记得咱们前面说的调解是个任性的小家伙，什么时候都能插一脚吗？所以这个时候，法官还是要象征性地问一下原、被告双方，是否同意调解。

“原、被告双方是否同意调解?”

“不同意。”

而且其实当法官问了一方是否同意调解,该方不同意的时候,法官一般就不会问另外一方了,毕竟调解得双方都愿意才可以。

“不同意。”

“鉴于原、被告双方均不同意调解,庭前调解不再进行,下面开始法庭调查。”

由于双方都不同意调解,法官就不再浪费时间调解了,如果双方都同意调解,那么法官就可能暂停庭审,先尝试调解,如果调解成功,那么就不用进入下一个环节,庭审就结束了,如果调解失败,那么就继续开庭,进入法庭调查的环节。

第三部分
法庭调查

法庭调查是整个庭审过程中最关键的一环，因为关键的事实都需要在这个环节查清楚，我们辛苦准备了很久的证据就是在这一个环节出现的，这个环节进行得怎么样会直接影响咱们案子的结果，等后面我讲到判决书的时候，你就更能体会到这一环节的重要性了。

“现在进行法庭调查，先由原告陈述其诉讼请求、事实和理由。”

法官的这句话重点在后面，就是原告先把诉讼请求、事实和理由说一下，对应的就是咱们起诉状诉讼请求部分和事实与理由部分，大家只要照着起诉状念就行。

“诉讼请求：(1)被告王二麻子归还原告借款5万元及自借款之日起至实际还钱之日止按月利率1%计算的利息；(2)本案诉讼费由被告承担。事实和理由：2019年3月1日，被告王二麻子以购买房屋急需资金为由到原告当当处借款5万元，约定半年后归还，利息为月利率1%。借款后，王二麻子没有支付任何利息，亦没有按照规定的日期归还借款，原告当当为维护自身合法权益，特起诉至贵院。”

当你读完起诉状后，就等着法官安排，他会推进流程的。

“现在由被告答辩。”

等原告说完，就是被告的答辩时间了，要注意，这段时间相当于被告的“狡辩”时间，可能在大家听来特别刺耳，但是大家千万不要表现出来，更不要打断被告的发言，咱就让他讲，法官也不是糊涂人，自有定夺，但是咱们要是情绪失控打断对方发言的话，法官一定会给咱敲法槌警告的。

那我就当没听见。

那也不行，你得认真听，因为你后面要反驳的。我的意思是要让你耐着性子听。

“对当当诉状中的借款事实有异议，我只借了4万元，虽然当时说好借5万元，但是钱取出来之后当当便拿了1万元现金回去了，实际我到手只有4万元。另外，我对还款事实也有异议，这笔钱我已经还了，只不过还的时候在外边，当当说借条原件没有带，我想着都是朋友，就没有要求一定拿回借条。”

马上注意听法官在说什么，你反驳的机会来了。

“原告针对被告答辩有无补充？”

看，法官给你机会让你反驳了，要抓住这个机会，不过只需要陈述一下就行，具体的证据咱们后面会有专门的环节出示的。

“首先，我借给被告的就是5万元，我有相应证据予以证明；其次，被告从来没有还钱给我，他这么说就是为了躲避债务。”

嗯，这样说就很周全了，两个点针对了被告刚刚说的两方面。

那接下来怎么办？

接下来法官会根据双方的陈述将案件的矛盾点聚焦，就是所谓的争议焦点归纳。

“根据各方当事人的陈述，下面本庭归纳一下本案的争议焦点：1. 被告到原告处借款的金额是5万元还是4万元；2. 被告是否已经归还借款。各方当事人对本庭归纳的争议焦点有无补充？”

注意,这里法官说的是争议焦点,也就是双方争执的点在哪里,而不是肯定了某方的说法,所以大家只需要考虑的是,还有什么争议焦点是法官还没有归纳的,要记住,这个是争议焦点,不是肯定某个事实。

“无异议,没有补充。”

“无异议,没有补充。”

“下面双方围绕本庭归纳的争议焦点涉及的事实问题展开调查,进行举证和质证,先由原告举证,被告质证。”

好了,现在争议焦点归纳出来了,那咱们自然就要按照争议焦点进行举证,所以当法官要求举证的时候,如果咱有能力进行应对的,就可以在短时间内整理一下证据,将证据的出示顺序按照法官归纳的焦点来,有一些双方都已经认可的事实,就不用举证了。比如,在这个案子中,王二麻子已经承认到当当你这里借钱,争议的无非就是借钱数额的问题,那么当当你举证的时候,证据证明的关键点要落在借钱金额是“5 万元”这个点上,而不用再说借钱的事实,这点王二麻子已经承认了,咱也没必要举证证明了。至于钱是否归还,这是王二麻子需要证明的,当当你不用举证,这个证明责任的分配咱们在本书第六章证据那部分说得很清楚,忘了的小伙伴可以回头去看看。

嗯，明白，那我就按照我事前准备的证据目录的顺序出示证据？

可以的，这里我要讲一下出示证据的顺序，来，先看法条。

法条出没

《中华人民共和国民事诉讼法》第一百四十一条

法庭调查按照下列顺序进行：（一）当事人陈述；（二）告知证人的权利义务，证人作证，宣读未到庭的证人证言；（三）出示书证、物证、视听资料和电子数据；（四）宣读鉴定意见；（五）宣读勘验笔录。

这个法条内容，在大家都看过第六章关于证据的内容之后，肯定理解起来一点问题都没有，反正大家就是按照：**当事人陈述→告知证人的权利，义务，证人作证，宣读未到庭的证人证言→出示书证、物证、视听资料和电子数据→宣读鉴定意见→宣读勘验笔录**的顺序来就准没错了。这里要说明一下，很多案情简单的案子，大家可以把证据一并出示，不用一组一组出示，不过具体怎么出示证据，大家可以请示一下法官，让法官来确定到底如何出示。

"法官，我的证据是一次性全部出示完毕还是一组一组出示？"

"一组一组出示。"

“好的。原告出示第一组证据：借条及银行转账凭证各一份，证明被告王二麻子到原告处借款5万元，原告通过银行转账至被告账户的事实。”

注意，这个时候，咱出示的得是**原件**，而且法官马上就会告知咱，把证据原件给被告看一下，这样才能进入下一个被告质证的环节。

可是我坐着呢，书记员一开始宣读法庭纪律的时候不是警告我不要在法庭上乱走吗，那我怎么把证据给被告啊？

这个你不用担心，如果你所在的法庭里有法警，法警会帮你传递，如果书记员有空，也会帮你传递一下，如果实在没有人帮你传递的话，法官会示意你递给书记员或者法官自己，总之会有办法把证据原件交到被告手上的，当你的证据原件到被告手上的时候，就轮到被告开始质证了。

“下面由被告质证。”

“对该组证据的真实性、合法性、关联性均有异议，关于借条，借条上面的‘五’字是后面填上去的，之前是空着的，至于银行转账凭证，虽然转账金额确实是5万元，但是后来我取出现金的时候其中的1万元被原告拿回去了，我实际上只到手了4万元。”

看到王二麻子的质证了吗，很专业啊，咱们前面刚讲过，**质证证据，要从真实性、合法性、关联性三个角度**去质证。

那我不能反驳一下吗？讲得太颠倒黑白了。

你可以请示一下法官，比如你说，法官我想补充说一下。如果法官同意，你就可以说了，如果法官说先不用补充，那你就先别说，因为其实后面咱是有时间再解释的。

好吧，可是被告把证据看完还给法官之后，法官怎么把我的原件拿走不还给我了呀？

我之前告诉过你的呀，原件就是要被法院收走的，防止有人恶意重复诉讼。赶紧注意下一步，接下来还是你的时间，因为你是一组一组出示证据的。

"下面由原告继续举证。"

"原告出示第二组证据：电话录音光盘及相应的文字整理材料一份，证明被告王二麻子承认到原告处借款 5 万元，而且承诺最近一定想办法还上的事实，具体就是从通话录音整理第 2 页第 2 行开始，我问王二麻子，你到底有没有欠我钱，王二麻子回答'嗯'，然后我又问那这 5 万元你到底要不要还，王二麻子回答'嗯'。"

嗯，讲完后还是把原件给被告看一下让他质证。

“下面由被告质证。”

“对该组证据的真实性、合法性、关联性均有异议，首先没有证据证明这段录音是我和当当的录音，而且当当是偷录的，退一万步说就算这段对话真的是我和当当的对话，在通话过程中我并没有明确回应或者承认欠了原告多少钱，原告问我钱的事，我回答的‘嗯’只是表示我在听而不是表示我承认借了那么多钱。”

“审判员：下面由原告继续举证。”

“原告出示第三组证据：微信聊天记录截图一份共14页，证明被告王二麻子承认到原告处借款了5万元，而且承诺最近一定还的事实。”

“下面由被告质证。”

“对该组证据的真实性、合法性、关联性均有异议，虽然这个微信号是我的，但是具体的聊天内容是原告P图P出来的，这个聊天记录是假的，我没有说过这些话。”

“针对被告的答辩，原告有无补充？”

“法官，针对被告说我的微信聊天记录是伪造的，我可以当场予以证明，因为存有这部分微信聊天记录的手机我今天带来了。”

在这种情况下，如果被告还是死活不承认的话，法官确实可以考虑让当当把手机拿上来，把聊天记录给法官看，这样当场就能知道王二麻子到底是不是骗人的了。

“下面休庭（敲击法槌），书记员，你陪原告去取手机。”

这种情况是针对手机必须寄存不能带入法庭的情况，如果你所在的法院允许你带手机进入法庭的话，那就更方便了，都不用休庭（就是暂停开庭），你直接掏出来就行了。

“下面继续开庭（敲击法槌），被告，你针对原告手机中的聊天记录发表质证意见，是否属实？”

（沉默）。

"被告,本庭再问你一次,原告手机中的聊天记录是否属实?"

(沉默)。

"鉴于被告一直不予表态,构成对该份证据的自认,本庭对该份证据的真实性予以认可。"

这个时候,如果法官再三发问,问王二麻子对于微信聊天记录的真假以及内容有什么意见,王二麻子始终不出声的话,法官是可以认定咱的主张成立的,这个在我们证据部分的自认那个地方有讲到,沉默也是自认的一种。

"下面由原告继续出示证据。"

好了,当你出示完证据之后,你得告诉法官一下,你的证据出示完了,这样法官才能进入下一个环节。你就直接讲证据出示完毕,没有证据了。

"证据出示完毕。"

当你的证据出示完毕之后,接下来就是被告出示证据,原告质证的环节,就相当于你和王二麻子的角色对调一下。

“下面由被告举证，原告质证。”

“申请证人李××出庭作证。”

“请法警带证人李××进入法庭。”

这里看到了吧，证人一直都是在法庭之外，不能参与庭审的，只有在轮到证人出庭作证的时候，才会允许证人进入法庭。

“请证人李××填写并宣读证人出庭作证保证书。”

这个环节我们在第六章关于证据的部分已经说过了，证人出庭作证，就必须填写保证书并且宣读保证书的内容。

保　证　书

（2022）浙0881民初2022号

<table>
<tr><td>姓名</td><td>李××</td><td>性别</td><td>女</td><td>民族</td><td>汉</td><td>联系方式</td><td></td></tr>
<tr><td>证件类型</td><td></td><td>证件号码</td><td colspan="2">330××××
×××××××
×××××</td><td colspan="2">与本案当事人关系</td><td>母子关系</td></tr>
<tr><td>职业和
工作单位</td><td colspan="7">塑胶厂会计</td></tr>
</table>

我作为本案证人，保证向法庭据实陈述证言。如有虚假陈述，愿意接受罚款、拘留乃至刑事处罚。

特此保证。

保证人：李××

2022年2月2日

“本人李××，性别女，民族汉，身份证号码330××××××××××××××，与本案被告系母子关系……本人在此保证，我作为本案证人，保证向法庭据实陈述证言。如有虚假陈述，愿意接受罚款、拘留乃至刑事处罚。”

“证人李××，作为证人，作证必须实事求是，不得歪曲、捏造事实……听清楚了吗？”

这一部分是法官告知证人权利义务，也是必经的一个流程，和保证书一样，是为了尽可能督促证人说真话。

“听清楚了。”

“证人李××，你与被告是什么关系？”

因为是被告申请证人出庭作证的，所以法官一开始就会问清楚被告和证人的关系，还记得咱们前面说过有利害关系的证人所做的证言不得单独作为定案的依据吗？所以一定要明确一下双方之间是否有利害关系。

"我是被告王二麻子的妈妈。"

"下面由双方对证人进行发问，先由被告方发问。"

证人出庭作证基本上是以回答问题的形式把要证明的内容给说出来，所以如何提问就很关键，无论是我们申请作证的证人，还是对方申请作证的证人，咱们都是有机会对其进行发问的，所以在对方提问的时候，咱们要高度集中注意力，听听对方到底问了些什么，哪些是对咱们不利的，等会儿轮到咱们提问的时候，看看能不能通过一些巧妙的询问，化解这几个对咱们不利的点。

"证人，这个原告当当你认识吗？"

"认识，不是你的同事吗，还到我们家玩儿过。"

"那你有没有印象之前我到他那里借过钱？"

"嗯，有那么回事。"

"那当时借钱的时候当当是不是说要取出来一部分先给他的？"

"这个我记不清了。"

"你再想一想是不是这么回事?"

(敲法槌)"被告,不得诱导证人回答问题。"

这里要注意,大家在发问的时候,只能就事实问题进行发问,只能问某某事实是什么样的,不能诱导证人按照你所想的答案来回答,否则法官可是会发出法槌警告的。

"之后是不是有一天我让你陪我去银行取钱,说把钱还给当当啊? 那天碰巧是小姨的生日。"

"是的,吃饭还迟到了呢。"

"我的问题问完了,法官。"

"下面由原告对证人进行发问。"

"王妈妈您好,我想问下,刚才您儿子说您妹妹生日那天您和他一起去取钱了是吗?"

“是的，我们一起去银行取钱的。”

“那取完钱之后呢？”

“因为是我妹妹生日，她打电话让我快点到饭店里去，我就和王二麻子说，我先去饭店，让他还了钱也尽快赶过去。”

“也就是说王二麻子最终有没有还钱，您自己是没有参与的，因为您已经和王二麻子分开了，是吗？”

“是的。”

“法官，我的问题问完了。”

当你们双方都问完之后，法官如果觉得事情还不够清楚或者刚才有人没问到位的，自己也会有针对性地问几个问题。

“下面本庭询问证人几个问题。”

“证人，你知道你儿子到原告处借钱的具体数额吗？”

证人:“不知道。”

法官:“证人,还有什么要补充的吗?”

一般来说,在证人出庭作证的最后,法官会问一下证人,是否有所遗漏需要补充。

证人:“没有了。”

当然了,法官也会再次和证人确认一下是否是如实作证,毕竟要是证人回答属实事后查出来作伪证,严重的话真的要付出代价的。

法官:“证人,以上你所说的是否属实?”

证人:“属实。”

法官:“证人核对笔录,无误后签字捺印。”

在证人作证结束之后，书记员会把刚刚证人作证全过程说过的话以笔录的形式打印出来给证人核对，证人核对过无误后，就应该在笔录的每一页签上自己的名字并且摁手印。最终证人作证的笔录会和开庭的笔录一起，给双方当事人签字，因为证人作证的笔录中，双方的当事人也是参与的，毕竟问过问题。

“请法警带证人离开法庭。”

证人作证完毕，就要及时离开法庭了，这个我之前也已经说过了。

这里别忘了，证人作证后形成的笔录也是一份证据，叫证人证言，既然是证据，就必须经过质证，法庭才能作为采纳的依据，咱前面也提过，所以这个时候，你和王二麻子都要对刚才的证人证言发表意见，你看看法官接下来的安排就是如此。

“请双方对证人作证的笔录予以质证，先由原告方质证。”

“对证人证言的真实性、合法性、关联性均无异议。”

“再由被告方质证。”

"对证人证言的真实性、合法性、关联性均无异议。"

"下面由被告继续出示证据。"

"证据出示完毕。"

当双方的证据都出示完毕之后,法官要对双方提过的证据发表一个暂时性的意见。

"对于原、被告双方提交的证据,双方无异议的证据本庭予以认可,有异议的证据庭后综合予以认定。"

注意,这个回答不是一定的,有些简单的案子,法官当庭就会说明采纳哪些证据,哪些不采纳,复杂一点的案子,就像这里我们法官刚说过的,法官就会先采纳双方都没有异议的证据,有异议的等开庭结束再好好复盘研究之后再定夺。

好了,证据举证质证完毕,下面就是紧张而又刺激的互相"找茬"环节了。

"原告有无问题向被告发问?"

这个互相发问的环节，主要是让双方在举证之外看看还有什么问题没有涉及，或者说通过发问让法官了解你想强调的东西。一般来说，法官会先让原告问被告，原告问完了，再由被告问原告。

“有，我想问被告，你说我打给你 5 万元，你取出来后把 1 万元还给我，有没有证据证明？”

“没有，你走的都是现金，我又没有录像，怎么会有证据。”

“你所谓的已经还给我 1 万元，有没有证据证明？”

“没有，是你让我拿现金还你的，我没办法证明。”

“被告有无问题向原告发问？”

“对原告没有发问。”

这里要注意，一定要针对事实发问，特别是与案件认定有关的事实，不要问一些带情绪性的问题，比如“你这个人还有良心吗？连这种话都说得出来”，这样没有意义，法官肯定会打断你。

"下面本庭询问原告、被告几个问题。"

在原、被告双方互相发问之后,法官还会根据案件的审理情况对原、被告进行询问,以便于把案件的情况了解得更清楚全面,所以当法官问你问题的时候,你只需要针对他的问题就事论事进行回答就行了,不用延伸,法官问你什么,你就回答什么,而且当法官问对方问题,你觉得对方在瞎扯的时候,你也不要生气,毕竟人是利己的,对方所说的话肯定是对自己有利的,这是人性,没什么好生气的。

"被告,你说你到原告那里借了5万元后当场还给了原告1万元,原告的理由是什么?"

"原告说他自己也要用。"

"那既然他自己也要用,实际上原告明明只借给你4万元,为什么借条上写了5万元而你会同意?"

"因为借条一开始没有写借款金额,是后面写的,可是借了之后当当就不给我借条了,说都是朋友,借款金额会写成4万元的。"

"看都不看一眼到底有没有写4万元,这不太符合常理吧。"

（沉默）。

等到法官的问题问完，基本上我们法庭调查这个环节就结束了，接下来要进入第四部分，即尾声部分的法庭辩论。

第四部分
法庭辩论

法庭辩论，就是把你想说的归纳总结之后告诉法官，顺序是先原告后被告，你可不要被“辩论”这两个字误导了，以为全程都是你一言我一语相互驳斥对方，其实在法庭辩论阶段，有严格的发言顺序规定，发言是依次进行的，只有在最后一个阶段，才能和咱们平时自由辩论一样，具体来看个法条。

法条出没

《中华人民共和国民事诉讼法》第一百四十四条

法庭辩论按照下列顺序进行：（一）原告及其诉讼代理人发言；（二）被告及其诉讼代理人答辩；（三）第三人及其诉讼代理人发言或者答辩；（四）互相辩论。法庭辩论终结，由审判长或者独任审判员按照原告、被告、第三人的先后顺序征询各方最后意见。

看到了吧，到了法庭辩论阶段，发言的顺序是有严格规定的，依次是**原告及其诉讼代理人发言→被告及其诉讼代理人答辩→第三人及其诉讼代理人发言或者答辩→互相辩论**这四个步骤。

“法庭调查结束，现在开始法庭辩论，先由原告发表辩论意见。”

一般来说，这个环节是总结归纳的环节，如果咱是原告，咱就可以结合起诉状以及在证据质证过程中的意见一并说，如果咱是被告，咱就可以结合答辩状和质证环节的意见一并说。大家在说的时候，不用担心会有重复，重复是难以避免的，毕竟是前面全部内容的归纳总结，但是不用讲得太细，点到为止，毕竟细节问题你在前面的法庭调查阶段已经讲得很仔细了。

“本案事实清楚，证据确实充分，法庭调查阶段原告所举的三组证据，能够充分证明原告所陈述的事实，被告提出的抗辩其均无证据证明，故请法院依法支持原告的诉讼请求。”

“下面由被告发表辩论意见。”

"原告取5万元拿回去1万元的时候，我给原告的是现金，当然没有证据，而且当时是先写借条然后才给钱的，我也是没有办法，后来我还钱的时候，也是现金还的，而且是在外边，原告说当时手头上没有借条，说都是朋友不会不认账的，导致借条原件还在原告手上，请法庭依法驳回原告的诉讼请求。"

"法庭辩论终结，下面由当事人陈述最后意见，先由原告陈述。"

这个最后的意见，大家一定要简洁明了，将自己的诉求明确地表达出来，一两句话就行。

"坚持诉讼请求。"

"请求法院驳回原告的诉讼请求。"

"本庭征询各方当事人的意见，原、被告双方是否同意调解？"

怎么庭都开完了，还要问能不能调解啊？

你忘了调解无处不在呀，这是一个必经的程序，就是不管怎么样，到最后还要问问双方要不要调解，你还别说，有些人开完庭发现自己胜算不大，原本不同意调解的，到最后会同意调解。

“不同意。”

“同意。”

看，王二麻子慌了吧，可惜已经晚了，你不同意。不管他了，咱们看法官怎么说吧。下面就是激动人心的第五部分——开庭结果。咱这种简单的案子，一般来说肯定能当庭知道结果了。

第五部分 开庭结果

到了这一环节，就是本次庭审的结果，我们面对的无外乎三种情况——当庭宣判、择期宣判、另行安排时间开庭，我给你介绍一下。

第一种
当庭宣判

第一种叫作当庭宣判，就是在开庭的最后，法官会直接告知咱案件的结果。不管是简易程序还是普通程序，不管是第几次开庭，都是有可能当庭宣判的。如果是当庭宣判的话，书记员会告知在场的所有人：全体起立。这个时候你就应该乖乖起立，因为法官要宣读判决结果了。

“全体起立。”

“下面本庭对本案进行当庭宣判，根据中华人民共和国××法第××条的规定，判决如下：被告王二麻子归还原告当当借款本金50,000元，并按月利率1%标准支付自20××年××月××日起至实际还清之日止的利息，限于本判决发生效力之日起十日内履行完毕。如果未按本判决指定的期间履行给付金额义务，应当依照《中华人民共和国民事诉讼法》第二百五十三条规定，加倍支付迟延履行期间的债务利息。案件受理费××元，减半收取计××元，由被告王二麻子负担。如不服本判决，可自收到判决书之日起十五日内，向本院递交上诉状，并按对方当事人的人数提出副本，上诉于××省××市中级人民法院。原、被告双方是否听清？”

这个时候法官问你是否听清，你回答听清就可以了。

我听是听清楚了，但是我没听懂，法官讲得好快啊。

我给你解释一下，这段话法官说的其实就是判决书的内容，我们在第十五章马上就会给大家介绍，所以没听清没事，我这里先说个大概就行。判决如下：后面的“被告王二麻子归还原告当当借款本金50,000元，并按月利率1%标准支付自20××年××月××日起至实际还清之日止的利息，限于本判决发生效力之日起十日内履行完毕”，就是判决主文，是案件的真正结果。而这句“如果未按本判决指定的期间履行给付金额义务，应当依照《中华人民共和国民事诉讼法》第××条规定，加倍支付迟延履行期间的债务利息”，就是法官告诉被告，你别想着再拖了啊，再拖的话，利息可是会加倍收取的。至于“案件受理费××元，减半收取计××元，由被告王二麻子负担”，这就是诉讼费用的承担，咱们前面说过诉讼费用一般是由败诉方承担的。最后的这个“如不服本判决，可自收到判决书之日起十五日内，向本院递交上诉状，并按对方当事人的人数提出副本，上诉于××省××市中级人民法院”，就是告诉咱上诉的事情。

“听清。”

“听清。”

袍儿，如果我的案子是当庭宣判的，之后我要注意什么？

要注意判决书的领取方式，你要和书记员说好，是过几天自己过来取还是邮寄，当庭宣判的判决书你当天肯定是拿不到的，因为法官还得写，书记员还得核对，确认无误后还要打印盖章，最快也得明天了，如果你懒得再去法院，只要在送达地址确认书上同意电子送达，法院就可以把电子版的判决书给你，当然，如果你觉得没有纸质版的不方便，也可以和法官说你需要纸质的，法官也会给你送来。

《中华人民共和国民事诉讼法》第九十条

经受送达人同意，人民法院可以采用能够确认其收悉的电子方式送达诉讼文书。通过电子方式送达的判决书、裁定书、调解书，受送达人提出需要纸质文书的，人民法院应当提供。采用前款方式送达的，以送达信息到达受送达人特定系统的日期为送达日期。

第二种
择期宣判

第二种叫作择期宣判，顾名思义，就是另外选个时间来公布判决结果，也就是在我们这次开庭的最后，法官会说：“**本案定于××××年××月××日××时××分在第×法庭宣判……原、被告是否听清?**”这个时候，如果双方都回答听清了，那么到了定期宣判的那天，大家就得去拿判决书，如果懒得去，也可以告诉法院直接把电子版送给你就行。

那这个择期宣判一般来说会在开完庭之后多久呢？

一般来说很快的，几天、一两周差不多，不过也有慢的，因为只要不超过审限，法官在审限结束的最后一天宣判，也是可以的。

第三种
另行安排时间开庭

至于第三种另行安排时间开庭，就是法官会告诉咱今天庭审到此结束，并且告知下一次开庭的时间，这个多见于案件比较复杂，一次庭审没办法把整个流程走完或者说有人当庭提交证据，法官需要给另一方质证时间的情况，法官一般会说：“**本案定于××××年××月××日××时××分在第×法庭继续开庭……原、被告是否听清?**”这个时候咱们只需要记牢时间回答听清就行。

第六部分
核对笔录

接下来是最后一部分，这不是每个案子都必经的。有些一开始就告知你全程录音录像的案件，是没有笔录要签的，但是如果有笔录让你签的话，你还是要认认真真地核对，核对无误后在每一页笔录下方签上你的名字。如果需要签字，法官一般会说：“**核对笔录，无误后签字捺印，下面闭庭”(敲法槌)**，等法官说完咱就只剩好好核对笔录这件事儿了，要注意，就看咱说

话的部分有没有记错或者记录不完整的地方，至于王二麻子说的话，咱不用看，那是王二麻子要核对的。另外，如果有你觉得表述得不完整或者有错别字等情况的，你可以和书记员沟通一下，直接在笔录上修改，当然了，修改之后要就近签字摁手印，表示是你本人修改的。

注：庭审笔录每页下方到时候要加上当当和王二麻子的签字，证人作证那页还要加上证人的签字。

庭审笔录

时间：2022年2月2日9时至11时30分

地点：××市人民法院第八法庭

案号：(2022)浙0205民初2022号

案由：民间借贷

审判人员：上官婉儿

法官助理：李元芳

书记员：狄仁杰

审判员：××人民法院民二庭就原告当当诉被告王二麻子民间借贷纠纷一案，现在开庭(敲法槌)，首先核对当事人和其他诉讼参与人的基本信息，先由原告(及其代理人)陈述身份情况。

原告：原告，当当，男，1992年11月11日出生，汉族，身份证号码330×××××××××××××××，住浙江省宁波市江北区玫瑰花园小区22幢2单元202室。

审判员：下面由被告(及其代理人)陈述身份情况。

被告：被告，王二麻子，男，1992年11月11日出生，汉族，身份证号码330×××××××××××××××，住浙江省宁波市江北区麻子小区22幢2单元202室。

审判员：原告对被告方出庭人员有无异议？

原告：无异议。

审判员：被告对原告方出庭人员有无异议？

被告：无异议。

审判员：经核对，各方当事人和其他诉讼参加人均符合法律有关规定，可以参加本案的诉讼活动。××市人民法院依照《中华人民共和国民事诉讼法》第一百三十四条规定，今天依法适用简易程序，公开开庭审理(2022)浙0205民初2022号原告当当与被告王二麻子民间借贷纠纷一案。本案由审判员上官婉儿独任审判，法官助理李元芳，书记员狄仁杰担任法庭记录。双方当事人在庭前是否收到本院的权利义务告知书等材料？

原告：收到。

被告：收到。

审判员：依照《中华人民共和国民事诉讼法》第××条的有关规定，当事人可以提出回避申请，原、被告双方是否申请回避？

原告：不需要。

被告：不需要。

审判员：原、被告双方是否同意调解？

原告：不同意。

被告：不同意。

审判员：鉴于原、被告双方均不同意调解，庭前调解不再进行，下面开始法庭调查。先由原告陈述其诉讼请求、事实和理由。

原告：诉讼请求：1. 被告王二麻子归还原告借款5万元及自借款之日起至实际还钱之日止按月利率1%计算的利息；2. 本案诉讼费由被告承担。事实和理由：2019年3月1日，被告王二麻子以购买房屋急需资金为由到原告当当处借款5万元，约定半年后归还，利息为月利率1%。借款后，王二麻子没有支付任何利息，亦没有按照规定的日期归还借款，原告当当为维护自身合法权益，特起诉至贵院。

审判员：现在由被告答辩。

被告：对当当诉状中的借款事实有异议，我只借了4万元，虽然当时说好了借5万元，但是钱取出来之后当当便拿了1万元现金回去了，实际我到手只有4万元。另外，我对还款事实也有异议，这笔钱我已经还了，只不过还的时候在外边，当当说借条原件没有带，我想着都是朋友，就没有要求一定拿回借条。

审判员：原告针对被告答辩有无补充？

原告：首先，我借给被告的就是5万元，我有相应证据予以证明；其次，被告从来没有还钱给我，他这么说就是为了逃避债务。

审判员：根据各方当事人的诉讼请求、答辩意见，下面本庭归纳一下本案的争议焦点:1. 被告到原告处借款的金额是5万元还是4万元;2. 被告是否已经归还借款。各方当事人对本庭归纳的争议焦点有无补充。

原告:无异议,没有补充。

被告:无异议,没有补充。

审判员:下面双方围绕本庭归纳的争议焦点涉及的事实问题展开调查,进行举证和质证,先由原告举证,被告质证。

原告:原告出示第一组证据:借条及银行转账凭证各一份,证明被告王二麻子到原告处借款5万元,原告通过银行转账至被告账户的事实。

审判员:下面由被告质证。

被告:对该组证据的真实性、合法性、关联性均有异议,关于借条,借条上面的"五"字是后面填上去的,之前是空着的,至于银行转账凭证,虽然转账金额确实是5万元,但是后来我取出现金的时候其中的1万元被原告拿回去了,我实际上只到手了4万元。

审判员:下面由原告继续举证。

原告:原告出示第二组证据:电话录音光盘及相应的文字整理材料一份,证明被告王二麻子承认到原告处借款5万元,而且承诺最近一定想办法还上的事实,具体就是在通话录音整理第2页第2行开始,我问王二麻子,你到底有没有欠我钱,王二麻子回答"嗯",然后我又问那这5万元你到底要不要还,王二麻子回答"嗯"。

审判员:下面由被告质证。

被告:对该组证据的真实性、合法性、关联性均有异议,首先没有证据证明这段录音是我和当当的录音,而且当当是偷录的,退一万步说就算这段对话真的是我和当当的对话,在通话过程中我并没有明确回应或者承认欠了原告多少钱,原告问我钱的事,我回答的"嗯"只是表示我在听而不是表示我承认借了那么多钱。

审判员:下面由原告继续举证。

原告:原告出示第三组证据:微信聊天记录截图一份共14页,证明被告王二麻子承认到原告处借款了5万元,而且承诺最近一定还的事实。

审判员:下面由被告质证。

被告:对该组证据的真实性、合法性、关联性均有异议,虽然这个微信号是我的,但是具体的聊天内容是原告P图P出来的,这个聊天记录是假的,我没有说过这些话。

审判员:针对被告的答辩,原告有无补充?

原告:法官,针对被告说我的微信聊天记录是伪造的,我可以当场予以证明,因为存有这部分微信聊天记录的手机我今天带来了。

审判员:下面休庭(敲击法槌),书记员,你陪原告去取手机。

审判员:下面继续开庭(敲击法槌),被告,你针对原告手机中的聊天记录发表质证意见,是否属实?

被告:(沉默)。

审判员:被告,本庭再问你一次,原告手机中的聊天记录是否属实?

被告:(沉默)。

审判员:鉴于被告一直不予表态,构成对该份证据的自认,本庭对该份证据的真实性予以认可。

审判员:下面由原告继续出示证据。

原告:证据出示完毕。

审判员:下面由被告举证,原告质证。

被告:申请证人李××出庭作证。

审判员:请法警带证人李××进入法庭。

审判员:请证人李××填写并宣读证人出庭作证保证书。

证人:本人李××,性别女,民族汉,身份证号码330×××××××××××××××,与本案被告系母子关系……本人在此保证,我作为本案证人,保证向法庭据实陈述证言。如有虚假陈述,愿意接受罚款、拘留乃至刑事处罚。

审判员:证人李××,作为证人,作证必须实事求是,不得歪曲、捏造事实……听清楚了吗?

证人:听清楚了。

审判员:证人李××,你与被告是什么关系?

证人:我是被告王二麻子的妈妈。

审判员:下面由双方对证人进行发问,先由被告方发问。

被告:证人,这个原告当当你认识吗?

证人:认识,不是你的同事吗,还到我们家玩儿过。

被告:那你有没有印象之前我到他那里借过钱?

证人:嗯,有那么回事。

被告:那当时借钱的时候当当是不是说要取出来一部分先给他的?

证人:这个我记不清了。

被告:你再想一想是不是这么回事?

审判员:(敲法槌)被告,不得诱导证人回答问题。

被告:之后是不是有一天我让你陪我去银行取钱,说把钱还给当当啊? 那天碰巧是小姨的生日。

证人:是的,吃饭还迟到了呢。

被告:我的问题问完了,法官。

审判员:下面由原告对证人进行发问。

原告:王妈妈您好,我想问下,刚才您儿子说您妹妹生日那天您和他一起去取钱了是吗?

证人:是的,我们一起去银行取钱的。

原告:那取完钱之后呢?

证人:因为是我妹妹生日,她打电话让我快点到饭店里去,我就和王二麻子说,我先去饭店,让他还了钱也尽快赶过去。

原告:也就是说王二麻子最终有没有还钱,您自己是没有参与的,因为您已经和王二麻子分开了,是吗?

证人:是的。

原告:法官,我的问题问完了。

审判员:下面本庭询问证人几个问题。

审判员:证人,你知道你儿子到原告处借钱的具体数额吗?

证人:不知道。

审判员:证人,还有什么要补充的吗?

证人:没有了。

审判员:证人,以上你所说的是否属实?

证人:属实。

审判员:证人核对笔录,无误后签字捺印。

审判员:请法警带证人离开法庭。

审判员:请双方对证人作证的笔录予以质证,先由原告方质证。

原告:对证人证言的真实性、合法性、关联性均无异议。

审判员:再由被告方质证。

被告:对证人证言的真实性、合法性、关联性均无异议。

审判员:下面由被告继续出示证据。

被告:证据出示完毕。

审判员：对于原、被告双方提交的证据，双方无异议的证据本庭予以认可，有异议的证据庭后综合予以认定。

审判员：原告有无问题向被告发问？

原告：有，我想问被告，你说我打给你5万元，你取出来后把1万元还给我，有没有证据证明？

被告：没有，你走的都是现金，我又没有录像，怎么会有证据。

原告：你所谓的已经还给我1万元，有没有证据证明？

被告：没有，是你让我拿现金还你的，我没办法证明。

审判员：被告有无问题向原告发问？

被告：对原告没有发问。

审判员：下面本庭询问原告、被告几个问题。

审判员：被告，你说你到原告那里借了5万元后当场还给了原告1万元，原告的理由是什么？

被告：原告说他自己也要用。

审判员：那既然他自己也要用，实际上原告明明只借给你4万元，为什么借条上写了5万元而你会同意？

被告：因为借条一开始没有写借款金额，是后面写的，可是借了之后当当就不给我借条了，说都是朋友，借款金额会写成4万元的。

审判员：看都不看一眼到底有没有写4万元，这不太符合常理吧。

被告：（沉默）。

审判员：法庭调查结束，现在开始法庭辩论，先由原告发表辩论意见。

原告：本案事实清楚，证据确实充分，法庭调查阶段原告所举的三组证据，能够充分证明原告所陈述的事实，被告提出的抗辩其均无证据证明，故请法院依法支持原告的诉讼请求。

审判员：下面由被告发表辩论意见。

被告：原告取5万元拿回去1万元的时候，我给原告的是现金，当然没有证据，而且当时是先写借条然后才给钱的，我也是没有办法，后来我还钱的时候，也是现金还的，而且是在外边，原告说当时手头上没有借条，说都是朋友不会不认账的，导致借条原件还在原告手上，请法庭依法驳回原告的诉讼请求。

审判员：法庭辩论终结，下面由当事人陈述最后意见，先由原告陈述。

原告：坚持诉讼请求。

被告:请求法院驳回原告的诉讼请求。

审判员:本庭征询各方当事人的意见,原、被告双方是否同意调解?

原告:不同意。

被告:同意。

审判员:下面本庭对本案进行当庭宣判,根据中华人民共和国××法××条的规定,判决如下:被告王二麻子归还原告当当借款本金50,000元,并按月利率1%标准支付自20××年××月××日起至实际还清之日止的利息,限于本判决发生效力之日起十日内履行完毕。如果未按本判决指定的期间履行给付金额义务,应当依照《中华人民共和国民事诉讼法》第二百五十三条规定,加倍支付迟延履行期间的债务利息。案件受理费××元,减半收取计××元,由被告王二麻子负担。如不服本判决,可自收到判决书之日起十五日内,向本院递交上诉状,并按对方当事人的人数提出副本,上诉于××省××市中级人民法院。原、被告双方是否听清?

原告:听清。

被告:听清。

审判员:核对笔录,无误后签字捺印,下面闭庭(敲法槌)。

注意,笔录的每一页最下面都要签字,签完字记得捺手印,这样庭审就完美结束了,记住法官和书记员交代的事儿,咱就可以回家了。那么开庭我可是给大家介绍完了,既然法官都给咱出判决结果了,咱们可得好好看下收到的判决书呢,咱们第十五章见。

下篇

实战阶段

第十五章

判决书的深度"解剖报告"

第十五章 判决书的深度“解剖报告”

今天我们就来看看判决书的“庐山真面目”。在正式解剖判决书之前，我得先告诉你我的判决书是哪儿找来的，正宗不正宗。

01 去哪儿找判决书

你当喝茅台啊，还正宗不正宗，我为啥要知道判决书是从哪儿来的呢？

因为这样以后你自己就能找到你想要的判决书了呀，你想想，要是以后你又碰到事儿了，通过我教你的办法找到了和你类似情况案子的判决书，那么你对你自己的事情怎么处理是不是就基本上有个数了？所以大家一定要知道判决书大本营——“**中国裁判文书网**”，这个网站是一个官方网站，和搜索网站很像，里面基本囊括了我们国家所有法院发布的判决书，不管什么类型的案子对应的判决书都应有尽有，非常权威，我们通过关键字或者条件筛选很容易就能找到我们想要了解的判决书类型。

你的意思是，我们国家现在所有的判决书都是在网上公开的？

是的，除了法律规定不能公开的，其余的一切都真正的公开透明。公开司法可是有法律规定的，硬核着呢，你看法条。

《最高人民法院关于人民法院在互联网公布裁判文书的规定》第四条

人民法院作出的裁判文书有下列情形之一的，不在互联网公布：(一)涉及国家秘密的；(二)未成年人犯罪的；(三)以调解方式结案或者确认人民调解协议效力的，但为保护国家利益、社会公共利益、他人合法权益确有必要公开的除外；(四)离婚诉讼或者涉及未成年子女抚养、监护的；(五)人民法院认为不宜在互联网公布的其他情形。

看到了吧，法律明确规定了，法院生效的裁判文书，就是判决书和裁定书，都必须在互联网上公布，也就是在中国裁判文书网上公布，除非是法条中规定的五种情况可以不公开。第一种：**涉及国家秘密的**，这个好理解，既然都是秘密了，本来就不能对外说，更何况是国家秘密。第二种：**未成年人犯罪的**，你得给小朋友们改过自新的机会，毕竟还年轻，所以现在我们国家对于未成年人的犯罪记录是予以封存的，既然是封存，那肯定更不能发布在网上了。第三种：**以调解方式结案或者确认人民调解协议效力的，但为保护国家利益、社会公共利益、他人合法权益确有必要公开的除外**，这一点我们在调解那部分说过，调解过程和结果都是不公开的，这意味着**调解书**是不会出现在中国裁判文书网上的，但是为保护国家利益、社会公共利益、他人合法权益，确实有必要的，我们国家也会予以公开。第四种：**离婚诉讼或者涉及未成年子女抚养、监护的**，这也好理解，考虑到保护小朋友。第五种算是一个兜底性条款。

02

对判决书的深度解剖

首先我们来看一份完整的判决书。

北京市顺义区人民法院

民事判决书

(2017)京0113民初5491号

原告：黄某兰，女，1988年××月××日出生，四川省遂宁市安居区×××居民，住北京市顺义区，身份证号码××××××××××××××××××。

原告:北京兰世达光电科技有限公司(以下简称兰世达公司),住所地北京市顺义区×××,统一社会信用代码×××。

法定代表人:石某,总经理。

二原告共同委托诉讼代理人:于丽,北京昊庭律师事务所律师。

被告:赵某,女,1979年××月××日出生,江苏省泰州市高港区×××居民,住北京市顺义区,身份证号码××××××××××××××××××。

原告北京兰世达光电科技有限公司、黄某兰与被告赵某名誉权纠纷一案,本院于2017年3月20日立案后,依法适用普通程序,公开开庭进行了审理。原告兰世达公司、黄某兰的共同委托诉讼代理人于丽,被告赵某到庭参加诉讼。本案现已审理终结。

原告兰世达公司、黄某兰向本院提出诉讼请求:1.判令被告对二原告赔礼道歉,并以在北京市顺义区×××号张贴公告,通过北京当地报纸刊登公告方式为原告消除影响,恢复名誉;2.赔偿原告兰世达公司各项损失2万元(被告在小区业主微信群里发影响原告名誉的信息,原告兰世达公司的客户主要是小区里的顾客,影响了原告营业收入,之前营业额是15,000元/月,现在只剩7000元/月了,2万元是估算的金额);3.赔偿二原告精神损害抚慰金各5000元,总计1万元;4.诉讼费由被告承担。事实和理由:原告黄某兰系原告兰世达公司员工,从事机器美容美甲业务。自2017年1月17日以来,被告一直对二原告进行造谣、诽谤、诬陷,多次污蔑、谩骂二原告,称原告黄某兰患有精神分裂,污蔑原告兰世达公司的仪器不正规、讹诈客户等问题,并通过微信群等方式进行散布。二原告本以和为贵,也多次制止被告的诬陷行为,但被告置之不理,依旧我行我素,不但没有收敛,反而变本加厉进行造谣、诽谤、诬陷。当地群众及客人对此事议论纷纷,造成原告的名誉受到严重损害,也使当地群众对原告的社会评价极度低下,使原告身心俱疲,精神遭受极大痛苦。同时,被告的多次诬陷给原告兰世达公司的美容美甲生意造成巨大损失。为维护原告权益,故诉至法院。

被告赵某辩称,不认可原告诉讼请求,也不认可原告所称被告一再发损害其名誉的信息,被告没有在微信群里发过此类信息。方糖小区有一个群,不全是业主,被告也在群里,但被告没有发过此类信息。被告只与邻居好朋友说过与二原告发生纠纷的事情,也只是踢了一下黄某兰的脚面,此事对被告影响也较大。原告兰世达公司仪器不正规、讹诈客户不是被告一个人认为的,其他人也有同感。原告的美容店也不正规,经常不开,均需要客户去预约。原告的损失与被告无关。根据宪法规定,公民有言论、出版、集会、结社、游行、示威的自由。请求驳回原告的诉讼请求。

当事人围绕诉讼请求依法提交了证据，本院组织当事人进行了证据交换和质证，对本院(2017)京0113民初5490号、(2017)京0113民初5492号案件的开庭笔录、自北京市公安局顺义分局调取的行政处罚卷宗、自深圳市腾讯计算机系统有限公司调取的材料，本院予以确认并在卷佐证。本院认定的事实如下：

兰世达公司在顺义区×××(北京市顺义区×××号)开有一家美容店(韩式半永久)，黄某兰系该公司股东兼任美容师，并在该美容店工作。

2017年1月17日16时许，赵某陪同住小区的另一业主徐某菊到上述美容店做美容。黄某兰为顾客做美容，赵某坐在沙发上询问黄某兰之前其在该美容店祛斑的事情，后赵某与黄某兰因美容服务问题发生口角，赵某推翻了美容店桌子上的一个装有美甲物品等杂物的盒子，黄某兰拨打报警电话，赵某推倒了一个美容推车并欲离开，黄某兰抱住赵某阻止其离开，二人撕扯在一起，后赵某的一男性朋友赶到将二人分开，之后北京市公安局顺义分局后沙峪派出所民警也赶到现场并拍摄了出警视频。当日，黄某兰到首都医科大学附属北京地坛医院急诊外科检查，彩色超声检查报告单检查记录显示未见异常，超声提示盆腔积液。黄某兰为此支出检查费165元。

北京市公安局顺义分局后沙峪派出所民警与赵某、黄某兰、兰世达公司股东马某以及事发时在场人徐某菊、黄某铭制作了询问笔录。赵某表示我陪邻居到涉诉美容店做美容，因之前我在此做过美容，脸做得有问题，我与黄某兰沟通此事，对黄某兰答复并不满意，双方为此发生争吵，黄某兰辱骂我，我因生气用手将桌子上一个装有指甲油等美甲物品的盒子推到地上，黄某兰见状便报警，我看对方为这点小事报警，一生气又将屋内一个装有一些消毒物品的架子推倒后准备离开，黄某兰挡住楼梯口阻止我走，我用脚踢了黄某兰小腿一下，对方还是不让我走，我用身体往下挤，黄某兰抱住我，拉扯我的衣服，我也拉扯黄某兰的衣服，两人一起坐在楼梯上了，后我前男友赵某赶来，将两人分开，赵某没有殴打黄某兰，警察不久也来了，在此过程中我没有损坏对方美容仪器，摔的其他东西也没有碰到美容仪，不清楚美容仪器的设备掉在地上的情况。黄某兰表示，事发当天我在个人经营的兰世达公司位于涉诉×××号房屋内给顾客做美容时来了两个顾客，一名顾客要做美容，另一名顾客坐在沙发上问我给她祛斑的事情，我说自己在忙，一会儿再说，对方便辱骂我，我没再说话，对方生气用手将桌子上放有美甲物品的盒子推到地上并砸在旁边的美容仪器上，之后用脚踢旁边的椅子和美容仪器，还用脚将旁边装美容用品的推车踢倒,我因害怕躲在沙发旁边,对方过来用脚踹我的肚子两脚,我说自己肚子有伤口,但对方不听,继续用脚踹我的肚子,我蹲在地上打电话报警,对方又踹了我肚子一脚,后用手拉着我的胳膊往楼梯下拖,我当时就躺在地上了,拖到楼梯拐弯处又用手抓我的脸、手、头发,此时对方男友赶来让她松手,他没有打我,就是将二人拉开,可能用力太大,将我的手拉伤,我从楼梯上滑下来,之后没再打架,在发生纠纷过程中,美容店内的美容仪器坏了,不能工作了,具体哪个部位不清楚,美容仪的手柄掉在地上了,怎么掉的不清楚,该美容仪是被对方踹坏的,店里的窗帘拉坏了,我腿上、手上、胳膊上、脖子上、脸上、背上均有抓伤和擦伤,去医院只是看了肚子,肚子没有问题,身上的伤没有看,医生说没事,没有给写病历,也没写诊断证明,不要求做法医鉴定。徐某菊表示我与赵某一起到涉诉美容店做美容,到那之后我躺在床上做美容,赵某与黄某兰说她之前在这祛斑,越弄越严重,黄某兰说不是她弄的,她已经给赵某消了好多了,就因此事,她们两人吵起来,当时我躺在床上,就听到有东西掉在地上,应该是赵某将桌上装着做指甲工具的盒子推到地上了,后来还有一个架子也倒了,但具体怎么倒的没看清,后赵某要走,黄某兰挡着楼梯口,不让赵某走,赵某就往楼下冲,黄某兰拉赵某的衣服,抱着赵某,不让赵某走,赵某也和黄某兰撕扯,想赶紧离开,后二人都坐在楼梯附近了,之后不再撕扯,一会儿警察就来了,赵某没有动手打人,只是为了离开和黄某兰撕扯在一起,赵某也没有接触和砸美容店的仪器,美容店的窗帘是在楼梯旁,应是二人撕扯过程中扯坏的。黄某铭表示事发时我正在涉诉美容店做眉毛,店里只有我和店主黄某兰,后进来两名女顾客,一名穿白色衣服的顾客进来后躺在我旁边的床上做脸,另一名穿深色衣服的顾客进来后坐在椅子上,黄某兰给她祛斑,没几分钟,坐着的顾客就和黄某兰吵起来,声音越来越大,后穿深色衣服的顾客突然将桌上放着做指甲工具的大盒子推翻到地上,紧接着用脚踢翻放在我旁边用来做睫毛的工具架,她做完这两个动作后准备下楼离开,但是黄某兰不同意并报警,黄某兰坐在二楼楼梯准备下楼的位置,用腿拦着不让穿深色衣服的顾客下楼,那名顾客用一只腿迈过黄某兰的身体,黄某兰赶紧抱住她的腿,穿深色衣服的顾客用脚踢了黄某兰小腿或者是肚子一下,具体踢到哪个部位不确定,二人从二楼楼梯最上面一直抱着纠缠着到楼梯的中间部位,在这个过程中两人互相用手扣对方的手部,撕拽对方的衣服,这时顾客的男朋友赶到,他用手将两人分开,但是黄某兰不松手,顾客男友一用力,黄某兰因为一直躺在楼梯上,就悬着滑下楼梯滑了两三节,在此过程中身体有被楼梯磕碰到,顾客男友只是将二人分开,没有动手打人的动作,之后没多久警察就到现场了，在此过程中没看见顾客损坏美容仪器。马某表示事发时其没有在现场，事后听说的，公司的多功能美容仪、激光头、窗帘，还有一些小物件损坏了，这些小物件不值钱，多功能美容仪是公司在2016年4月从河北省花56,000元购买的，激光头是2016年4月左右在河北省花3000元购买的，窗帘上面是金属杆，下面是布窗帘，安装时间和价格记不清了，上述物品听说是女顾客闹事时弄坏的，具体怎么坏的不清楚。

2017年2月26日，经公安机关组织调解，双方未达成一致，调解不成功。2017年3月13日，北京市公安局顺义分局对赵某做出行政处罚决定书：……"现查明2017年1月17日16时，违法行为人赵某在顺义区×××号，因琐事与黄某兰发生口角，后赵某对黄某兰进行殴打，被查获"……给予赵某行政拘留3日，期限从2017年3月13日至16日。

庭审中，兰世达公司、黄某兰为证明其主张，提交证据如下：

1. 微信截图9张（内容显示："糖友开心群"有"冷静郡主"发的黄某兰在兰世达公司美容店的照片并附有文字"4单元下面商家，这个黄某兰美容师不正规，讹诈客户，精神分裂，装疯卖傻，希望大家不要沾上这个疯子"，后面有其他群内用户发信息询问的内容；"方糖365便利群"中有"冷静郡主"发的与上文类似的文字和图片，还有"@×××美甲美容韩式半永久"后附的文字："千万别用她家那破仪器""技术和产品都不灵""脸上原来没啥斑，现在这么久还有很明显的斑，最后就是不承认，还讹我15万元，说我打她了""臭不要脸的，咱走着瞧，把我脸做坏了，还会讹，你是想钱想疯了吧""傻×，傻×，一点儿法律常识都没有，找两个男的就能帮你呀，来呀，再讹个15万元看看，可笑不可笑，土鳖"等内容），来自两个微信群，一个是"糖友开心群"，群主是赵某，人数是345人，一个是"方糖365便利群"，群主是小区超市老板，人数是123人，赵某于事发当天将黄某兰移出了"糖友开心群"，黄某兰朋友在这个群里有看到赵某发损害兰世达公司和黄某兰名誉的图片，赵某不止一次发这些图，因为黄某兰被移出，看不到，黄某兰从其他朋友那里看到，朋友截图给黄某兰，在"方糖365便利群"里，2017年2月22日赵某有发上述截图信息，此后没有了，赵某在她的朋友圈里也有发过，后来删除了，黄某兰朋友在朋友圈里看到过，证明赵某侵犯名誉权的事实。

2. 黄某兰的支付宝、微信、银行对账单、收据，兰世达公司的企业账户因税的问题一直没有用，证明兰世达公司自2016年至2017年12个月的营业流水，收据是客户购买兰世达公司仪器出具的收据并签订了合同，钱分两次转账到黄某兰的银行卡里，其余均是微信和支付宝支付，黄某兰的微信和支付宝账户是专门用来收取在兰世达公司做美容的客户的消费款项。

3. 证人证言2份，均是兰世达公司的顾客，证明兰世达公司因赵某的行为自2017年1月17日至3月17日没有正常营业，因赵某散播谣言，现生意严重受损。证人张某到庭并表示，我在兰世达公司美容店里做过美甲，方糖小区有一个业主的微信群叫“糖友开心群”，大概有300多人，我是楼下咖啡店推荐加入该群的，听别人说赵某是该群的群主，群主微信名是“冷静郡主”。赵某在春节期间，1月底的时候在业主微信群里有发布关于该美容店及黄某兰的照片，说赵某在该美容店做美容做得不好，说黄某兰像疯子一样，群里信息太多，我不经常看，就看到赵某发过一次，后来微信我均删除了，未留存。今年2月我联系黄某兰做美甲，她说她在老家，一直没在北京，后来黄某兰回来，在2月20日左右我去了该美容店，当时去的时候店里没有开业，也没有顾客，黄某兰跟我说是因为店里被砸，机器去维修了，没有开业，所以她回老家了，2月20日左右才回来，我之前在别处做了美甲，所以当天没有在黄某兰处做。3月黄某兰也没在北京，店也没有开，最近一次我去该美容店做美甲是在4月。我之前一直在该美容店做美甲，费用是通过微信红包发给黄某兰的，觉得黄某兰人品不错。证人当庭出示了其手机微信中有关“糖友开心群”的群主信息，微信号为×××calm。对于张某的证言，兰世达公司、黄某兰认可并表示证人不太看业主群里的消息，但是不代表赵某只发过一次，黄某兰之前也在该群，后来被踢出该群，无法再收到信息。

对于上述证据，赵某均不予认可，并表示证据1截图上不是赵某，不知道是谁发的，且赵某现在也不在该“方糖365便利群”里，之前在该群赵某微信名是“开心果”，在“糖友开心群”里也叫“开心果”，之前也叫过“冷静郡主”，后来改了，现还在“糖友开心群”里，叫“冷静郡主”的很多，“糖友开心群”的群主也叫“冷静郡主”；对证据2真实性不认可，与赵某无关，且看不出来是兰世达公司的营业流水，应当有正常的财务；对证据3不认可证人证言，赵某在该群叫“开心果”，不是群主，不清楚群主的情况。

赵某表示其于2016年夏天在涉诉美容店做过激光祛斑，黄某兰承诺保证全部祛除，但做过两次后，发现斑越来越严重，后咨询不能在此处做了，为此与黄某兰沟通过六七次，但对方不同意退钱，本想算了，2017年1月17日陪同另一小区业主去该美容店，又咨询了下黄某兰此事，黄某兰却否认赵某在此做过祛斑，为此双方发生口角；兰世达公司的美容店是否营业与赵某无关，该美容店不开店是常态，以前每次去都需要预约，且店里只有一个人，白天经常不开门,有时候晚上七八点才开门,其他商户也可以证明;赵某只有一个微信号,且经常换名字,也没有加过黄某兰为好友。

经本院与北京市公安局顺义分局后沙峪派出所民警核实,警察表示并未提出过在行政处罚决定书作出前,美容店不能营业的要求。

兰世达公司、黄某兰向本院提出调查取证申请:一、调取微信号为×××calm(昵称为“冷静郡主”)的用户信息,查询该微信号申请人是否为赵某(身份证号码:××××××××××××××××××);二、查询微信号×××calm(昵称为“冷静郡主”)与微信号×××HL(用户名:黄某兰,身份证号码:××××××××××××××××××)是否曾为微信好友关系。经本院与深圳市腾讯计算机系统有限公司调查核实,该公司复函:微信号×××calm实名为赵某(身份证号码:××××××××××××××××××);微信号×××calm与微信号×××HL(用户名:黄某兰,身份证号码:××××××××××××××××××)互为好友时间为2016年3月4日13:16:18)。对此,兰世达公司、黄某兰均认可,并表示该微信用户就是赵某。对此赵某认可该微信号是其本人的,但是在微信群中发送的有关兰世达公司、黄某兰的信息,赵某并不清楚,现在已经不用该微信号了。

本院认为,公民、法人享有名誉权,公民的人格尊严受法律保护,禁止用侮辱、诽谤等方式损害公民、法人的名誉。本案中,赵某否认其微信号×××calm所发的有关涉案信息是其本人所为,但就此未提证据证明,根据庭审查明情况,结合微信截屏信息内容、证人证言、本院自深圳市腾讯计算机系统有限公司调取的材料,本院认定赵某在2017年1月17日与黄某兰发生纠纷后,在双方共同居住的小区业主微信群中发表涉案言论并使用黄某兰照片作为配图,对黄某兰及兰世达公司的美容店使用了贬损性言辞,赵某亦未提交证据证明其所发表的涉案言论的客观真实性,其将上述不当言论通过微信发至有众多小区业主的微信群,造成上述不当言论的传播,故本院认定赵某在主观上具有过错。从微信群中其他用户询问的情况以及网络信息传播的便利及快捷特点来看,涉案言论确易引发对黄某兰、兰世达公司经营的美容店的猜测和误解,导致对二者负面认识和造成社会评价降低,故赵某的行为侵犯了黄某兰、兰世达公司的名誉权,赵某应当就此承担民事侵权责任。

行为人因过错侵害他人民事权益,应当承担侵权责任。公民、法人的名誉权受到侵害,有权要求停止侵害,恢复名誉,消除影响,赔礼道歉,并可以要求赔偿损失。

现黄某兰、兰世达公司要求赵某基于侵犯名誉权之行为赔礼道歉,符合法律规定,本院予以支持,赔礼道歉的具体方式由本院酌情确定。关于名誉权被侵犯产生的经济损失,兰世达公司提供的证据不能证明实际经济损失数额,但兰世达公司在涉诉方糖小区经营美容店,赵某在有众多小区业主的微信群中发表不当言论势必会给兰世达公司造成一定影响,故对兰世达公司的该项请求,本院综合考虑赵某的过错程度、侵权行为内容与造成的影响、侵权持续时间、兰世达公司实际营业情况等因素酌情确定。关于黄某兰主张的精神损害抚慰金,本院亦根据上述因素酌情确定具体数额。关于兰世达公司主张的精神损害抚慰金,缺乏法律依据,本院不予支持。综上,依照《中华人民共和国民法通则》第一百零一条、第一百二十条,《中华人民共和国侵权责任法》①第六条之规定,判决如下:

一、被告赵某于本判决生效之日起七日内在顺义区×××房屋门口张贴致歉声明,向原告黄某兰、兰世达公司赔礼道歉,张贴时间为七日,致歉内容须经本院审核;如逾期不执行上述内容,则由本院在上述地址门口全文张贴本判决书内容;

二、被告赵某于本判决生效之日起七日内赔偿原告兰世达公司经济损失三千元;

三、被告赵某于本判决生效之日起七日内赔偿原告黄某兰精神损害抚慰金二千元;

四、驳回原告黄某兰、兰世达公司的其他诉讼请求。

如果未按本判决指定的期间履行给付金钱义务,应当依照《中华人民共和国民事诉讼法》第二百五十三条之规定,加倍支付迟延履行期间的债务利息。

案件受理费五百五十元,由原告黄某兰、兰世达公司负担五百元(已交纳),被告赵某负担五十元,于本判决生效之日起七日内交纳。

如不服本判决,可在判决书送达之日起十五日内,向本院递交上诉状,并按对方当事人的人数提出副本,交纳上诉案件受理费,上诉于北京市第三中级人民法院。上诉期满后七日内仍未交纳上诉案件受理费的,按自动撤回上诉处理。

审　判　长　　棋××
人民陪审员　　王××
人民陪审员　　董××
二〇一七年九月十九日
书　记　员　　何××

① 《民法通则》和《侵权责任法》现均已失效,被《民法典》取代,此判决为《民法典》生效之前的判决,后不赘述。

我这边要开始“解剖”了，按照从头到尾的顺序，咱们一部分一部分地看。

1 标　题

北京市顺义区人民法院
民事判决书

首先，我们看到的是判决书的抬头，也就是标题。

判决书的标题都是这样的吗？

是的，唯一不一样的就是这个“北京市顺义区”，因为各个地方会带各自的地名，比如我们这边是浙江省江山市，相应的标题就是“浙江省江山市人民法院民事判决书”。

2 案　号

（2017）京 0113 民初 5491 号

其次，我们看到仅次于标题的右上角有一个案号。

暗号？什么暗号？去法院打官司还要对暗号？

什么呀，我说的是案号，案子的案，号码的号，你看这篇判决书里的这个(2017)京0113民初5491号，细分起来是这样的：

1.“(2017)”代表的是年份，表示这个案子是2017年被立案的；

2.“京”代表的是北京地区（以省、自治区、直辖市的简称为标注，像浙江，标的就是“浙”）；

3.“0113”代表的是顺义区（这个编号仅限于一审）；

4.“民初”代表的是民事一审的案件（要是民事二审，那就是“民终”，代表终审，刑事一审的话就叫“刑初”，以此类推）；

5.“5491”这虽然只是一串普通的数字，但代表这个案子是2017年立的第5491个民事案子；

6. 至于这个“号”字，就是编号的意思，否则怎么能叫案号呢，对吧？

3

原、被告及其代理人的身份情况

原告：黄某兰，女，1988年××月××日出生，四川省遂宁市安居区×××居民，住北京市顺义区，身份证号码××××××××××××××××××。

原告：北京兰世达光电科技有限公司，住所地北京市顺义区×××，统一社会信用代码×××。

法定代表人：石某，总经理。

二原告共同委托诉讼代理人：于丽，北京昊庭律师事务所律师。

被告：赵某，女，1979年××月××日出生，江苏省泰州市高港区×××居民，住北京市顺义区，身份证号码××××××××××××××××××。

好了，现在咱们正式进入判决书的正文。正文的第一部分是原告、被告和各自律师的身份情况。当当，你记不记得，我在教你写起诉状的时候，首先让你写的就是身份信息？

记得呀，原来是判决书里也要用到啊。

对啊，而且我这里都把判决书中身份信息的书写格式都给你了，不会写起诉状身份信息的话你瞅瞅判决书就行了。

4

案件的基本情况

原告兰世达公司、黄某兰与被告赵某名誉权纠纷一案，本院于2017年3月20日立案后，依法适用普通程序，公开开庭进行了审理。原告兰世达公司、黄某兰的共同委托诉讼代理人于丽，被告赵某到庭参加诉讼。本案现已审理终结。

现在我们来到了判决书正文的第二部分，这一部分就是交代清楚是谁和谁打官司，法院用了什么程序，开庭的时候双方有没有到庭、有哪些人到庭等情况。至于这个本案现已审理终结，那可以忽略不计，没审完怎么能写判决书呢。

连人到没到庭都要写啊,这么仔细?

要写,因为如果被告明知道要开庭却不到庭的话,法官是不会等被告的,那被告连解释的机会都没有。案子简单的话,法官就会缺席判决,在这种情况下大家肯定能明白结果对被告是不怎么友好的,而且法官还会“坏坏”地,在判决书里写清楚是被告你先不仁(收到了传票也不来开庭),那就不要怪我不义(在你缺席的时候直接审判给出判决结果),具体体现在判决书里,就是在这一部分会多这么一句:**被告×××经本院传票传唤,无正当理由拒不到庭参加诉讼,本院依法缺席审理。**

5

原告的起诉状内容

原告兰世达公司、黄某兰向本院提出诉讼请求:1. 判令被告对二原告赔礼道歉,并以在北京市顺义区×××号张贴公告,通过北京当地报纸刊登公告方式为原告消除影响,恢复名誉;2. 赔偿原告兰世达公司各项损失 2 万元(被告在小区业主微信群里发影响原告名誉的信息,原告兰世达公司的客户主要是小区里的顾客,影响了原告营业收入,之前营业额是 15,000 元/月,现在只剩 7000 元/月了,2 万元是估算的金额);3. 赔偿二原告精神损害抚慰金各 5000 元,总计 1 万元;4. 诉讼费由被告承担。事实和理由:原告黄某兰系原告兰世达公司员工,从事机器美容美甲业务。自 2017 年 1 月 17 日以来,被告一直对二原告进行造谣、诽谤、诬陷,多次污蔑、谩骂二原告,称原告黄某兰患有精神分裂,污蔑原告兰世达公司的仪器不正规、诈骗客户等问题,并通过微信群等方式进行散布。二原告本以和为贵,也多次制止被告的诬陷行为,但被告置之不理,依旧我行我素,不但没有收敛,反而变本加厉进行造谣、诽谤、诬陷。当地群众及客人对此事议论纷纷，造成原告的名誉受到严重损害，也使当地群众对原告的社会评价极度低下，使原告身心俱疲，精神遭受极大痛苦。同时，被告的多次诬陷给原告兰世达公司的美容美甲生意造成巨大损失。为维护原告权益，故诉至法院。

接下来是判决书正文的第三部分，就是原告起诉状的内容。

6

被告答辩

被告赵某辩称，不认可原告诉讼请求，也不认可原告所称被告一再发损害其名誉的信息，被告没有在微信群里发过此类信息。方糖小区有一个群，不全是业主，被告也在群里，但被告没有发过此类信息。被告只与邻居好朋友说过与二原告发生纠纷的事情，也只是踢了一下黄某兰的脚面，此事对被告影响也较大。原告兰世达公司仪器不正规、讹诈客户不是被告一个人认为的，其他人也有同感。原告的美容店也不正规，经常不开，均需要客户去预约。原告的损失与被告无关。根据宪法规定，公民有言论、出版、集会、结社、游行、示威的自由。请求驳回原告的诉讼请求。

接下来就是判决书正文的第四部分了，这一部分是法官对被告的答辩（解释）的概况和归纳，如果被告庭前交了答辩状的话，法官归纳的时候素材就会多一点。

哦，原来法院要求被告交答辩状是有道理的啊，这里要写。

是的，不过不管被告交没交答辩状，在开庭的时候法官还是会给他时间让他答辩一下的，所以这部分被告答辩，既包括之前答辩状的内容，也包括开庭的时候被告当庭说的内容，大家不用担心，法官的概括能力那可是一流的。

7

法庭调查环节

当事人围绕诉讼请求依法提交了证据，本院组织当事人进行了证据交换和质证，对本院(2017)京0113民初5490号、(2017)京0113民初5492号案件的开庭笔录、自北京市公安局顺义分局调取的行政处罚卷宗、自深圳市腾讯计算机系统有限公司调取的材料，本院予以确认并在卷佐证。本院认定的事实如下：

兰世达公司在顺义区×××(北京市顺义区×××号)开有一家美容店(韩式半永久)，黄某兰系该公司股东兼任美容师，并在该美容店工作。

……(此处省略判决书原文相应部分)

2017年2月26日，经公安机关组织调解，双方未达成一致，调解不成功。2017年3月13日，北京市公安局顺义分局对赵某做出行政处罚决定书：……“现查明2017年1月17日16时，违法行为人赵某在顺义区×××号，因琐事与黄某兰发生口角，后赵某对黄某兰进行殴打，被查获”……给予赵某行政拘留3日，期限从2017年3月13日至16日。

现在是判决书正文的第五部分，这一段法官把案件的事实经过给描述了一遍，你发现了吗？

我发现了，法官怎么和身临其境一样清楚呀？

是啊，法官是怎么知道这个过程，还知道得那么清楚？那是因为法庭调查阶段，第十四章关于开庭的部分我就强调过法庭调查阶段的重要性了，在这个阶段里，双方把证据都摆出来，在互相对质的过程中，法官通过证据认定和提问，从而把事实给推导出来，而事实是法官作出最终结论的基础和依据。

果然法庭调查环节很重要啊，直接影响法官认定案件的事实，难怪昨天开庭法庭调查环节进行了那么久，原来是判决书需要写得这么仔细呀。

8 双方出示的证据

庭审中，兰世达公司、黄某兰为证明其主张，提交证据如下：

1. 微信截图 9 张……
2. 黄某兰的支付宝、微信、银行对账单、收据……
3. 证人证言 2 份……

对于上述证据，赵某均不予认可……

兰世达公司、黄某兰向本院提出调查取证申请：……（此处省略判决书原文相应内容）

现在进入判决书正文的第六部分，这部分法官要告诉大家，前面的事实部分法官是怎么认定出来的，就是通过双方提交的证据来认定的。

所以证据是打官司过程中最重要的，我现在相信了。

是的，法官判决一个案子是基于查明的案件事实，而案件事实的查明又依赖于证据，证据能不重要吗？

9

法官作出结论的论证

本院认为，公民、法人享有名誉权，公民的人格尊严受法律保护，禁止用侮辱、诽谤等方式损害公民、法人的名誉。本案中……（此处省略判决书原文中相应部分）关于兰世达公司主张的精神损害抚慰金，缺乏法律依据，本院不予支持。

接下来是判决书正文的第七部分，也就是法官论述论证的过程，这部分是法官论述推理的部分，也是真正见证法官实力的部分，法官会结合查清楚的案件事实，综合法律的规定，清清楚楚、明明白白地告诉你，双方赢在哪里，输在哪里。

哦，所以想知道自己是怎么“死”的，看这段就行了？

哈哈哈，可以这么说，你从“**本院认为**”之后开始看就是了。

10

引用法条

综上，依照《中华人民共和国民法通则》第一百零一条、第一百二十条，《中华人民共和国侵权责任法》第六条之规定，判决如下：

现在我们到了判决书正文的第八部分，也就是判决书据以作出的判决内容所依据的法律条文部分。

其实法官不用告诉我他用了什么法条，反正我也不懂。

这不是给你看的，是给二审的法官看的，因为二审审查的范围包括法律的适用有没有错误。

11

判决主文

一、被告赵某于本判决生效之日起七日内在顺义区×××房屋门口张贴致歉声明，向原告黄某兰、兰世达公司赔礼道歉，张贴时间为七日，致歉内容须经本院审核；如逾期不执行上述内容，则由本院在上述地址门口全文张贴本判决书内容；

二、被告赵某于本判决生效之日起七日内赔偿原告兰世达公司经济损失三千元；

三、被告赵某于本判决生效之日起七日内赔偿原告黄某兰精神损害抚慰金二千元；

四、驳回原告黄某兰、兰世达公司的其他诉讼请求。

这就是我们判决书正文的第九部分，也即精华部分，它有个专业名词，叫**"判决主文"**，这部分代表了**判决的结果**，当你拿到判决书的时候，如果想第一时间知道结果，翻到最后的判决主文部分就对了，因为判决的结果都在最后。

但是这个判决到底是赢还是输啊？怎么前面看起来是赢了，结果最后又驳回了。

这个总体上还是算赢的，这样的判决是很常见的，总不能说原告要求什么就全支持吧，肯定要经过审理，合理的部分才能支持原告的，等会儿从案件受理费的承担中也能看出。

12

事项告知

如果未按本判决指定的期间履行给付金钱义务，应当依照《中华人民共和国民事诉讼法》第二百五十三条之规定，加倍支付迟延履行期间的债务利息。

接下来我们到了判决书正文的第十部分，这个部分是涉及钱的案子所独有的，也好理解，不涉及钱，怎么算利息呢。

既然是独有的，那就是特殊的了，那这段话是啥意思呢？

这段话的意思就是法院告诉败诉方：**你要记得及时给钱哦，不给钱的话，小心我罚你，利息超高的。**

13

诉讼费承担

案件受理费五百五十元，由原告黄某兰、兰世达公司负担五百元（已交纳），被告赵某负担五十元，于本判决生效之日起七日内交纳。

现在我们到了判决书正文的第十一部分，也就是案件受理费承担的部分。当当，你记不记得我告诉你案件受理费是原告垫付，最终由败诉方承担的？

我记得，但是这里双方都负担了一部分，这是为什么？

还记得刚刚的判决主文部分吗，这个案子中，因为判决的时候法院没有支持原告的全部诉讼请求，所以法院驳回的原告诉讼请求部分的钱，就自然应该由原告负担了。

14

上诉告知

如不服本判决，可在判决书送达之日起十五日内，向本院递交上诉状，并按对方当事人的人数提出副本，交纳上诉案件受理费，上诉于北京市第三中级人民法院。上诉期满后七日内仍未交纳上诉案件受理费的，按自动撤回上诉处理。

这是我们判决书正文的第十二部分，也就是上诉告知的部分。

这个我知道，你之前说过，在判决书的最后，会告知去哪里上诉的。

嗯，你要注意，二审也是要预交案件受理费的，可别到了二审阶段由于案件受理费迟交而没办法上诉，那可太气人了。

15 告知参与案件的人员情况

审　判　长　　棋××
人民陪审员　　王××
人民陪审员　　董××
二〇一七年九月十九日
书　记　员　　何××

这就是判决书的最后一部分了，告知我们判决书制作过程中参与的人员情况。

都是熟人，而且一看这个审判长就知道是个普通程序。

哈哈，是的，所以一开始我带你认识法院的人还是有必要的，这不很快就反应过来了嘛。好了，今天的判决书也“解剖”得差不多了，这个案子王二麻子肯定输，我估计他会上诉，所以我们会进入二审阶段，我们提前学习一下二审的知识也好，我们第十六章见。

下篇

实战阶段

第十六章
不服一审判决怎么办

01 什么是上诉

02 什么是二审

第十六章 不服一审判决怎么办

袍儿，书记员刚刚联系我让我签收上诉状，怎么回事啊？

这说明王二麻子不服一审判决上诉了呗，既然王二麻子要上诉，那咱就好好陪他玩玩儿，顺便给小伙伴们普及一下二审的知识，大家看着下面的图来学习。

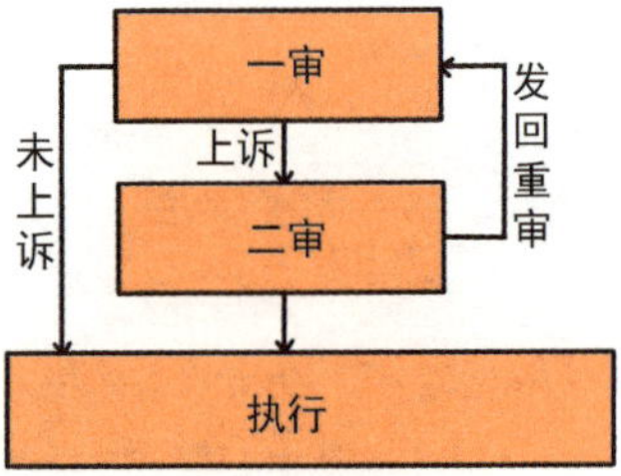

01 什么是上诉

我先解释一下什么是上诉。上诉，就是咱对一审的判决书或者裁定书不满，在法律规定的时间内，通过提交书面上诉状的形式，请求上一级法院再次审理案件。注意，咱前面第一次去法院打官司叫“起诉”，因为是第一次，是开始打官司，而上诉则说明咱已经打过一次官司了，是想让上一级法院再来审理一次案子，所以叫“上诉”，可不要混淆了。关于上诉，我要强调两点，要想成功上诉，两个关键的前提条件一定要注意：一个是要在**上诉期内**，另一个是必须交**上诉状**，这两个条件缺一不可。

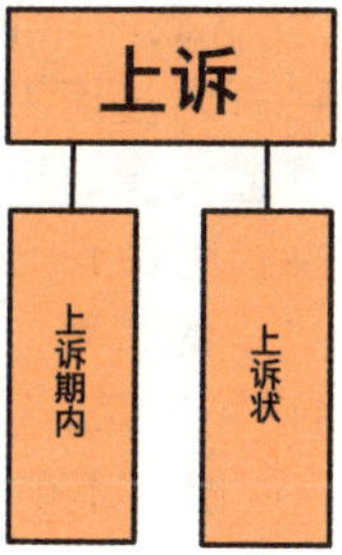

1 上诉期

上诉成功的第一个前提条件是得在上诉期内上诉，上诉期就是法律给你的一段可以上诉的期间，那上诉期是多长的一段时间呢？先看个法条，我再给你解释。

《中华人民共和国民事诉讼法》第一百七十一条
当事人不服地方人民法院第一审判决的，有权在判决书送达之日起十五日内向上一级人民法院提起上诉。当事人不服地方人民法院第一审裁定的，有权在裁定书送达之日起十日内向上一级人民法院提起上诉。

法条里说，如果你对一审的判决结果不满，可以在收到判决书的**15**日内提出上诉，如果你对一审的裁定结果不满（只有不予受理、驳回起诉、管辖权异议这3种裁定才可以上诉），可以在收到裁定书的**10日**内提出上诉，否则过期不候，法院就不管你了，你再不服，就只能憋着了。因为超过上诉期，相应的判决书和裁定书就生效了，没办法再上诉，要不然到时候再出一个二审的结果，二审结果是作出即生效的，万一和一审已经生效的结果不一样，你说听谁的，这就乱套了。调解书不能上诉，也是这么个道理。

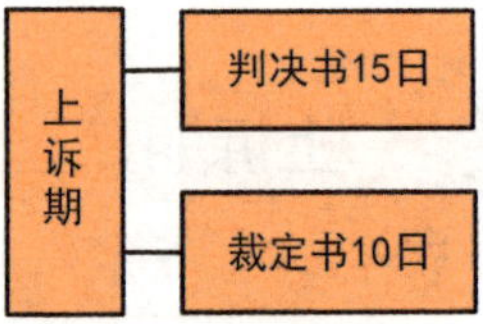

嗯，倒也是，那反正就是想要上诉就得在收到文书的15日和10日内提出就行。

别把事情想得那么简单，关于上诉期，你光记住这个15日和10日可是远远不够的，这里面的“水”深着呢。在讲上诉期的计算为何难之前，我得先和你讲讲我们法律上算时间是按照什么标准来的，这是前提。

《中华人民共和国民事诉讼法》第八十五条

期间包括法定期间和人民法院指定的期间。期间以时、日、月、年计算。期间开始的时和日，不计算在期间内。期间届满的最后一日是法定休假日的，以法定休假日后的第一日为期间届满的日期。期间不包括在途时间，诉讼文书在期满前交邮的，不算过期。

这两个法条是讲，从法律上来说，一段时间，在法条上叫期间，开始计算的时候，那个开始的时和日是不计算在内的，都要从**下一个单位的时和日开始计算**。比如咱们是1月1日收到判决书的，那么咱的上诉期就要从1月2日开始计算，1月1日当天是不算在上诉期内的。说明白了在法律上是怎么算时间的之后，我们回到这个15日和10日的上诉期上来，既然这个15日和10日是一段期间，那么这段期间就肯定有开头和结尾，而这个开头和结尾时间点的确定，那可是大有玄机的，你得好好掌握。

1. 上诉期开头时间的确定

关于上诉期开头时间如何确定的问题，通过前面的学习咱们知道，法院的送达方式主要有直接送达、电子送达、邮寄送达、公告送达四种，所以我们也分情况来看不同的送达方式导致的上诉期的开头时间的确定有何不同。

(1)直接送达上诉期开头时间的确定

直接送达是最简单的，法官或者书记员和咱面对面的，双方一手交钱（判决书或者裁定书），一手交货（送达回证），所以直接送达上诉期开头时间的确定特别简单，就是法院给你送文书的第二天，上诉期开始计算。虽说直接送达上诉期开头时间的计算简单，但是实际操作中还是有两点需要特别强调一下的，第一点，法律规定了：**人民法院直接送达诉讼文书的，可以通知当事人到人民法院领取。当事人到达人民法院，拒绝签署送达回证的，视为送达。审判人员、书记员应当在送达回证上注明送达情况并签名**。这句话的意思就是如果法院通知王二麻子到法院拿判决书，王二麻子屁颠屁颠去了，结果判决书拿到手一看，败诉，心中甚是不悦，于是告诉法官，这判决书我不要了，送达回证我也是不会签的，那么这个时候，法官和书记员可是一点都不慌，不签就不签，反正判决书内容王二麻子已经看到了，那只需要在送达回证上注明一下情况，就算送到了，上诉期也就从第二天开始算了。

第二点，法律规定了：**人民法院可以在当事人住所地以外向当事人直接送达诉讼文书。当事人拒绝签署送达回证的，采用拍照、录像等方式记录送达过程即视为送达。审判人员、书记员应当在送达回证上注明送达情况并签名**。这句话的意思就是说，比如一天中午法官和书记员在街边吃馄饨，这时王二麻子也来了，刚点了一笼蒸饺要开吃，法官和书记员一合计，好家伙，叫了你好几天都不来拿判决书，现在碰上了，得，什么也别说了，都是缘分啊，正好随身带着判决书和送达回证，来来来，王二麻子来签送达回证，这送达的事儿就算完成了。

那要是王二麻子不签也不看判决书怎么办？

简单，如果王二麻子拒绝签字，没事，天下武功，唯快不破，把判决书放在王二麻子的蒸饺旁，然后马上连人带判决书一起拍照，带上时间、法官及书记员的签字说明，完事儿，明天开始计算上诉期。

(2)电子送达上诉期开始时间的确定

讲完了直接送达，下面来说说电子送达上诉期开头时间的确定。电子送达和直接送达很像，相当于法官和当事人在手机上双方一手交钱(判决书或者裁定书)，一手交货(送达回证)，所以电子送达上诉期开头时间的确定也特别简单，就是从你点开法院给你发送的判决书或者裁定书的第二天开始，上诉期开始计算，由于电子送达的速度很快，法院那边发出文书，咱手机上可以说是同时接收到，所以通过电子送达接收法院文书的，上诉期一般都是从法院送出文书的第二天开始算。

(3)邮寄送达上诉期开始时间的确定

接下来我们好好学习一下邮寄送达上诉期开始时间的确定。先看之前出现过的法条。关于邮寄送达的时间，法律有明确规定：邮寄送达的，以回执上注明的收件日期为送达日期。也就是说，咱们的上诉期，得从收到判决书或者裁定书的第二天才能开始计算，这样咱们上诉期的开始计算时间就会比法院实际送出判决或者裁定的时间晚几天。比如你和王二麻子的案子是3月11日当庭宣判的，法官告知你们十日内来法院领取判决书，当书记员通知王二麻子领取判决书的时候，王二麻子要求书记员邮寄给他，由于王二麻子收到判决书的时候已经是3月16日了，所以这个时候，王二麻子上诉期就得从3月17日开始算。

(4)公告送达上诉期开头时间的确定

最后是公告送达上诉期开头时间的确定。这里我需要提醒大家的是,公告送达一般针对被告,原告是不会用到公告送达的,因此当你的案子公告送达的时候,作为原告的你,和被告上诉期的计算是分开的,你可以通过直接送达、电子送达、邮寄送达等任何一种方式签收法院的判决书和裁定书,而被告就要经过30日的公告时间才视为送达了,上诉期就从第二天开始算了。

《中华人民共和国民事诉讼法》第九十五条

受送达人下落不明,或者用本节规定的其他方式无法送达的,公告送达。自发出公告之日起,经过三十日,即视为送达。公告送达,应当在案卷中记明原因和经过。

可是你前面说过,公告送达一般是登报纸或者在网站上挂一下,被告几乎不可能收到。

对呀,所以对于公告送达的上诉期,咱们也就是意思一下,大概率被告是不会上诉的,作为原告的我们,只要在公告期满后再等15天,案子就生效了。

2. 上诉期结尾时间的确定

在讲完上诉期的开头时间如何确定后，我们来说说上诉期结尾时间的确定。本来结尾时间的确定没什么要注意的，不管咱们的判决书是通过哪种送达方式送达的，上诉期的计算都是从第 1 天数到第 15 天就完事儿了，第 16 天就不能再上诉了，但还是要注意一点，如果**上诉期的最后一天刚好是法定休假日，那么上诉期就需要延长到法定休假日结束的第一个工作日为止。**比如你 9 月 16 日收到法院给你的判决书，上诉期就从 9 月 17 日开始计算，那么 9 月 17 日加 15 日，刚好是 10 月 1 日，但因为 10 月 1 日是国庆节，假期一直持续到 10 月 7 日，所以这个时候，你最迟交上诉状的时间，就是 10 月 8 日，就是假期结束后的第一个工作日。

那要是这个上诉期的 15 日里包含了整个国庆假期呢？比如我的上诉期是从 9 月 30 日开始算，10 月 15 日是我上诉期的截止日期吗？

那就不影响，我前面刚和你强调过，只有**最后一天**是法定休假日，法院没人上班的，上诉期才需要顺延到节假日结束后的第一天，如果上诉期的最后一天本来就是工作日的话，那法院是有人的，凭什么给你延期？

另外，能够导致上诉期结尾时间延期的，不止法定节假日，我们继续说。关于邮寄，法律还规定了“**期间不包括在途时间，诉讼文书在期满前交邮的，不算过期**”，比如你是通过邮寄的方式把上诉状给法院的，那邮寄的时间可是不算在上诉期内的。用我们刚才举过的例子来解释，比如你是9月16日收到法院给你的判决书的，那么你的上诉期就是从9月17日开始计算，9月17日加15日，刚好是10月1日，但因为10月1日是国庆节，假期要一直持续到10月7日，所以你最迟交上诉状的时间就是10月8日，但是由于你距离法院太远，直接去交不方便，所以你选择了邮寄的方式，你在10月8日下午邮局下班前把上诉状寄出去了，过了4日，也就是10月12日法院才收到你的上诉状，但是由于你是在10月8日就把上诉状寄出来了，所以你还是在上诉期内提出上诉的，没有超时。

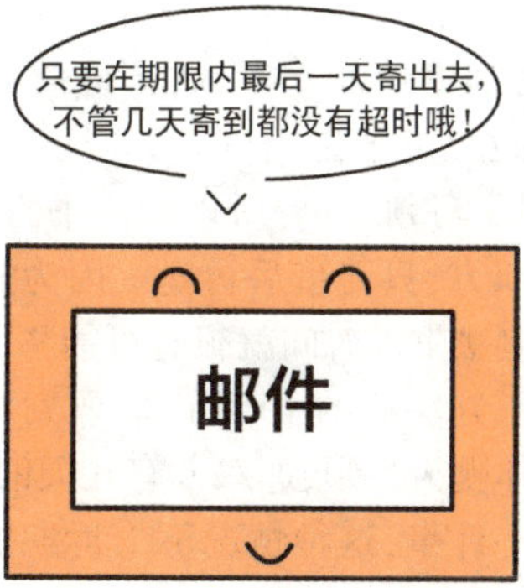

很刺激吧，那上诉期开头和结尾时间的确定我都给你讲明白了，接下来为了加深你的理解，也为了更实用，我决定按照咱们第十五章讲的各种结案方式来讲在不同的情况下如何计算上诉期的问题，这样基本上能够把咱们寻常生活中需要用到的上诉期的计算全部都给捋一遍，你就能对号入座了，贴心吧！注意，接下来我们讲的是判决书上诉期的计算，针对裁定上诉的话，你只要把上诉期改为10日，其他的参考判决书对号入座就行了。

3. 不同结案方式下上诉期的计算

（1）当庭宣判时上诉期的计算

当庭宣判的，咱们前面学过，被告不来开庭咱是可以当庭宣判的，所以我们根据被告到没到庭，分两种情况讨论。

①被告到庭参加庭审的

第一种，被告到庭参加庭审的，当庭宣判，宣判的时候原、被告都在，由于是当庭宣判，法官只是口头说说，还没来得及写判决书，所以判决书肯定没有办法当天就给到双方，只能事后再送。因为是事后再送，两个人收到判决书的时间就很有可能不一致，因为法院只是规定了判决后的10日内领取判决书，没有规定必须在具体哪天去领，那双方有几天的领取时间差是很正常的一件事，这种情况下上诉期的15日什么时候截止，**对于当事人，咱们各论各的，对于法院，咱以最后一个人的截止日期为准，**比如你和王二麻子的案子是3月11日当庭宣判的，书记员3月12日送了判决书给你，3月13日送了判决书给王二麻子，那么对于

你来说，当你的上诉期满的那天，王二麻子的上诉期还剩一天，因为他比你晚收到判决书一天，所以要等他的上诉期过了我们才能确认这个案子没人上诉并且生效了。

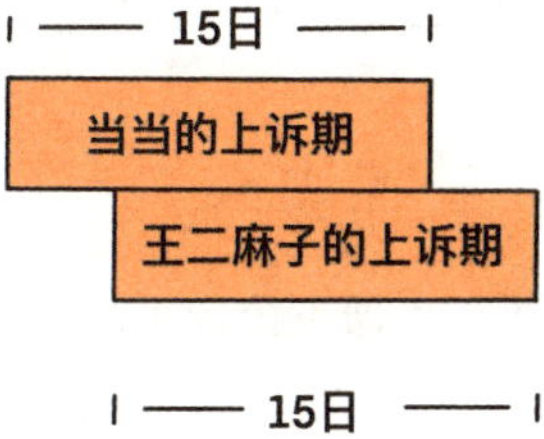

②被告缺席审理的

第二种，当庭宣判时被告是缺席审理的，那么此时有两个可能，一个是一开始就找不到被告，需要公告送达，另一种是被告收到了传票但是没有正当理由不来开庭。对于第一个可能，一开始就找不到被告的，我们送达判决书的时候，只能采用公告送达的方式，公告期 30 日，再加上 15 日的上诉期，在这种情况下你会感觉上诉期很长，但其实都是公告的问题，上诉期还是 15 日没有变，不过现实中由于自始联系不上需要公告才能送达的被告上诉的可能性微乎其微，他们连开庭这回事儿都基本上不知道，所以你只需要等公告期满上诉期过，一审的判决就能生效了。

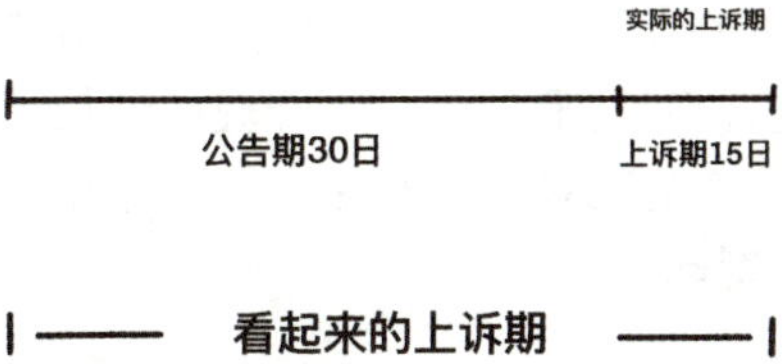

至于第二个可能，收到传票但不来开庭的被告，如果事后判决书能送给他的，或者说他填过送达地址确认书的，就和前面说的一样，当事人之间的上诉期还是各论各的，法院还是按照最晚收到的人收到的日期计算上诉截止日期。但如果联系不上了，那么很不幸，咱们也要走上公告送达的路了，时间又会拖很久。

是说一个案子可以前面不公告，后面才公告的吗？

是的，公告与否只取决于是否确实无法送达被告。

(2)定期宣判的情况

这里得说一下，如果是定期宣判，那肯定是开庭的时候原、被告双方都在场，要是被告不在，法官基本不会选择定期宣判。为什么呢，你想如果一开始就是公告送达被告，我作为一个法官，如果要定期宣判的话，我还得专门再公告一次，告诉他什么时候宣判，然后判决了，又用3个月通知被告判决结果，我是不是有点效率“太高”了？就算法官答应，审限也不答应啊。同样地，如果被告是收了传票但不来开庭，我是不是还得再送一次定期宣判的传票？对方签收的话还好，但要是联系不上了，我不是又得专门公告一下啥时候宣判，然后宣判完了再公告一次，是不是很浪费时间？所以定期宣判的，都是前一次开庭的时候，双方都在场，法官通知清楚双方这个案子在几月几日几时在哪个法庭宣判。

那定期宣判的上诉期计算有什么复杂的地方吗？听你这么一说没什么难的啊，原、被告不是都在吗？

有个需要注意的点，来，看个法条，看完了我再和你解释。

《最高人民法院关于适用简易程序审理民事案件的若干规定》第三十一条第一款

定期宣判的案件，定期宣判之日即为送达之日，当事人的上诉期自定期宣判的次日起开始计算。当事人在定期宣判的日期无正当理由未到庭的，不影响该裁判上诉期间的计算。

看到了吗，法条说得很清楚，定期宣判的**简易程序**的案子，**定期宣判的那天就视为你收到判决书的当天，上诉期就从定期宣判的第二天开始算**，如果有当事人定期宣判那天没有正当理由不去法院领取判决书的，不好意思，不管你收没收到，上诉期照样从第二天开始算。

2 上诉状

先说明白上诉状是什么，它类似于咱们之前写的起诉状，是书面材料，只不过这回是为了去上一级法院继续打官司用的。

那为什么书记员要让我领取王二麻子的上诉状呢？

因为你是被上诉人啊，来，先看个法条，我再和你解释。

《中华人民共和国民事诉讼法》第一百七十四条

原审人民法院收到上诉状，应当在五日内将上诉状副本送达对方当事人，对方当事人在收到之日起十五日内提出答辩状。人民法院应当在收到答辩状之日起五日内将副本送达上诉人。对方当事人不提出答辩状的，不影响人民法院审理。原审人民法院收到上诉状、答辩状，应当在五日内连同全部案卷和证据，报送第二审人民法院。

这个法条就是告诉我们，和之前一审的时候咱把起诉状交给法院，法院要给被告一份一样，上诉的一方需要把上诉状给法院，然后由法院再给被上诉方，被上诉人可以在规定时间内答辩，当然，如果被上诉方不写答辩状，也不会影响上诉的进度。

民事上诉状

上诉人(原审被告)：王二麻子，男，1992年11月11日出生，汉族，身份证号码××××××××××××××××××，住浙江省义乌市麻子小区22幢2单元202室，电话号码×××××××××××。

被上诉人(原审原告)：当当，男，1992年11月11日出生，汉族，身份证号码××××××××××××××××××，住浙江省义乌市玫瑰花园小区22幢2单元202室，电话号码×××××××××××。

上诉人因与被上诉人民间借贷合同纠纷一案，不服××人民法院2022年2月2日作出的(2022)浙0783民初2022号民事判决，现提起上诉。

上诉请求：

1. 请求撤销原审判决并依法改判驳回原审原告的诉讼请求。

2. 由被上诉人承担本案一审、二审的诉讼费。

上诉理由：

（填写说明：写明上诉的原因）

此致

浙江省义乌市人民法院

上诉人：王二麻子

2022 年 2 月 22 日

《中华人民共和国民事诉讼法》第一百七十二条

上诉应当递交上诉状。上诉状的内容，应当包括当事人的姓名，法人的名称及其法定代表人的姓名或者其他组织的名称及其主要负责人的姓名；原审人民法院名称、案件的编号和案由；上诉的请求和理由。

你还别说，王二麻子的这个上诉状写得很规范，基本的格式都对，和法条规定的都能对得上，你看，法条规定的“上诉状的内容，应当包括当事人的姓名，法人的名称及其法定代表人的姓名或者其他组织的名称及其主要负责人的姓名；原审人民法院名称、案件的编号和案由；上诉的请求和理由”，这些王二麻子都有写，而且最难得的是这个称呼，上诉人对应原审被告，被上诉人对应原审原告，王二麻子也没有落下。

哦，所以说提出上诉的人就叫上诉人，没有提上诉的人，就是被上诉人了，而且还要说清楚双方在一审的时候是什么身份，很简单。

不简单哦，举个例子，王二麻子输了官司，心中不悦，找了发小朱大忽悠，一起在你下班的路上堵你，把你揍了一顿，打得你住了院，等你好了，你起诉到法院，要求两个人共同赔偿你医药费、护理费、误工费等损失共计 10 万元，法官判决王二麻子付 8 万元，朱大忽悠付 2 万元。第一种情况：如果你觉得法院只判他们赔你 10 万元太少了，你不服，把他们两个都告了，那么这个时候，你是上诉人（原审原告），王二麻子和朱大忽悠都是被上诉人（原审被告）。

第二种情况：王二麻子对赔你 10 万元无异议，但是认为 10 万元里面他要赔 8 万元，太多了，明明俩人一起揍的，不公平，于是他对朱大忽悠提出上诉，那么这个时候，王二麻子是上诉人（原审被告），朱大忽悠是被上诉人（原审被告），而“可怜”的你，就只是一个原审原告。

第三种情况：王二麻子认为两个人一共赔 10 万元太多了，但是对 4∶1 的责任分配没意见，毕竟朱大忽悠是为了自己，钱全部自己赔都行，就是赔太多了不爽，于是王二麻子对你提出了上诉，那么这个时候，王二麻子是上诉人（原审被告），你是被上诉人（原审原告），朱大忽悠只是一个原审被告。

第四种情况：判决下来，你们各自都觉得不满意，所以你们三个人都上诉了，那么你们就都是上诉人了。

你这个例子举的，我不理解都对不起我挨过的揍。可是袍儿，上诉不是到上一级法院去吗，怎么让我领取上诉状的还是原来一审的书记员啊？

《中华人民共和国民事诉讼法》第一百七十三条

上诉状应当通过原审人民法院提出，并按照对方当事人或者代表人的人数提出副本。当事人直接向第二审人民法院上诉的，第二审人民法院应当在五日内将上诉状移交原审人民法院。

这个法条的意思，一句话概括，上诉得通过原来一审的法院，举个例子，你应该听过农夫山泉的那句经典广告语："我们不生产水，我们只是大自然的搬运工"吧？关于上诉状交给谁的问题，一审法院就相当于上诉状的搬运工，他们不会再审理这个案子，只不过得把案子整理好给二审的法院，上诉人把上诉状交给一审法院以后，一审法院会连带着所有的案卷材料和上诉状一起，一并交给二审法院。

02 什么是二审

我们首先需要了解一下什么是二审，二审是指当事人不服一审法院的判决书或者裁定书，通过依法向上一级法院提起上诉，要求撤销或者变更原判决或裁定，上一级法院据此对该案件进行再次审理的一个过程，这个过程我们适用的程序就是二审程序，看法条。

《中华人民共和国民事诉讼法》第一百八十一条

第二审人民法院审理上诉案件，除依照本章规定外，适用第一审普通程序。

这个法条告诉我们，二审如果是开庭审理的，开庭的流程和步骤和一审的普通程序一样，也就是说和我们前面讲过的开庭的流程是一样的。

《中华人民共和国民事诉讼法》第一百七十六条

第二审人民法院对上诉案件应当开庭审理。经过阅卷、调查和询问当事人，对没有提出新的事实、证据或者理由，人民法院认为不需要开庭审理的，可以不开庭审理。第二审人民法院审理上诉案件，可以在本院进行，也可以到案件发生地或者原审人民法院所在地进行。

不过，二审与一审开庭审理相比，更加灵活，就像法条规定的那样，如果审理的法官认为不需要开庭，可以不开庭，通过看看案卷、问问当事人就把案子审理完了，甚至二审都可以在一审的法院进行。

那什么是所谓的“没有提出新的事实、证据或者理由，人民法院认为不需要开庭审理”的情况呢？

我给你画个图，这样就好理解了。

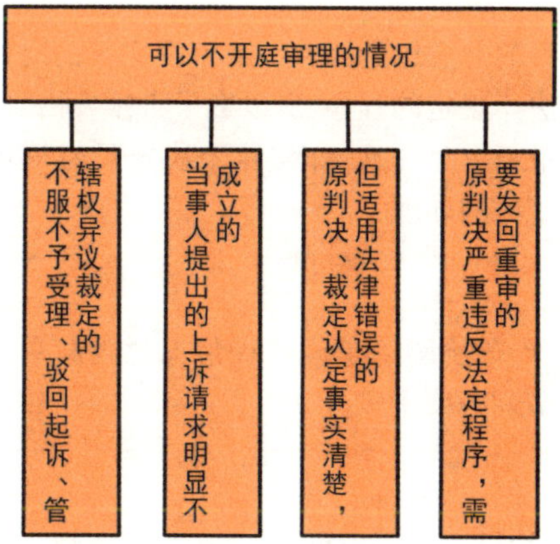

第一项：不服不予受理、驳回起诉、管辖权异议裁定的。经过前面的学习，我们知道不予受理、驳回起诉、管辖权异议裁定针对的都是程序性的一些问题，几乎没有涉及案件本身的事实，所以相对来说比较简单。第二项：当事人提出的上诉请求明显不成立的。就好比上诉理由写的是一审因为心情不好导致没有发挥好要求二审，那太荒谬了，法官肯定不会理你。第三项：原判决、裁定认定事实清楚，但适用法律错误的。咱们在讲判决书的时候，我告诉过你判决书或者裁定书的最后部分会专门写适用了哪些法律条文，那时你还奇怪为什么要写法条，你又看不懂，我当时和你解释说这法条主要不是给当事人看的，是给二审的法官看的。既然原判决、裁定认定事实清楚，那就说明一审的法官总体上对案子的判断是准确的，事实查清楚了，查正确了，只不过最后法条用错了，就好比你考试做数学的最后一道大题，你前面一步步都是对的，只不过到了最后一步，你套错了公式，那么这个时候，上级法院只需要把最后一步的公式给改对了，那整道题目就完美啦。第四项：原判决严重违反法定程序，需要

发回重审的。意思是因为一审审理案件的时候，严重违反了法律规定的程序，所以案子必须发回到一审法院全部重新审理一次，作出这个决定虽然简单，但确实是最严厉的处理了。

为什么呀，你刚刚不是说这种情况比较简单，是可以不开庭审理的案子吗？

对啊，因为根本就不用审理，直接发回重审了呀，我说的简单是相对于二审法院的处理来说的，与“严重违反”并不冲突。为什么呢？这么说吧，判得对不对，是能力问题，遵不遵守法定程序，是态度问题，能力不行我们不会苛责，态度不对那可就恶劣多了，比如一审的时候组成了四人合议庭，你想想，作为一个法官，他能不知道四人合议庭是违法的吗，这可是常识啊，明知是错的还这么干，那就是故意的。所以这些对于法官来说态度不端正的行为，是上一级法院最不能容忍的，惩罚措施自然也是最狠的。因此，只要发现以上严重违反法定程序的行为，哪怕审理结果合理，上一级法院也不会认。

所以“严重违反”法定程序的下场最惨，就是发回重审。

既然都说到这儿了，接下来我就具体和你说说哪几种情况属于这种“态度不端正”的“严重”违反法定程序的行为吧，具体总共有 6 种情况，咱们看着图，一项一项来说。

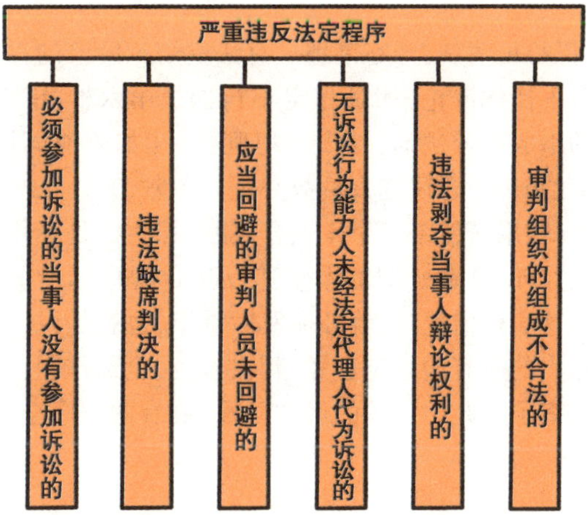

第一种:必须参加诉讼的当事人没有参加诉讼的,这就比如一个遗产继承纠纷,老大和老二背着老三通过诉讼把遗产给瓜分了,老三都不知道有这回事,那肯定不行。第二种:违法缺席判决的,什么意思呢,咱们前面说了,如果咱已经把传票送给了被告,告诉他什么时候宣判,那被告没有正当理由不来,咱可以不管,就当被告来了,但是如果连传票都没有给被告,没有通知他什么时候宣判,这时法院要是宣判了,那肯定是不行的。第三种:应当回避的审判人员未回避的,比如法官或者人民陪审员应该回避而没有回避的,肯定是不行的,注意,仅仅是法官或者人民陪审员需要回避,至于其他的书记员等,还不至于,毕竟决定案件结果的,是法官和人民陪审员。第四种:无诉讼行为能力人未经法定代理人代为诉讼的,就是一些小朋友和精神病人(所谓的无诉讼行为能力人)没有法定代理人代表他们参加诉讼,肯定是不行的,毕竟他们估计都不知道自己在说什么。第五种:违法剥夺当事人辩论权利的,这个好理解,咱们前面讲开庭的时

候，说得很清楚，开庭审理是有法庭辩论阶段的，如果法官不让你辩论，那是肯定不行的。第六种：审判组织的组成不合法的，什么意思呢，就比如咱前面说过一审的时候，合议庭人员数必须是单数，3 个人或者 5 个人，结果居然来了个 4 人合议庭，那肯定是不行的。以上 6 种，就是所谓的严重违反法定程序的情况，当碰到这 6 种情况时，就必须发回重审，也就是说，一审所作出的所有的裁定也好、判决也罢，全部作废，全部回到案子一开始立案的最初阶段，所有的程序全部重新来一次。

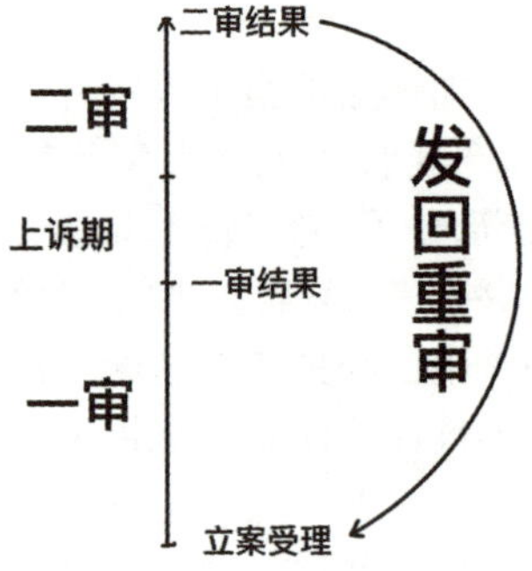

那二审最终的结果不会只有发回重审这一个选项吧？

当然不会啦，先看个法条。

《中华人民共和国民事诉讼法》第一百七十七条

第二审人民法院对上诉案件，经过审理，按照下列情形，分别处理：（一）原判决、裁定认定事实清楚，适用法律正确的，以判决、裁定方式驳回上诉，维持原判决、裁定；（二）原判决、裁定认定事实错误或者适用法律错误的，以判决、裁定方式依法改判、撤销或者变更；（三）原判决认定基本事实不清的，裁定撤销原判决，发回原审人民法院重审，或者查清事实后改判；（四）原判决遗漏当事人或者违法缺席判决等严重违反法定程序的，裁定撤销原判决，发回原审人民法院重审。原审人民法院对发回重审的案件作出判决后，当事人提起上诉的，第二审人民法院不得再次发回重审。

这个法条是什么意思呢，第一项：原判决、裁定认定事实清楚，适用法律正确的，以判决、裁定方式驳回上诉，维持原判决、裁定，就是二审法院审理案件之后，发现一审审理得很好，挑不出毛病，这个时候，如果是对裁定的上诉，那就裁定驳回上诉，维持原裁定，如果是对判决的上诉，那就判决驳回上诉，维持原判决，这个时候，一审判决或者裁定就生效了。第二项：原判决、裁定认定事实错误或者适用法律错误的，以判决、裁定方式依法改判、撤销或者变更，意思就是一审法官把事实认定错了，或者把法条用错了，这时二审法官可以选择改判（就是更改判决，这样一审的判决就无效了，要以二审更改过的判决作为案件的最终结果），也可以选择对一审的裁定进行撤销或者变更。第三项：原判决认定基本事实不清的，裁定撤销原判决，发回原审人民法院重审，或者查清事实后改判，这相较于第二项，是要严重一点的，第二项法官是尽力查事实，但是查错了，但是到了第三项的情况，是事实都没有查清楚，相当于一审法官偷懒了，所以这个时

候,二审的法官会直接把一审判决撤销,发回到一审的法院重新审理一遍。当然,如果这个案子已经是发回重审的,那么二审法官就不能再次发回重审了,只能自己查清事实后再改判,毕竟最多只能发回重审一次。至于第四项:原判决遗漏当事人或者违法缺席判决等严重违反法定程序的,裁定撤销原判决,发回原审人民法院重审。这个咱们刚才很全面地讲过。

好的,我明白了,那除了不开庭审理,二审程序还有和一审普通程序不一样的地方吗?

法条出没

《中华人民共和国民事诉讼法》第一百八十三条

人民法院审理对判决的上诉案件,应当在第二审立案之日起三个月内审结。有特殊情况需要延长的,由本院院长批准。人民法院审理对裁定的上诉案件,应当在第二审立案之日起三十日内作出终审裁定。

有啊,就是审理期限会短一些。这个法条的意思就是如果你是对裁定上诉的话(咱们前面提过的不予受理、驳回起诉、管辖权异议),那么二审法院在30日内就会出结果,如果你是对判决上诉的话,那么不管之前的案子是简易程序也好,普通程序也罢,统统“一口价”,都是3个月。

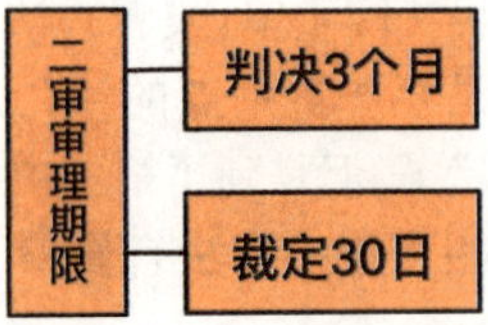

可是这是为什么呢，二审不是应该更加严肃和谨慎一点吗，怎么审理时间反而短了呢？

二审是应该更加严肃和谨慎，但问题是，二审审理的范围一般来说比一审的范围要小，所以相对来说时间是够用的，因为法律规定二审法院审理案子是**围绕上诉人的上诉请求的范围进行的**，上诉人没有提出上诉请求的部分，二审法院是不会审理的，但如果在没有提出上诉请求的部分中，存在**违反法律禁止性规定或者损害国家利益、社会公共利益、他人合法权益**的内容，那就算上诉人没提起上诉，法院也要管。什么意思呢，打个比方，一个案子，一审的时候法官判了三个内容，结果这三个内容都判错了，现在到了二审，上诉人只对第一个内容提出了上诉，那按道理说，二审法官是不用管剩下两个内容的，但二审法官看了看剩下的两个内容，第二个是损害他人合法利益的，那不行，这个法院肯定要管，至于第三个内容，是只损害了上诉人的利益的，但是上诉人没有对这项内容提起上诉，那法官就不管了，那么最终二审法官要管的就是第一个和第二个内容，所以你上诉的时候，一定注意不要漏了上诉内容，要不然法官可是不会管你的。

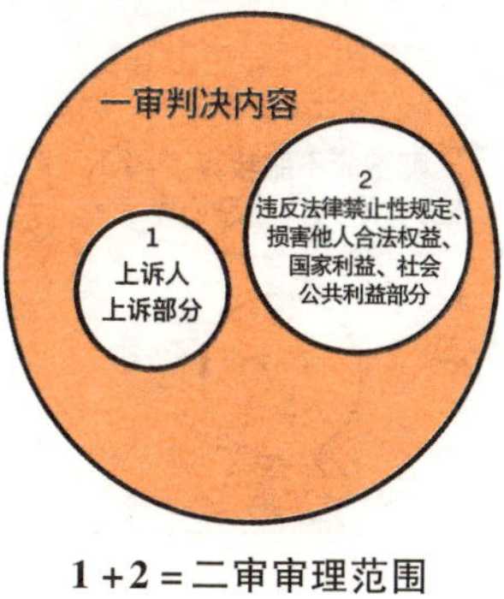

1 + 2 = 二审审理范围

明白，那二审没有什么管辖之类的要求吗？

没有，咱们判决书或者裁定书的最后都是会告诉你到哪个法院去提起上诉的，都直接指名道姓了，不需要考虑管辖，而且二审不但在管辖方面省心，连交案件受理费都特别省心，之前已经在诉讼费那一章里提过一次了，来，看个法条。

法条出没

《诉讼费用交纳办法》第十七条

对财产案件提起上诉的，按照不服一审判决部分的上诉请求数额交纳案件受理费。

这个法条是说咱如果要二审的话，如果这个案子是只涉及钱的**财产案件**，那么二审的案件受理费是按照咱认为的应该判的数额为基数来计算的。具体什么意思呢，比如你起诉王二麻子还5万元和2万元利息，结果法官判王二麻子还你5万元本金和1万元利息，你觉得王二麻子就应该还2万元的利息，法官判少了，你上诉要求王二麻子给你2万元利息，这个时候，咱们二审的案件受理费的计算就是以2万元为基数了。

关于二审案件受理费的问题，咱们知道怎么算就行了，至于具体应该交多少，法院会帮我们算清楚的，到时候会有书记员发缴费通知书给你，你照通知书上面的数额交就行了，都二审了，早就“杀”红眼了，不用管那么多，反正最终二审结束，谁输了，谁大概率就得承担一审和二审加在一起的诉讼费，要玩就玩一把大的你说是不是？

这里我还是要提一下我们“任性”的调解，“任性”到什么程度呢，在二审的阶段，还是可以调解的，调解可是“无孔不入”的，来，看个法条。

《中华人民共和国民事诉讼法》第一百七十九条

第二审人民法院审理上诉案件，可以进行调解。调解达成协议，应当制作调解书，由审判人员、书记员署名，加盖人民法院印章。调解书送达后，原审人民法院的判决即视为撤销。

看到了吗，法条明确规定二审的时候也可以调解，调解书送达也就是生效以后，原来的一审判决就自动视为撤销了，是自动的。调解可谓是只要我想调，随时都可以。

好了，关于二审的知识我们前面掌握的已经足够了，结合今天学习的二审知识以及之前带大家看过的一审判决书，大家就可以自己读懂二审判决书了。

最后,我还要提一下,其实在二审之后,还是有最后一根"救命稻草"——**再审**的,之前在全流程概览的时候已经和大家解释了,如果大家真的走到了再审这一步,记得找一个厉害的律师。那关于上诉以及二审的知识我可讲完啦,咱们第十七章见。

下篇

实战阶段

第十七章
打赢官司怎么要钱

01 什么是执行
02 如何申请执行
03 执行的具体流程

第十七章 打赢官司怎么要钱

袍儿，既然二审还是维持一审的判决让王二麻子还我钱，他怎么还不还我钱呢？

王二麻子这么不自觉的人，肯定不会主动还你钱的，你得去找法院帮忙，去申请执行，让法官帮你才行。

01 什么是执行

我先告诉你什么是执行。在这本书里，你可以简单地把执行理解为法院“一条龙服务”的后半段，前半段是审判，你赢了，审判阶段告一段落，但对方就是不还钱，这时你就可以通过申请执行，进入后半段的执行阶段，通过法院的执行局来帮你要钱。

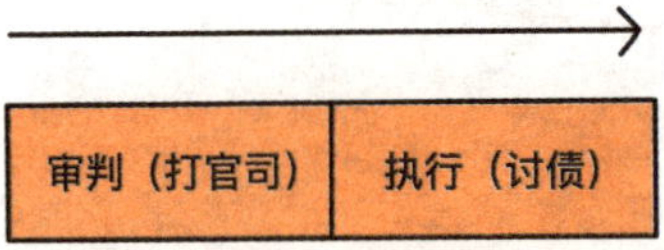

所以，进一步通俗地解释，所谓的执行，在咱这本书里，可以简单地理解为讨债，而执行局，就是法院里面一个合法的、专门负责讨债的机构，其中具体负责讨债的法官就是执行员，当然你也可以叫他法官。要注意，

之前给你判案子的法官和现在到了执行阶段的法官，肯定是两个不同的人，连书记员也肯定是新的人，因为审判和执行，本来就是两个不同的阶段。

好的，那我怎么才能让执行局的法官帮我去找王二麻子要钱呢？

很简单，申请就行了，毕竟大部分案子都是需要申请执行法院才会帮咱去要钱的，你不申请执行的话法院不知道对方没有还钱。

02

如何申请执行

1

申请执行的前提条件

申请执行的前提条件——已经生效且拒不履行，这两个前提条件**缺一不可，必须同时满足**才能申请执行。

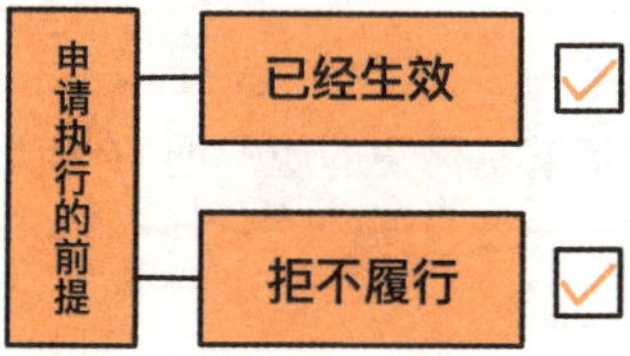

第一个前提条件——**已经生效**，展开了说，就是判决书、调解书、裁定书已经生效，就是咱在申请执行的时候，咱们据以执行的判决书、调解书、裁定书必须得是已经生效的，案子不能还在上诉期内或者在二审阶段。

这个我知道，这不是必需的吗，文书没生效我怎么敢申请执行啊。

我知道你明白，之所以要着重提醒，是因为很多时候，所谓的生效是需要额外的文书证明的，那是一种叫“**生效证明**”的东西，但是实践中各地法院的具体做法是不一样的，有些只需要你的生效文书，或者说签收文书的送达回证就可以，但是有些法院需要你去找书记员专门开具一份生效证明，以证明你要申请执行的案件确实生效了，所以大家一定记牢在实际申请执行的时候，要问清楚是需要生效证明还是只需要相关文书或者送达回证就行。

关于生效，你还有一个需要注意的点就是一段特殊时期——履行期。来，我先把我们之前放在书里的判决书中判决主文部分给你拿一句过来：

“二、被告赵某于本判决生效之日起七日内赔偿原告北京兰世达光电科技有限公司经济损失三千元”。

你看到“于本判决生效之日起七日内”这几个字了吗？

我看见了，这不就是你说的履行期，有问题吗？

这个履行期，看名字就是给被告履行用的，比如我们前面解剖判决书的这个案子，判决之后，过了 15 天，原、被告双方都没有人上诉的，案子就正式生效了，之后，因为这个判决书里设置了 7 天的履行期，所以在这个时间段内，咱是不可以申请执行的，虽然已经生效了。

为什么啊？我想不通，这不都赢了吗？

因为我们的第二个前提条件——**拒不履行**，拒不履行的意思就是对方拒绝履行判决书、调解书、裁定书所确定的义务，说得直白点就是赖着不给钱。

哦，所以由于还在履行期内，我们不能说对方拒不履行，只有履行期过了，对方还没给的情况才能算名副其实的拒不履行，对吧？

是的，而且这个拒不履行，除了我们刚刚说的履行期内不能申请执行，还要注意的一点就是那种分期履行的调解书，这种调解书法院一般会写上一句类似“**上述任一期未按时足额履行的，原告有权就剩下未履行部分一并申请执行**”的话，那么在分期履行的过程中，只要对方有一期没有按时给钱的，那就符合拒不履行的条件，咱就能马上申请执行，要是没有写上这句话，那就比较尴尬了。

2

申请执行的时间限制

讲完了申请执行的前提条件，接下来我们要了解的是申请执行的时间限制，也就是所谓的执行时效。

申请执行还有时间限制的话，不是和诉讼时效一样了吗？

是啊，诉讼时效和执行时效，你就简单地理解为除了长度不一样，其他的都一样就行，诉讼时效什么样，执行时效就什么样，而且以后随着法律的修改，说不定二者能变得一模一样呢，来看看法律对执行时效的规定吧。

《中华人民共和国民事诉讼法》第二百五十条

申请执行的期间为二年。申请执行时效的中止、中断，适用法律有关诉讼时效中止、中断的规定。前款规定的期间，从法律文书规定履行期间的最后一日起计算；法律文书规定分期履行的，从最后一期履行期限届满之日起计算；法律文书未规定履行期间的，从法律文书生效之日起计算。

通过这个法条我们可以知道，申请执行的时效是 2 年，除此之外，申请执行的时效和诉讼时效一样，都可以中止和中断，而且和诉讼时效一样，超过执行时效期间，哪怕你申请执行了，只要对方提异议，查证属实的话，法院就不理你了，不过如果对方还钱之后才发现超过执行时效的，那法院就不管了。

那这个 2 年执行时效期间从什么时候开始算呢，之前学诉讼时效的时候，我就发现从什么时候开始算这个期间特别重要。

这么说吧，关于如何计算执行时效的法条规定有点长且比较多，对咱来说，咱只要记住，对于判决书，只要生效了，超过履行期咱就赶紧去申请执行，对于调解书，由于双方签收就能生效，可以尽早去执行，上述时间最迟不能超过 2 年，而且只要第一次申请执行是在 2 年内，哪怕折腾半天什么财产也没有执行到，法院把你的案子暂时结束，专业术语叫**终结本次执行**，之后，**不管过去多少年，不论什么时候发现对方有财产了，**你去找法院要求执行，专业术语叫**恢复执行，法院都不会算你超时的。**

3

申请执行的管辖法院

讲完了申请执行的前提条件和时间限制，咱都符合之后，我们再来看看应该找哪里的法院去申请执行。

你的意思是申请执行也有管辖的问题？

《中华人民共和国民事诉讼法》第二百三十五条

发生法律效力的民事判决、裁定，以及刑事判决、裁定中的财产部分，由第一审人民法院或者与第一审人民法院同级的被执行的财产所在地人民法院执行。法律规定由人民法院执行的其他法律文书，由被执行人住所地或者被执行的财产所在地人民法院执行。

当然了，看法条。如果咱要申请执行，可以找**一审**的法院，但是如果主要执行的财产在另外一个地方，那咱也可以找在这个地方的**和一审法院同级的法院**来执行。比如，你案子的一审法院是北京市朝阳区人民法院，你要申请执行的财产所在的地方是北京市海淀区，那么你申请执行的时候，既可以找朝阳区人民法院，也可以找海淀区人民法院。

4

申请执行要准备哪些材料

去申请执行需要准备的材料，我一项一项和你说。第一个是生效的法律文书原件（就是判决书、调解书、裁定书，下面统一以比较多的判决书为例）。

1. 生效的法律文书原件

生效的法律文书原件就是书记员给你的判决书，如果没有二审，那么一审的判决书就是生效文书，如果是二审审过的案子，那二审的判决书就是生效的法律文书，总之你要带上的就是生效的法律文书原件，现实中有些法院会要求带上一审、二审的所有文书，所以经历过二审的小伙伴，保险起见把一审、二审的判决书都带上比较保险。同时要注意，这个生效的法律文书原件很重要，不管是判决书、裁定书还是调解书，都得是原件，就是盖着法院大红章的原始的那份，可不能是你自己复印的，当然如果是电子送达的，有红章的电子版也算是原件。

2. 身份证及身份证复印件

第二个我们要带的就是咱的身份证及身份证复印件，只要咱去法院，带上身份证准没错。

3. 生效证明

第三个就是我刚刚说的生效证明，是你需要找书记员给你开的一份加盖法院公章或者庭章（法院各个庭室有自己的章）的一份证明文书，各个地方可能会有不同的版本，有些法院甚至不需要，给你个送达回证就行，所以到时候大家一定要去各自的法院问清楚是否需要这个生效证明，需要的话，具体的版本是怎么样的，应该找谁开具等。

浙江省东阳市人民法院
法律文书生效证明

原告__________与被告__________（案由）__________纠纷一案，即__(　　)浙 0783 民初______号民事__________书，于______年____月____日生效。

1. 法律文书规定的履行期限：__________________
2. 案件诉讼费是否需要执行？__________________
3. 有无财产保全？__________________
4. 原告联系电话：__________________
5. 被告联系电话：__________________

浙江省东阳市人民法院__________庭

承办人：__________________

______年____月____日

大家要注意，这个生效证明一般来说是审判阶段的书记员给你开具的，从审判到最终执行，是挺长的一段时间，所以我这里提醒一下各位小伙伴，**在法院的书记员刚开始联系你的时候，你就记得把电话号码做个备注**，这样到后期申请执行的时候，你不至于临时去翻半天通话记录，或者干脆就找不到。

4. 申请执行书

第四个咱们需要准备的，是一份申请执行书，具体的要求，各个地方也是不一样的，我这里给你一个大概的模板，你可以作为参考。

申请执行书

申请执行人：当当，男，1992 年 11 月 11 日出生，汉族，身份证号码××××××××××××××××××，住浙江省宁波市江北区玫瑰花园小区 22 幢 2 单元 202 室，电话号码×××××××××××。

被执行人：王二麻子，男，1992 年 11 月 11 日出生，汉族，身份证号码××××××××××××××××××，住浙江省宁波市江北区麻子小区 22 幢 2 单元 202 室，电话号码×××××××××××。

申请执行人当当与被执行人王二麻子民间借贷合同纠纷一案，江山市人民法院（2022）浙 0205 民初 2022 号民事判决已发生法律效力。被执行人王二麻子未履行生效法律文书确定的给付义务，特向你院申请强制执行。

请求事项：

（填写说明：写明请求执行的内容，一般来说就是大家生效判决的主文内容）

此致

浙江省宁波市江北区人民法院

附：生效法律文书×份

申请执行人：当当

2022 年 2 月 22 日

好了，基本上申请执行需要带的材料，我都和你说过了，不过目前来说，各地法院还是会有各自特有的一些需要准备的材料，我建议大家提前通过电话咨询一下法院，确定需要哪些文书之后再去申请执行，这样效率比较高。

好的，那问完法院之后，材料都准备齐全了，咱们就可以去法院申请执行了吧？那咱们该去哪儿申请执行呢？

立案接待大厅或者说是诉讼服务中心，因为申请执行和咱打官司是差不多的，也是要去法院的立案部门立案，但是注意这回咱要办理的是执行立案的业务，可不要搞错窗口了。毕竟执行案件相当于一个新案子，会有新的案号，也会有一个新的专门负责执行的法官来接手你的案件，也会有新的书记员和你联系。

明白，那既然审判阶段立案可以网上申请，申请执行立案应该也可以在网上进行吧？

是的，申请执行也是可以通过移动微法院来进行的，只不过这回咱要选择**执行立案**这一选项，然后通过上传我刚刚和大家说的资料以及填写一些基本信息，具体步骤大家可以参考我在讲立案的时候教大家的。咱们申请执行立案之后，就可以暂时回去等着了，毕竟网上申请总是需要时间审核的，等审核通过之后，一般就会有法官联系咱，这样咱的案子就正式进入执行阶段了，同时，咱也就有了新的身份，对于胜诉的咱来说，就是申请执行人，对于败诉的王二麻子来说，他就是被执行人。

03

执行的具体流程

在讲法院具体执行流程之前，我需要告诉大家，各地法院执行局的具体执行流程，虽然总体上是差不多的，但在实际操作中，肯定存在一定差异，所以今天我说的执行流程，也是基本上以讲个大概为主，大家作为一个参考就行，真的到了执行阶段，大家还是要以你所在执行法院的习惯为准，在执行前最好能够多打电话问问具体细节，切不可生搬硬套，下面我正式开始介绍咱们执行的流程。

当执行案件被法院立案受理之后，案子会在一两天内分配到具体的执行法官名下，这时执行法官就会开始行动，第一步就是向被执行人发送执行通知书。执行通知书就是告诉被执行人，法院要开始执行了，识趣的话，务必在执行通知书限定的时间内把欠申请执行人的钱给还上。

啊！那这不打草惊蛇了吗？干吗还要搞这么一出，直接手起刀落开始执行就好了，这么一搞万一有人转移财产怎么办？

那不行，该走的程序是必须要走的，至于你所担心的，放心，法院会有办法的，看法条。

法条出没

《中华人民共和国民事诉讼法》第二百五十一条

执行员接到申请执行书或者移交执行书，应当向被执行人发出执行通知，并可以立即采取强制执行措施。

看吧，法律规定了，虽然开始执行前必须得先向被执行人发送执行通知书，但法官是可以**同时立即**采取强制执行措施的，什么意思呢，比如法官可以带着执行通知书到王二麻子家里，门一开，法官说王二麻子你签收一下这个执行通知书，我们今天来就是通知你，我们要执行你欠当当的5万元债务了，说完，法官就可以直接叫王二麻子给钱了，无缝衔接。

哦，能同步进行的话那稍微好点儿，问题是法院不会只有这一个措施吧，是王二麻子铁了心不还，那怎么办呢，法官总要回家睡觉吧，也不能一直耗着呀。

当然不会了，执行通知书发出之后，我们的执行法官就会几乎同步向被执行人发出限制消费令和报告财产令，并且在发出之后马上就会跟上严厉的制裁措施。限制消费令，你看名字就能知道，就是限制被执行人高消费的，具体的内容咱们来看法条。

《最高人民法院关于限制被执行人高消费及有关消费的若干规定》第三条

被执行人为自然人的，被采取限制消费措施后，不得有以下高消费及非生活和工作必需的消费行为：(一)乘坐交通工具时，选择飞机、列车软卧、轮船二等以上舱位；(二)在星级以上宾馆、酒店、夜总会、高尔夫球场等场所进行高消费；(三)购买不动产或者新建、扩建、高档装修房屋；(四)租赁高档写字楼、宾馆、公寓等场所办公；(五)购买非经营必需车辆；(六)旅游、度假；(七)子女就读高收费私立学校；(八)支付高额保费购买保险理财产品；(九)乘坐G字头动车组列车全部座位、其他动车组列车一等以上座位等其他非生活和工作必需的消费行为。被执行人为单位的，被采取限制消费措施后，被执行人及其法定代表人、主要负责人、影响债务履行的直接责任人员、实际控制人不得实施前款规定的行为。因私消费以个人财产实施前款规定行为的，可以向执行法院提出申请。执行法院审查属实的，应予准许。

这个法条在理解上没有什么难度，法条里所列的9种情形就是限制消费令的具体表现，在法院给被执行人发送执行通知书之后，被执行人不还钱的，法官就会依照职权把被执行人列为限制高消费人群，这里需要着重提醒一下大家的是，当被执行人是公司或者其他组织时，他们的法定代表人或者负责人也是要同步被限制高消费的，你想想，一个公司法人出门不能坐飞机和高铁，有多难受啊，对于企业来说，时间就是金钱呀。

说完限制消费令，我继续来说说报告财产令，这个报告财产令就是执行法官要求被执行人向法院报告自己的财产情况，一般来说是收到执行通知书前一年的财产情况，看法条。

《最高人民法院关于民事执行中财产调查若干问题的规定》第五条

被执行人应当在报告财产令载明的期限内向人民法院书面报告下列财产情况：(一)收入、银行存款、现金、理财产品、有价证券；(二)土地使用权、房屋等不动产；(三)交通运输工具、机器设备、产品、原材料等动产；(四)债权、股权、投资权益、基金份额、信托受益权、知识产权等财产性权利；(五)其他应当报告的财产。被执行人的财产已出租、已设立担保物权等权利负担，或者存在共有、权属争议等情形的，应当一并报告；被执行人的动产由第三人占有，被执行人的不动产、特定动产、其他财产权等登记在第三人名下的，也应当一并报告。被执行人在报告财产令载明的期限内提交书面报告确有困难的，可以向人民法院书面申请延长期限；申请有正当理由的，人民法院可以适当延长。

《最高人民法院关于民事执行中财产调查若干问题的规定》第九条

被执行人拒绝报告、虚假报告或者无正当理由逾期报告财产情况的，人民法院可以根据情节轻重对被执行人或者其法定代理人予以罚款、拘留；构成犯罪的，依法追究刑事责任。人民法院对有前款规定行为之一的单位，可以对其主要负责人或者直接责任人员予以罚款、拘留；构成犯罪的，依法追究刑事责任。

《中华人民共和国民事诉讼法》第二百五十二条
被执行人未按执行通知履行法律文书确定的义务，应当报告当前以及收到执行通知之日前一年的财产情况。被执行人拒绝报告或者虚假报告的，人民法院可以根据情节轻重对被执行人或者其法定代理人、有关单位的主要负责人或者直接责任人员予以罚款、拘留。

你看，法律规定了，被执行人在收到法院的报告财产令之后，应该如实向法院报告收到执行通知书之日前一年的财产情况，如果不报或者虚假报告的，法院可以根据情节的恶劣程度进行罚款和拘留，如果被执行人是公司或者其他组织的，法院可以直接对法人或者负责人进行拘留和罚款。

那要是被执行人就是不报告自己的财产状况，怎么办？

放心，他们不说法院自己也会查，看法条。

《中华人民共和国民事诉讼法》第二百五十三条
被执行人未按执行通知履行法律文书确定的义务，人民法院有权向有关单位查询被执行人的存款、债券、股票、基金份额等财产情况。人民法院有权根据不同情形扣押、冻结、划拨、变价被执行人的财产。人民法院查询、扣押、冻结、划拨、变价的财产不得超出被执行人应当履行义务的范围。人民法院决定扣押、冻结、划拨、变价财产，应当作出裁定，并发出协助执行通知书，有关单位必须办理。

《中华人民共和国民事诉讼法》第二百五十四条

被执行人未按执行通知履行法律文书确定的义务，人民法院有权扣留、提取被执行人应当履行义务部分的收入。但应当保留被执行人及其所扶养家属的生活必需费用。人民法院扣留、提取收入时，应当作出裁定，并发出协助执行通知书，被执行人所在单位、银行、信用合作社和其他有储蓄业务的单位必须办理。

《中华人民共和国民事诉讼法》第二百五十五条

被执行人未按执行通知履行法律文书确定的义务，人民法院有权查封、扣押、冻结、拍卖、变卖被执行人应当履行义务部分的财产。但应当保留被执行人及其所扶养家属的生活必需品。采取前款措施，人民法院应当作出裁定。

《中华人民共和国民事诉讼法》第二百五十六条

人民法院查封、扣押财产时，被执行人是公民的，应当通知被执行人或者他的成年家属到场；被执行人是法人或者其他组织的，应当通知其法定代表人或者主要负责人到场。拒不到场的，不影响执行。被执行人是公民的，其工作单位或者财产所在地的基层组织应当派人参加。对被查封、扣押的财产，执行员必须造具清单，由在场人签名或者盖章后，交被执行人一份。被执行人是公民的，也可以交他的成年家属一份。

《中华人民共和国民事诉讼法》第二百五十七条

被查封的财产，执行员可以指定被执行人负责保管。因被执行人的过错造成的损失，由被执行人承担。

《中华人民共和国民事诉讼法》第二百五十八条

财产被查封、扣押后，执行员应当责令被执行人在指定期间履行法律文书确定的义务。被执行人逾期不履行的，人民法院应当拍卖被查封、扣押的财产；不适于拍卖或者当事人双方同意不进行拍卖的，人民法院可以委托有关单位变卖或者自行变卖。国家禁止自由买卖的物品，交有关单位按照国家规定的价格收购。

《中华人民共和国民事诉讼法》第二百五十九条

被执行人不履行法律文书确定的义务，并隐匿财产的，人民法院有权发出搜查令，对被执行人及其住所或者财产隐匿地进行搜查。采取前款措施，由院长签发搜查令。

《中华人民共和国民事诉讼法》第二百六十一条

强制迁出房屋或者强制退出土地，由院长签发公告，责令被执行人在指定期间履行。被执行人逾期不履行的，由执行员强制执行。强制执行时，被执行人是公民的，应当通知被执行人或者他的成年家属到场；被执行人是法人或者其他组织的，应当通知其法定代表人或者主要负责人到场。拒不到场的，不影响执行。被执行人是公民的，其工作单位或者房屋、土地所在地的基层组织应当派人参加。执行员应当将强制执行情况记入笔录，由在场人签名或者盖章。强制迁出房屋被搬出的财物，由人民法院派人运至指定处所，交给被执行人。被执行人是公民的，也可以交给他的成年家属。因拒绝接收而造成的损失，由被执行人承担。

你看，以上就是法院对不如实汇报财产情况的被执行人的具体做法，这些法条在理解上没什么难度，大家看一看自然能懂，总之只要被执行人名下还有财产，那就好说，法院可以通过查封、扣押、拍卖、变卖等手段，把钱给你要回来。

那对他本人没啥制约吗，万一王二麻子名下啥财产没有，还跑路了怎么办？

有的呀，看法条。

《中华人民共和国民事诉讼法》第二百六十六条
被执行人不履行法律文书确定的义务的，人民法院可以对其采取或者通知有关单位协助采取限制出境，在征信系统记录、通过媒体公布不履行义务信息以及法律规定的其他措施。
《最高人民法院关于民事执行中财产调查若干问题的规定》第十条
被执行人拒绝报告、虚假报告或者无正当理由逾期报告财产情况的，人民法院应当依照相关规定将其纳入失信被执行人名单。

这两个法条什么意思呢，就是被执行人不还钱的，法院可以限制被执行人出境，并且对外公布被执行人的信息，也就是将其列入**失信被执行人名单**，大家一般可以在中国执行信息公开网之类的地方查询到这些信息，这里也是给大家提个醒，当有人跟你借钱的时候，大家可以先去中国执行信息公开网之类的地方查询一下有没有对方名字，如果有，那可就是名副其实的“老赖”了，那这钱咱可不敢借了呀。

什么是中国执行信息公开网，去哪儿看，是干什么用的呢？

中国执行信息公开网是国家针对执行专门设置的一个查询网站，大家可以在里面查询到很多关于执行的信息，大家直接在网上搜索“**中国执行信息公开网**”就行，不过我更推荐大家登录**最高人民法院的官网**，官网不仅有中国执行信息公开网的链接，连我们之前说过的裁判文书网、庭审公开网之类的都有，而且针对执行还有更多的查询渠道，可以说最高人民法院官网“一站式”解决了我们所有需要查询的信息。

真是个好办法，我以后可得提前查查，可是袍儿，万一上面这些措施都用上之后，王二麻子还是不还钱，我该怎么办呀？

如果王二麻子不是真的没钱，而是有钱不还的话，情节严重的，那可能会坐牢的哦，看法条，这是实实在在的坐牢，是刑法规定的哦。

《最高人民法院关于审理拒不执行判决、裁定刑事案件适用法律若干问题的解释》第一条

被执行人、协助执行义务人、担保人等负有执行义务的人对人民法院的判决、裁定有能力执行而拒不执行，情节严重的，应当依照刑法第三百一十三条的规定，以拒不执行判决、裁定罪处罚。

《最高人民法院关于审理拒不执行判决、裁定刑事案件适用法律若干问题的解释》第二条

负有执行义务的人有能力执行而实施下列行为之一的，应当认定为全国人民代表大会常务委员会关于刑法第三百一十三条的解释中规定的“其他有能力执行而拒不执行，情节严重的情形”：（一）具有拒绝报告或者虚假报告财产情况、违反人民法院限制高消费及有关消费令等拒不执行行为，经采取罚款或者拘留等强制措施后仍拒不执行的；（二）伪造、毁灭有关被执行人履行能力的重要证据，以暴力、威胁、贿买方法阻止他人作证或者指使、贿买、胁迫他人作伪证，妨碍人民法院查明被执行人财产情况，致使判决、裁定无法执行的；（三）拒不交付法律文书指定交付的财物、票证或者拒不迁出房屋、退出土地，致使判决、裁定无法执行的；（四）与他人串通，通过虚假诉讼、虚假仲裁、虚假和解等方式妨害执行，致使判决、裁定无法执行的；（五）以暴力、威胁方法阻碍执行人员进入执行现场或者聚众哄闹、冲击执行现场，致使执行工作无法进行的；（六）对执行人员进行侮辱、围攻、扣押、殴打，致

使执行工作无法进行的；（七）毁损、抢夺执行案件材料、执行公务车辆和其他执行器械、执行人员服装以及执行公务证件，致使执行工作无法进行的；（八）拒不执行法院判决、裁定，致使债权人遭受重大损失的。

《中华人民共和国刑法》第三百一十三条【拒不执行判决、裁定罪】

对人民法院的判决、裁定有能力执行而拒不执行，情节严重的，处三年以下有期徒刑、拘役或者罚金；情节特别严重的，处三年以上七年以下有期徒刑，并处罚金。单位犯前款罪的，对单位判处罚金，并对其直接负责的主管人员和其他直接责任人员，依照前款的规定处罚。

通过上述这三个法条我们可以知道，如果一个被执行人有能力还钱但就是故意不还，而且还有上述第二个法条里规定的 8 种情节严重行为的，构成拒不执行判决、裁定罪，那法院是可以判刑的，如果还有比上述 8 种更严重的，那刑期可就长多了，所以如果你发现对方有以上 8 种行为的，要及时和执行法官沟通，如果执行法官认为构成拒不执行判决、裁定罪的，就会移送公安。

好的，不过说到和法官沟通，难道从我开始申请执行开始，我只需要和法官通过电话沟通吗，不用和开庭的时候一样面对面谈谈吗？

其实通常在执行法官查询清楚对方的财产情况之后，是会通知申请执行人去法院做个笔录的，因为法官要告知申请执行人已经查询到的财产状况，如果被执行人有财产可以被执行的，那好说，该划扣的划扣，该拍卖的拍卖，这些都是要和申请执行人说一下的，如果被执行人没有财产的，这时法官也想通过和申请执行人的沟通，看看申请执行人是否掌握了一些法官不知道的对方的财产情况，这也是为了最大限度地保护申请执行人的利益。

明白了，那你说，会不会有人很倒霉，申请执行之后，被执行人是真的没有钱，而不是不还钱，这样又不算犯罪，就算被限制高消费、被列入失信被执行人，也确实无力偿还，那这种情况下，法院会怎么办呢，总不能一直耗着吧？

那不会的，执行案件也是个案件，是案件就有审理期限的呀，来看法条。

《最高人民法院关于严格执行案件审理期限制度的若干规定》第五条第一款

执行案件应当在立案之日起六个月内执结，非诉执行案件应当在立案之日起三个月内执结；有特殊情况需要延长的，经本院院长批准，可以延长三个月，还需延长的，层报高级人民法院备案。

从这个法条可以看出，咱们的执行案件一般来说是有6个月的审理期限的，要是6个月到了，法官还没有执行到钱的，那么一般来说，咱们这个执行案件就会被终结本次执行了。

终结本次执行是什么意思，是法院不管我了吗？可是钱还没要到啊，这样不合适吧！

法院不是不管你了，只是这次执行暂告一个段落，之后你要是发现了新的财产线索，随时可以去法院申请恢复执行，你放心，只要被执行人不死，那他就一辈子有这个“案底”。

好吧，不过好在我不用再等了，刚刚执行法官告诉我，他查到王二麻子在某个银行有好几万元存款呢，这就给我冻结了，之后我就可以去法院领钱了，开心！

好吧，你这运气也太好了！各位小伙伴，在实际执行的过程中，大家有可能会遇到各种各样的问题，再加上关于执行的法律法规多如牛毛，我也没有办法一一列举，所以等大家真的到了执行这一步的时候，还是需要开动自己聪明的脑袋瓜，去网上查询一下有关执行的最新法律规定。各位小伙伴，到了这里我们这本书也算是完美结局啦，希望每一位看完这本书的小伙伴都能顺顺利利地赢下自己的案子，顺利地执行到位。